21세기 지식 정보화 시대
대한민국의 IT 인재로 만드는 비결!

Digital Information Ability Test

스프레드시트
엑셀 2016

발 행 일 : 2021년 09월 01일(1판 1쇄)
I S B N : 978-89-8455-041-4(13000)
정   가 : 16,000원

집   필 : 정선희
진   행 : 김동주
본문디자인 : 앤미디어

발 행 처 : (주)아카데미소프트
발 행 인 : 유성천
주   소 : 경기도 파주시 정문로 588번길 24
홈페이지 : (일반) www.aso.co.kr
　　　　　 (교사) www.asotup.co.kr

MEMO

DIAT

CONTENTS

[문제 5] "차트" 시트를 참조하여 다음 ≪처리조건≫에 맞도록 작업하시오. (30점)

≪출력형태≫

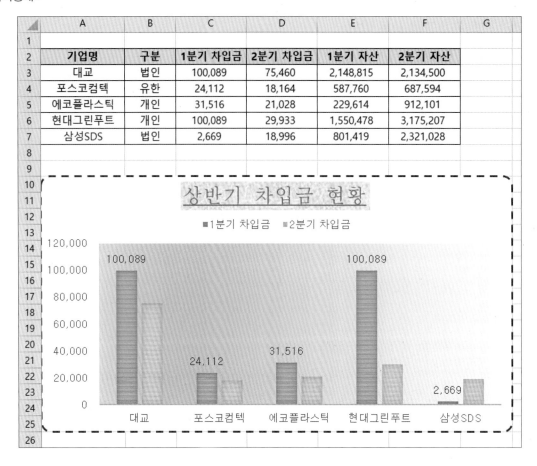

	A	B	C	D	E	F	G
1							
2	기업명	구분	1분기 차입금	2분기 차입금	1분기 자산	2분기 자산	
3	대교	법인	100,089	75,460	2,148,815	2,134,500	
4	포스코컴텍	유한	24,112	18,164	587,760	687,594	
5	에코플라스틱	개인	31,516	21,028	229,614	912,101	
6	현대그린푸트	개인	100,089	29,933	1,550,478	3,175,207	
7	삼성SDS	법인	2,669	18,996	801,419	2,321,028	

≪처리조건≫

▶ "차트" 시트에 주어진 표를 이용하여 '묶은 세로 막대형' 차트를 작성하시오.
  – 데이터 범위 : 현재 시트 [A2:A7], [C2:D7]의 데이터를 이용하여 작성하고, 행/열 전환은 '열'로 지정
  – 차트 제목("상반기 차입금 현황")
  – 범례 위치 : 위쪽
  – 차트 스타일 : 색 변경(색상형 – 색 3, 스타일 3)
  – 차트 위치 : 현재 시트에 [A10:G25] 크기에 정확하게 맞추시오.
  – 차트 영역 서식 : 글꼴(돋움, 11pt), 테두리 색(실선, 색 : 자주), 테두리 스타일(너비 : 2pt, 겹선 종류 : 단순형, 대시 종류 : 파선, 둥근 모서리)
  – 차트 제목 서식 : 글꼴(바탕체, 20pt, 밑줄), 채우기(그림 또는 질감 채우기, 질감 : 파랑 박엽지)
  – 그림 영역 서식 : 채우기(그라데이션 채우기, 그라데이션 미리 설정 : 밝은 그라데이션 – 강조 5, 종류 : 선형, 방향 : 선형 왼쪽)
  – 데이터 레이블 추가 : '1분기 차입금' 계열에 "값" 표시

▶ 지시사항이 없는 경우는 ≪ 출력형태 ≫와 동일하게 작성하시오.

PART 01

. . . .

DIAT
시험 접수 및 답안 전송
프로그램 사용 방법

[문제 4] "피벗테이블" 시트를 참조하여 다음 ≪처리조건≫에 맞도록 작업하시오. (30점)

≪출력형태≫

	A	B	C	D	E
1					
2					
3			구분 ▼		
4	기업명 ▼	값	법인	유한	총합계
5	대교	평균 : 1분기 차입금	100,089	*	100,089
6		평균 : 2분기 차입금	75,460	*	75,460
7	빙그레	평균 : 1분기 차입금	*	6,352	6,352
8		평균 : 2분기 차입금	*	12,518	12,518
9	삼성SDS	평균 : 1분기 차입금	2,669	*	2,669
10		평균 : 2분기 차입금	18,996	*	18,996
11	포스코컴텍	평균 : 1분기 차입금	*	24,112	24,112
12		평균 : 2분기 차입금	*	18,164	18,164
13					

≪처리조건≫

▶ "피벗테이블" 시트의 [A2:G12]를 이용하여 새로운 시트에 ≪ 출력형태 ≫와 같이 피벗테이블을 작성 후 시트명을 "피벗테이블 정답"으로 수정하시오.

▶ 기업명(행)과 구분(열)을 기준으로 하여 출력형태와 같이 구하시오.
   - '1분기 차입금', '2분기 차입금'의 평균을 구하시오.
   - 피벗 테이블 옵션을 이용하여 레이블이 있는 셀 병합 및 가운데 맞춤하고 빈 셀을 "*"로 표시한 후, 열의 총합계를 감추기 하시오.
   - 피벗 테이블 디자인에서 보고서 레이아웃은 '테이블 형식으로 표시', 피벗 테이블 스타일은 '피벗 스타일 보통 5'로 표시하시오.
   - 기업명(행)은 "대교", "빙그레", "삼성SDS", "포스코컴텍"만 출력되도록 표시하시오.
   - [C5:E12] 데이터는 셀 서식의 표시 형식–숫자를 이용하여 1000단위 구분 기호를 표시하고, 가운데 맞춤하시오.

▶ 기업명의 순서는 ≪ 출력형태 ≫와 다를 수 있음

▶ 지시사항이 없는 경우는 ≪ 출력형태 ≫와 동일하게 작성하시오.

시험안내 01

DIAT 시험 안내

☑ 디지털정보활용능력(DIAT) 시험 과목 및 합격 기준
☑ 디지털정보활용능력(DIAT) 검정 기준

1. 디지털정보활용능력(DIAT / Digital Information Ability Test)

- 컴퓨터와 인터넷을 이용한 정보가 넘쳐나고 사물과 사물 간에도 컴퓨터와 인터넷이 연결된 디지털정보 시대에 기본적인 정보통신기술, 정보처리기술의 활용분야에 대해 학습이나 사무업무를 수행할 수 있도록 종합적으로 묶어 효과적으로 구성한 자격종목

- 총 6개 과목으로 구성(작업식 5개 과목, 객관식 1개 과목)되어 1개 과목으로도 자격취득이 가능하며 합격점수에 따라 초·중·고급자격이 부여

- 과목별로 시험을 응시하며 시험 당일 한 회차에 최대 3개 과목까지 응시 가능

2. 필요성

- 사무업무에 즉시 활용 가능한 작업식 위주의 실기시험
- 정보통신 · OA · 멀티미디어 · 인터넷 등 분야별 등급화를 통한 실무능력 인증

3. 자격종류

- 자격구분 : 공인민간자격
- 등록번호 : 2008-0265
- 공인번호 : 과학기술정보통신부 제2016-2호

4. 시험 과목

검정과목	사용 프로그램	검정방법	문항수	시험시간	배점	합격기준
프리젠테이션	• MS 파워포인트 • 한컴오피스 한쇼	작업식	4문항	40분	200점	• 초급 : 80 ~ 119점 • 중급 : 120 ~ 159점 • 고급 : 160 ~ 200점
스프레드시트	• MS 엑셀 • 한컴오피스 한셀		5문항	40분	200점	
워드프로세서	한컴오피스 한글		2문항	40분	200점	
멀티미디어 제작	• 포토샵/곰믹스 프로 • 이지포토/곰믹스 프로		3문항	40분	200점	
인터넷정보검색	인터넷		8문항	40분	100점	• 초급 : 40 ~ 59점 • 중급 : 60 ~ 79점 • 고급 : 80 ~ 100점
정보통신상식	CBT 프로그램	객관식	40문항	40분	100점	

※ 스프레드시트(한셀), 프리젠테이션(한쇼), 멀티미디어 제작(이지포토)는 서울, 경기, 인천 지역에 한하여 접수 가능

※ 실기 시험 프로그램 및 버전은 www.ihd.or.kr 홈페이지 하단의 [자격안내]에서 확인할 수 있습니다.

※ 검정 수수료 및 시험 일정은 www.ihd.or.kr 홈페이지 하단의 [자격안내]에서 확인할 수 있습니다.

(2) 시나리오

≪출력형태 – 시나리오≫

	현재 값:	1분기 차입금 2500 증가	1분기 차입금 1800 감소
시나리오 요약			
변경 셀:			
$C$4	24,112	26,612	22,312
$C$8	6,352	8,852	4,552
$C$9	5,210	7,710	3,410
결과 셀:			
$G$4	42,276	44,776	40,476
$G$8	18,870	21,370	17,070
$G$9	29,322	31,822	27,522

참고: 현재 값 열은 시나리오 요약 보고서가 작성될 때의
변경 셀 값을 나타냅니다. 각 시나리오의 변경 셀들은
회색으로 표시됩니다.

≪처리조건≫

▶ "시나리오" 시트의 [A2:G12]를 이용하여 '구분'이 "유한"인 경우, '1분기 차입금'이 변동할 때 '상반기 차입금'이 변동하는 가상분석(시나리오)을 작성하시오.
   – 시나리오1 : 시나리오 이름은 "1분기 차입금 2500 증가", '1분기 차입금'에 2500을 증가시킨 값 설정.
   – 시나리오2 : 시나리오 이름은 "1분기 차입금 1800 감소", '1분기 차입금'에 1800을 감소시킨 값 설정.
   – "시나리오 요약" 시트를 작성하시오.

▶ 지시사항이 없는 경우는 ≪ 출력형태 – 시나리오 ≫와 동일하게 작성하시오.

5. DIAT 스프레드시트 검정 기준

과목	대분류	중분류	소분류	문제수
스프레드시트		데이터 입력과 셀 선택	1-1. 데이터 입력과 셀 선택	3
			1-2. 통합문서에서 이동과 선택	
			1-3. 머리글/바닥글 1-4. 메모	
			1-5. 이름정의 1-6. 하이퍼링크	
		워크시트 데이터 편집	2-1. 데이터 편집 2-2. 데이터 찾기나 바꾸기	
			2-3. 셀과 데이터 삽입 2-4. 셀과 데이터 복사와 이동	
		워크시트 서식 지정	3-1. 텍스트와 셀서식 지정	
			3-2. 테두리 유형, 무늬 지정	
			3-3. 조건부 서식 지정	
			3-4. 셀과 셀내의 텍스트 위치 지정	
			3-5. 숫자, 날짜, 시간, 서식 지정	
		수식과 함수 이용	4-1. 수식 입력 4-2. 수식 편집	
			4-3. 참조 사용 4-4. 함수	
			4-5. 레이블과 이름으로 계산 작업 4-6. 계산 제어	
		차트 작성	5-1. 차트 작성 5-2. 차트내 데이터 추가와 변경	
			5-3. 차트 종류 5-4. 데이터 표식, 레이블, 서식지정	
		데이터 관리와 분석	6-1. 목록 관리	2
			6-2. 목록과 테이블에서 데이터 요약	
			6-3. 피벗테이블 보고서의 데이터의 분석	
			6-4. 시나리오	
			6-5. 해 찾기와 목표 값 찾기	
			6-6. 데이터 테이블을 이용한 값 예측	
			6-7. 매크로 사용	
합 계				5

[문제 3] "필터"와 "시나리오" 시트를 참조하여 다음 ≪처리조건≫에 맞도록 작업하시오. (60점)

(1) 필터

≪출력형태 – 필터≫

	A	B	C	D	E	F	G
1							
2	기업명	구분	1분기 차입금	1분기 자산	2분기 차입금	2분기 자산	상반기 차입금
3	대교	법인	100,089	2,148,815	75,460	2,134,500	175,549
4	포스코컴텍	유한	24,112	587,760	18,164	687,594	42,276
5	에코플라스틱	개인	31,516	229,614	21,028	912,101	52,544
6	현대그린푸트	개인	100,089	1,550,478	29,933	3,175,207	130,022
7	삼성SDS	법인	2,669	801,419	18,996	2,321,028	21,665
8	빙그레	유한	6,352	1,676,583	12,518	2,112,380	18,870
9	S&T중공업	유한	5,210	893,185	24,112	724,500	29,322
10	미래산업	개인	48,324	4,575,236	9,143	5,210,000	57,467
11	한려산업	법인	13,532	1,178,126	22,182	1,002,100	35,714
12	그린물산	법인	14,792	1,184,488	27,198	927,800	41,990
13							
14	조건						
15	TRUE						
16							
17							
18	기업명	1분기 자산	2분기 자산	상반기 차입금			
19	대교	2,148,815	2,134,500	175,549			
20	현대그린푸트	1,550,478	3,175,207	130,022			
21	삼성SDS	801,419	2,321,028	21,665			
22	한려산업	1,178,126	1,002,100	35,714			
23	그린물산	1,184,488	927,800	41,990			
24							

≪처리조건≫

▶ "필터" 시트의 [A2:G12]를 아래 조건에 맞게 고급필터를 사용하여 작성하시오.
- '구분'이 "법인"이거나 '상반기 차입금'이 100000 이상인 데이터를 '기업명', '1분기 자산', '2분기 자산', '상반기 차입금'의 데이터만 필터링 하시오.
- 조건 위치 : 조건 함수는 [A15] 한 셀에 작성(OR 함수 이용)
- 결과 위치 : [A18]부터 출력

▶ 지시사항이 없는 경우는 ≪ 출력형태 – 필터 ≫와 동일하게 작성하시오.

DIAT 회원 가입 및 시험 접수

☑ 회원 가입하기
☑ 본인인증하기(본인 명의 휴대폰이 있는 경우, 본인 명의 휴대폰이 없는 경우)
☑ 로그인하고 사진 등록하기

1. 회원 가입하기

❶ 인터넷 익스플로러를 실행한 후 주소 표시줄에 'www.ihd.or.kr'를 입력하고 **Enter** 키를 눌러 자격 검정 사이트에 접속합니다.

❷ 회원 가입을 하기 위해 화면 오른쪽의 [회원가입]을 클릭합니다.

❸ 회원 가입에서 [14세 미만 가입]을 클릭합니다.

※ 응시자가 14세 이상일 경우에는 [14세 이상 가입]을 눌러 가입을 진행합니다.

❹ [약관동의]에서 '한국정보통신진흥협회 자격검정 회원서비스 이용을 위한 필수 약관에 모두 동의합니다.' 체크 박스를 클릭합니다.

[문제 2] "부분합" 시트를 참조하여 다음 ≪처리조건≫에 맞도록 작업하시오. (30점)

≪출력형태≫

	A	B	C	D	E	F	G
1							
2	기업명	구분	1분기 차입금	1분기 자산	2분기 차입금	2분기 자산	상반기 차입금
3	에코플라스틱	개인	31,516	229,614	21,028	912,101	52,544
4	현대그린푸트	개인	100,089	1,550,478	29,933	3,175,207	130,022
5	미래산업	개인	48,324	4,575,236	9,143	5,210,000	57,467
6		개인 평균		2,118,443		3,099,103	
7		개인 최대값	100,089		29,933		
8	대교	법인	100,089	2,148,815	75,460	2,134,500	175,549
9	삼성SDS	법인	2,669	801,419	18,996	2,321,028	21,665
10	한려산업	법인	13,532	1,178,126	22,182	1,002,100	35,714
11	그린물산	법인	14,792	1,184,488	27,198	927,800	41,990
12		법인 평균		1,328,212		1,596,357	
13		법인 최대값	100,089		75,460		
14	포스코컴텍	유한	24,112	587,760	18,164	687,594	42,276
15	빙그레	유한	6,352	1,676,583	12,518	2,112,380	18,870
16	S&T중공업	유한	5,210	893,185	24,112	724,500	29,322
17		유한 평균		1,052,509		1,174,825	
18		유한 최대값	24,112		24,112		
19		전체 평균		1,482,570		1,920,721	
20		전체 최대값	100,089		75,460		
21							

≪처리조건≫

▶ 데이터를 '구분' 기준으로 오름차순 정렬하시오.

▶ 아래 조건에 맞는 부분합을 작성하시오.
　- '구분'으로 그룹화 하여 '1분기 차입금', '2분기 차입금'의 최대값을 구하는 부분합을 만드시오.
　- '구분'으로 그룹화 하여 '1분기 자산', '2분기 자산'의 평균을 구하는 부분합을 만드시오.
　　(새로운 값으로 대치하지 말 것)
　- [C3:G20] 영역에 셀 서식의 표시 형식-숫자를 이용하여 1000단위 구분 기호를 표시하시오.

▶ C~F열을 선택하여 그룹을 설정하시오.

▶ 최대값과 평균의 부분합 순서는 ≪ 출력형태 ≫와 다를 수 있음

▶ 지시사항이 없는 경우는 기본 값을 적용하시오.

⑤ [보호자(법정대리인)동의]에서 '보호자 성명'과 '생년월일', 'e-mail'을 입력합니다. '[필수] 14세미만 자녀의 회원가입에 동의합니다.' 체크 박스를 클릭하고 [약관동의]를 클릭합니다.

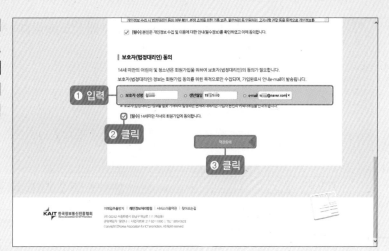

⑥ [정보입력]에서 항목별로 정보를 정확하게 입력하고 [회원가입하기]를 클릭합니다.

영문, 숫자, 특수문자(〈, 〉, (,), #, :, / 제외)를 각 1자 이상 포함하여 8자이상 20자 이내로 입력합니다.

입력한 패스워드를 한 번 더 입력합니다.

만약 본인의 휴대폰이 없는 경우에는 부모님 휴대폰 번호를 입력합니다.

학교 및 단체를 통해 접수하는 경우에 '단체접수'를 선택하고 차례로 '지역', '학교/기관명', '담당선생님'을 선택합니다.

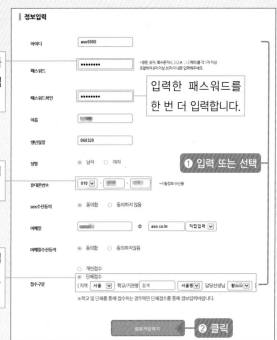

⑦ '저장하시겠습니까?' 메시지 창이 나타나면 〈확인〉 버튼을 클릭합니다.

[문제 1] "차입금 현황" 시트를 참조하여 다음 ≪처리조건≫에 맞도록 작업하시오. (50점)

≪출력형태≫

	기업명	구분	1분기 차입금	1분기 자산	2분기 차입금	2분기 자산	상반기 차입금	순위	비고
				상반기 차입금 현황					
대교	법인	100,089	2,148,815	75,460	2,134,500	175,549	4위	적자
포스코컴텍	유한	24,112	587,760	18,164	687,594	42,276	10위	
에코플라스틱	개인	31,516	229,614	21,028	912,101	52,544	8위	
현대그린푸트	개인	100,089	1,550,478	29,933	3,175,207	130,022	2위	적자
삼성SDS	법인	2,669	801,419	18,996	2,321,028	21,665	3위	
빙그레	유한	6,352	1,676,583	12,518	2,112,380	18,870	5위	
S&T중공업	유한	5,210	893,185	24,112	724,500	29,322	9위	
미래산업	개인	48,324	4,575,236	9,143	5,210,000	57,467	1위	
한려산업	법인	13,532	1,178,126	22,182	1,002,100	35,714	6위	
그린물산	법인	14,792	1,184,488	27,198	927,800	41,990	7위	
'2분기 차입금' 중 세 번째로 큰 값				27,198천원				
'상반기 차입금'의 최대값-최소값				156,679천원				
'기업명'이 "대교"인 '2분기 자산'의 평균				2,134,500천원				

≪처리조건≫

▶ 1행의 행 높이는 '80'으로 설정하고, 2행~15행의 행 높이를 '18'로 설정하시오.

▶ 제목("상반기 차입금 현황") : 기본 도형의 '빗면'을 이용하여 입력하시오.
  – 도형 : 위치([B1:H1]), 도형 스타일(테마 스타일 – 미세 효과 – '파랑, 강조 5')
  – 글꼴 : 궁서체, 28pt, 기울임꼴
  – 도형 서식 : 도형 옵션 – 크기 및 속성(텍스트 상자(세로 맞춤 : 정가운데, 텍스트 방향 : 가로))

▶ 셀 서식을 아래 조건에 맞게 작성하시오.
  – [A2:I15] : 테두리(안쪽, 윤곽선 모두 실선, '검정, 텍스트 1'), 전체 가운데 맞춤
  – [A13:D13], [A14:D14], [A15:D15] : 각각 병합하고 가운데 맞춤
  – [A2:I2], [A13:D15] : 채우기 색('황금색, 강조 4, 60% 더 밝게'), 글꼴(굵게)
  – [H3:H12] : 셀 서식의 표시 형식–사용자 지정을 이용하여 #"위"자를 추가
  – [C3:G12] : 셀 서식의 표시 형식–숫자를 이용하여 1000단위 구분 기호 표시
  – [E13:G15] : 셀 서식의 표시 형식–사용자 지정을 이용하여 #,##0"천원"자를 추가
  – 조건부 서식[A3:I12] : '상반기 차입금'이 50000 이상인 경우 레코드 전체에 글꼴(파랑, 굵게) 적용
  – 지시사항이 없는 경우는 주어진 문제파일의 서식을 그대로 사용하시오.

▶ ① 순위[H3:H12] : '2분기 자산'을 기준으로 큰 순으로 '순위'를 구하시오. (RANK 함수)
▶ ② 비고[I3:I12] : '상반기 차입금'이 100000 이상이면 "적자", 그렇지 않으면 공백을 구하시오. (IF 함수)
▶ ③ 순위[E13:G13] : '2분기 차입금' 중 세 번째로 큰 값을 구하시오. (LARGE 함수)
▶ ④ 최대값-최소값[E14:G14] : '상반기 차입금'의 최대값과 최소값의 차이를 구하시오. (MAX, MIN 함수)
▶ ⑤ 평균[E15:G15] : '기업명'이 "대교"인 '2분기 자산'의 평균을 구하시오. (DAVERAGE 함수)

2. 본인인증하기(본인 명의 휴대폰이 있는 경우)

❶ 본인 인증하기 화면에서 [본인
   인증하기]를 클릭합니다.

   ※ 시험 접수 및 합격정보 확인
      등을 이용하기 위해서 본인
      인증이 필요합니다.

❷ 본인 인증 방법에서 [휴대폰]이
   선택된 것을 확인하고 [인증하
   기]를 클릭합니다.

❸ '통신사 확인' 창에서 사용 중인 이동통신사를 선택합니다.

❹ '본인확인' 창에서 [휴대폰 본인 확인(문자)]를 클릭하고 개인 정보를 입력하고 〈확인〉 버튼을 클릭합니다.

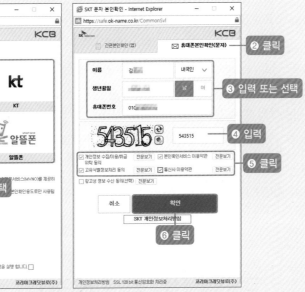

제08회 디지털정보활용능력 최신유형 기출문제

☑ 시험과목 : 스프레드시트(엑셀)

☑ 시험일자 : 20XX. XX. XX (X)

☑ 응시자 기재사항 및 감독위원 확인

MS Office 2016 버전용

수 검 번 호	DIS - XXXX -	감독위원 확인
성 명		

응시자 유의사항

1. 응시자는 신분증을 지참하여야 시험에 응시할 수 있으며, 시험이 종료될 때까지 신분증을 제시하지 못 할 경우 해당 시험은 0점 처리됩니다.

2. 시스템(PC작동여부, 네트워크 상태 등)의 이상여부를 반드시 확인하여야 하며, 시스템 이상이 있을시 감독위원에게 조치를 받으셔야 합니다.

3. 시험 중 부주의 또는 고의로 시스템을 파손한 경우는 응시자 부담으로 합니다.

4. 답안 전송 프로그램을 통해 다운로드 받은 파일을 이용하여 답안파일을 작성하시기 바랍니다.

5. 작성한 답안 파일은 답안 전송 프로그램을 통하여 전송됩니다. 감독위원의 지시에 따라 주시기 바랍니다.

6. 다음사항의 경우 실격(0점) 혹은 부정행위 처리됩니다.

   1) 답안파일을 저장하지 않았거나, 저장한 파일이 손상되었을 경우

   2) 답안파일을 지정된 폴더(바탕화면 – "KAIT" 폴더)에 저장하지 않았을 경우

      ※ 답안 전송 프로그램 로그인 시 바탕화면에 자동 생성됨

   3) 답안파일을 다른 보조 기억장치(USB) 혹은 네트워크(메신저, 게시판 등)로 전송할 경우

   4) 휴대용 전화기 등 통신기기를 사용할 경우

7. 시험지에 제시된 글꼴이 응시 프로그램에 없는 경우, 반드시 감독위원에게 해당 내용을 통보한 뒤 조치를 받아야 합니다.

8. 시험의 완료는 작성이 완료된 답안을 저장하고, 답안 전송이 완료된 상태를 확인한 것으로 합니다. 답안 전송 확인 후 문제지는 감독위원에게 제출한 후 퇴실하여야 합니다.

9. 답안전송이 완료된 경우에는 수정 또는 정정이 불가능합니다.

10. 시험시행 후 결과는 홈페이지(www.ihd.or.kr)에서 확인하시기 바랍니다.

    1) 문제 및 모법답안 공개 : 20XX. XX. XX.(X)

    2) 합격자 발표 : 20XX. XX. XX.(X)

Korea Association for ICT promotion
한국정보통신진흥협회 KAIT

❺ 휴대폰에 수신된 본인확인인증번호를 입력하고 〈확인〉 버튼을 클릭합니다.

❻ '휴대폰본인확인완료' 메시지를 확인하고 〈완료〉 버튼을 클릭합니다.

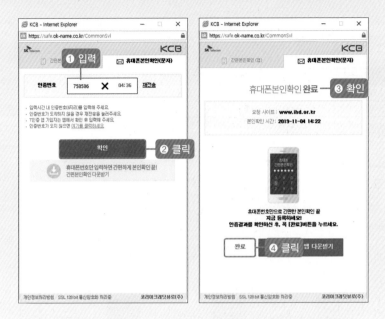

❼ '본인인증성공' 메시지 창이 나타나면 〈확인〉 버튼을 클릭합니다.

[문제 5] "차트" 시트를 참조하여 다음 ≪처리조건≫에 맞도록 작업하시오. (30점)

≪출력형태≫

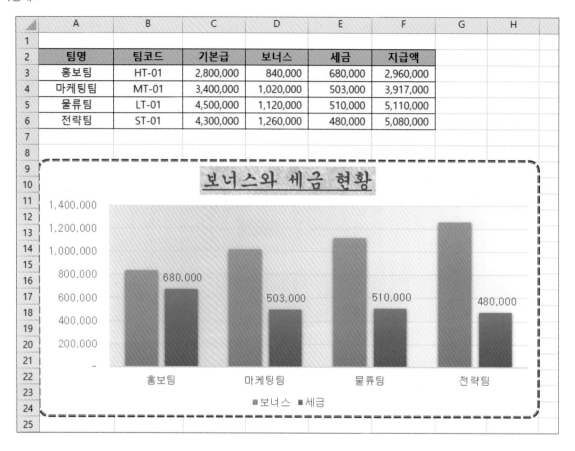

≪처리조건≫

▶ "차트" 시트에 주어진 표를 이용하여 '묶은 세로 막대형' 차트를 작성하시오.
  – 데이터 범위 : 현재 시트 [A2:A6], [D2:E6]의 데이터를 이용하여 작성하고, 행/열 전환은 '열'로 지정
  – 차트 제목("보너스와 세금 현황")
  – 범례 위치 : 아래쪽
  – 차트 스타일 : 색 변경(색상형 – 색 4, 스타일 14)
  – 차트 위치 : 현재 시트에 [A9:H25] 크기에 정확하게 맞추시오.
  – 차트 영역 서식 : 글꼴(굴림, 11pt), 테두리 색(실선, 색 : 진한 파랑), 테두리 스타일(너비 : 2.75pt, 겹선 종류 :
    굵고 얇음, 대시 종류 : 사각 점선, 둥근 모서리)
  – 차트 제목 서식 : 글꼴(궁서체, 20pt, 밑줄), 채우기(그림 또는 질감 채우기, 질감 : 꽃다발)
  – 그림 영역 서식 : 채우기(그라데이션 채우기, 그라데이션 미리 설정 : 밝은 그라데이션 – 강조 4, 종류 : 선형,
    방향 : 선형 왼쪽)
  – 데이터 레이블 추가 : '세금' 계열에 "값" 표시

▶ 지시사항이 없는 경우는 ≪ 출력형태 ≫와 동일하게 작성하시오.

3. 본인인증하기(본인 명의 휴대폰이 없는 경우)

❶ 본인 인증 방법에서 [아이핀]을 선택한 후 [인증하기]를 클릭합니다.

❷ '메인 화면' 창이 열리면 왼쪽 하단의 [신규발급]을 클릭합니다.

　※ 만약 아이핀ID와 비밀번호가 있는 경우에는 '아이핀ID, 비밀번호, 문자입력' 내용을 입력한 후 〈확인〉 버튼을 클릭합니다.

❸ '약관 동의' 창이 나오면 약관 동의에 체크한 후 〈확인〉 버튼을 클릭합니다.

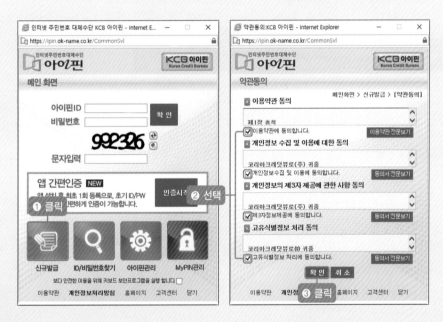

TIP　아이핀이란?

아이핀은 주민 등록 번호를 대체할 수 있는 인증방법으로 아이디와 패스워드를 이용하여 본인 확인을 하는 수단입니다. 이전에 아이핀을 가입하였다면 바로 로그인을 진행하도록 합니다.

[문제 4] "피벗테이블" 시트를 참조하여 다음 ≪처리조건≫에 맞도록 작업하시오. (30점)

≪출력형태≫

	A	B	C	D	E
1					
2					
3			팀명 🔽		
4	팀코드 🔽	값	마케팅팀	물류팀	홍보팀
5	HT-01	평균 : 보너스	***	***	840,000
6		평균 : 세금	***	***	680,000
7	HT-02	평균 : 보너스	***	***	1,140,000
8		평균 : 세금	***	***	445,000
9	HT-03	평균 : 보너스	***	***	1,630,000
10		평균 : 세금	***	***	720,000
11	LT-01	평균 : 보너스	***	1,120,000	***
12		평균 : 세금	***	510,000	***
13	LT-02	평균 : 보너스	***	1,290,000	***
14		평균 : 세금	***	360,000	***
15	MT-01	평균 : 보너스	1,020,000	***	***
16		평균 : 세금	503,000	***	***
17	MT-02	평균 : 보너스	1,350,000	***	***
18		평균 : 세금	590,000	***	***
19	MT-03	평균 : 보너스	1,440,000	***	***
20		평균 : 세금	390,000	***	***
21	전체 평균 : 보너스		1,270,000	1,205,000	1,203,333
22	전체 평균 : 세금		494,333	435,000	615,000
23					

≪처리조건≫

▶ "피벗테이블" 시트의 [A2:G12]를 이용하여 새로운 시트에 ≪ 출력형태 ≫와 같이 피벗테이블을 작성 후 시트명을 "피벗테이블 정답"으로 수정하시오.

▶ 팀코드(행)와 팀명(열)을 기준으로 하여 출력형태와 같이 구하시오.
 – '보너스', '세금'의 평균을 구하시오.
 – 피벗 테이블 옵션을 이용하여 레이블이 있는 셀 병합 및 가운데 맞춤하고 빈 셀을 "***"로 표시한 후, 행의 총합계를 감추기 하시오.
 – 피벗 테이블 디자인에서 보고서 레이아웃은 '테이블 형식으로 표시', 피벗 테이블 스타일은 '피벗 스타일 어둡게 6'으로 표시하시오.
 – 팀명(열)은 "마케팅팀", "물류팀", "홍보팀"만 출력되도록 표시하시오.
 – [C5:E22] 데이터는 셀 서식의 표시 형식–숫자를 이용하여 1000단위 구분 기호를 표시하고, 오른쪽 맞춤하시오.

▶ 팀코드의 순서는 ≪ 출력형태 ≫와 다를 수 있음

▶ 지시사항이 없는 경우는 ≪ 출력형태 ≫와 동일하게 작성하시오.

④ '발급자 정보입력' 창에서 내용을 입력하고 아이핀 ID를 중복 확인한 후 〈발급하기〉 버튼을 클릭합니다.

⑤ '추가 인증수단 설정' 창에서 2차 비밀번호를 선택한 후 〈확인〉 버튼을 클릭합니다.

⑥ '법정대리인 동의' 창에서 법정 대리인의 정보를 입력하고, 개인정보처리 동의에 체크한 후 〈확인〉 버튼을 클릭합니다.

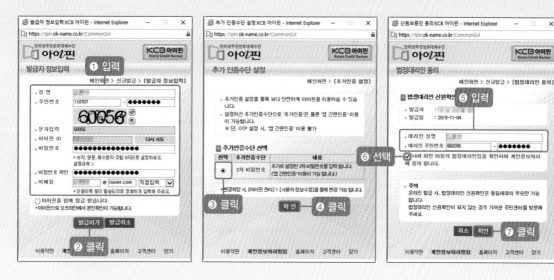

⑦ '아이핀 신원확인' 창이 나오면 법정 대리인의 휴대폰 정보를 입력한 후 〈인증번호 확인〉 버튼을 클릭합니다.

※ 범용 공인인증서를 이용하여도 신원확인이 가능합니다.

⑧ 휴대폰에 수신된 승인번호를 입력한 후 〈인증번호 확인〉 버튼을 클릭합니다.

⑨ '2차 비밀번호 설정' 창이 나오면 2차 비밀번호를 입력한 후 〈확인〉 버튼을 클릭하여 아이핀 발급을 완료합니다.

⑩ '메인 화면' 창이 나오면 '아이핀 ID', '비밀번호', '문자입력' 내용을 입력한 후 〈확인〉 버튼을 클릭합니다.

⑪ '추가인증' 창에서 2차 비밀번호를 입력한 후 〈확인〉 버튼을 클릭하여 본인 확인 절차를 완료합니다.

(2) 시나리오

≪출력형태 – 시나리오≫

	현재 값:	보너스 50000 증가	보너스 47500 감소
시나리오 요약			
변경 셀:			
$E$3	840,000	890,000	792,500
$E$5	1,140,000	1,190,000	1,092,500
$E$6	1,630,000	1,680,000	1,582,500
결과 셀:			
$G$3	2,960,000	3,010,000	2,912,500
$G$5	4,495,000	4,545,000	4,447,500
$G$6	5,110,000	5,160,000	5,062,500

참고: 현재 값 열은 시나리오 요약 보고서가 작성될 때의
변경 셀 값을 나타냅니다. 각 시나리오의 변경 셀들은
회색으로 표시됩니다.

≪처리조건≫

▶ "시나리오" 시트의 [A2:G12]를 이용하여 '팀명'이 "홍보팀"인 경우, '보너스'가 변동할 때 '지급액'이 변동하는 가상분석(시나리오)을 작성하시오.
　– 시나리오1 : 시나리오 이름은 "보너스 50000 증가", '보너스'에 50000을 증가시킨 값 설정.
　– 시나리오2 : 시나리오 이름은 "보너스 47500 감소", '보너스'에 47500을 감소시킨 값 설정.
　– "시나리오 요약" 시트를 작성하시오.

▶ 지시사항이 없는 경우는 ≪ 출력형태 – 시나리오 ≫와 동일하게 작성하시오.

4. 로그인하고 사진 등록하기

① 우측 상단의 [로그인]을 클릭합니다. 이어서, 아이디와 비밀번호를 정확하게 입력하고 [로그인]을 클릭합니다.

② [마이페이지]를 클릭합니다.

③ 왼쪽 메뉴에서 [사진관리]를 클릭합니다.

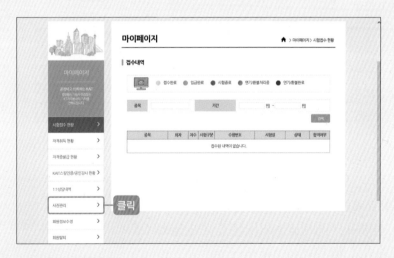

④ [사진 선택]을 클릭합니다.

[문제 3] "필터"와 "시나리오" 시트를 참조하여 다음 ≪처리조건≫에 맞도록 작업하시오. (60점)

(1) 필터

≪출력형태 – 필터≫

	A	B	C	D	E	F	G
1							
2	팀명	팀코드	직원명	기본급	보너스	세금	지급액
3	홍보팀	HT-01	권영수	2,800,000	840,000	680,000	2,960,000
4	마케팅팀	MT-01	허재두	3,400,000	1,020,000	503,000	3,917,000
5	홍보팀	HT-02	정성민	3,800,000	1,140,000	445,000	4,495,000
6	홍보팀	HT-03	박영아	4,200,000	1,630,000	720,000	5,110,000
7	마케팅팀	MT-02	박종홍	2,400,000	1,350,000	590,000	3,160,000
8	물류팀	LT-01	박봉기	4,500,000	1,120,000	510,000	5,110,000
9	전략팀	ST-01	변순용	4,300,000	1,260,000	480,000	5,080,000
10	전략팀	ST-02	송영미	5,200,000	1,020,000	620,000	5,600,000
11	마케팅팀	MT-03	강신실	3,900,000	1,440,000	390,000	4,950,000
12	물류팀	LT-02	장미향	2,700,000	1,290,000	360,000	3,630,000
13							
14	조건						
15	FALSE						
16							
17							
18	팀코드	직원명	보너스	지급액			
19	MT-01	허재두	1,020,000	3,917,000			
20	MT-02	박종홍	1,350,000	3,160,000			
21	ST-02	송영미	1,020,000	5,600,000			
22	MT-03	강신실	1,440,000	4,950,000			
23							

≪처리조건≫

▶ "필터" 시트의 [A2:G12]를 아래 조건에 맞게 고급필터를 사용하여 작성하시오.
　– '팀명'이 "마케팅팀"이거나 '지급액'이 5500000 이상인 데이터를 '팀코드', '직원명', '보너스', '지급액'의 데이터만 필터링 하시오.
　– 조건 위치 : 조건 함수는 [A15] 한 셀에 작성(OR 함수 이용)
　– 결과 위치 : [A18]부터 출력

▶ 지시사항이 없는 경우는 ≪ 출력형태 – 필터 ≫와 동일하게 작성하시오.

⑤ [업로드할 파일 선택] 창에서 내
사진 파일을 선택하고 〈열기〉
버튼을 클릭합니다.

⑥ [등록]을 클릭합니다.

⑦ '수정 하겠습니까' 메시지 창이 나타나면 〈확인〉 버튼을 클릭합니다.

⑧ '저장 성공!!' 메시지 창이 나타나면 〈확인〉 버튼을 클릭합
니다.

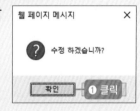 

⑨ 사진이 등록된 것을 확인합니다.

[문제 2] "부분합" 시트를 참조하여 다음 ≪처리조건≫에 맞도록 작업하시오. (30점)

≪출력형태≫

	팀명	팀코드	직원명	기본급	보너스	세금	지급액
3	마케팅팀	MT-01	허재두	3,400,000	1,020,000	503,000	3,917,000
4	마케팅팀	MT-02	박종홍	2,400,000	1,350,000	590,000	3,160,000
5	마케팅팀	MT-03	강신실	3,900,000	1,440,000	390,000	4,950,000
6	마케팅팀 최대값					590,000	4,950,000
7	마케팅팀 평균			3,233,333	1,270,000		
8	물류팀	LT-01	박봉기	4,500,000	1,120,000	510,000	5,110,000
9	물류팀	LT-02	장미향	2,700,000	1,290,000	360,000	3,630,000
10	물류팀 최대값					510,000	5,110,000
11	물류팀 평균			3,600,000	1,205,000		
12	전략팀	ST-01	변순용	4,300,000	1,260,000	480,000	5,080,000
13	전략팀	ST-02	송영미	5,200,000	1,020,000	620,000	5,600,000
14	전략팀 최대값					620,000	5,600,000
15	전략팀 평균			4,750,000	1,140,000		
16	홍보팀	HT-01	권영수	2,800,000	840,000	680,000	2,960,000
17	홍보팀	HT-02	정성민	3,800,000	1,140,000	445,000	4,495,000
18	홍보팀	HT-03	박영아	4,200,000	1,630,000	720,000	5,110,000
19	홍보팀 최대값					720,000	5,110,000
20	홍보팀 평균			3,600,000	1,203,333		
21	전체 최대값					720,000	5,600,000
22	전체 평균			3,720,000	1,211,000		

≪처리조건≫

▶ 데이터를 '팀명' 기준으로 오름차순 정렬하시오.

▶ 아래 조건에 맞는 부분합을 작성하시오.
  – '팀명'으로 그룹화 하여 '기본급', '보너스'의 평균을 구하는 부분합을 만드시오.
  – '팀명'으로 그룹화 하여 '세금', '지급액'의 최대값을 구하는 부분합을 만드시오.
   (새로운 값으로 대치하지 말 것)
  – [D3:G22] 영역에 셀 서식의 표시 형식–숫자를 이용하여 1000단위 구분 기호를 표시하시오.

▶ D~G열을 선택하여 그룹을 설정하시오.

▶ 평균과 최대값의 부분합 순서는 ≪ 출력형태 ≫와 다를 수 있음

▶ 지시사항이 없는 경우는 기본 값을 적용하시오.

TIP 개인으로 시험 접수하는 방법 알아보기

정보통신기술자격검정(www.ihd.or.kr) 사이트에서 [시험접수]를 클릭하고 [시험접수신청]을 클릭합니다.

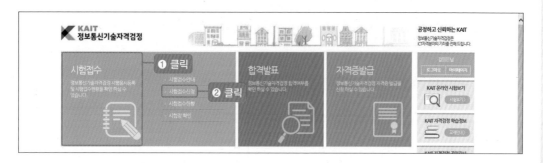

시험 접수 신청 절차 알아보기

STEP 01 로그인(회원가입)	STEP 02 응시종목 선택	STEP 03 응시지역 선택	STEP 04 결제하기	STEP 05 접수완료

• STEP 01 로그인(회원가입)

응시접수는 인터넷을 통해서만 가능하며, 시험접수 및 응시를 위해서는 반드시 회원으로 가입되어야 합니다.

※ 단체 접수시 단체관리자(회원가입 및 회원정보수정을 통해 설정)를 통해 접수바랍니다.

※ 마이페이지의 사진등록 이후에 시험접수가 가능합니다.

• STEP 02 응시종목 선택

응시하고자 하는 종목과 시험일자를 확인한 후 '접수하기'를 선택합니다.

• STEP 03 응시지역 선택

– 응시하고자 하는 응시지역과 시험장을 선택합니다.

– 시험장 정원이 모두 마감된 경우에는 더 이상 해당 시험장을 선택할 수 없습니다.

※ 추후배정 시험장은 응시접수 완료 후 10일전 시험장 확인을 통해 시험장 확인 가능

• STEP 04 결제하기

– 응시료 결제가 완료되어야 응시접수가 정상적으로 완료됩니다.

– 결제수단 : 개인–신용카드, 계좌이체 입금 중 택일, 단체–가상계좌 입금만 가능, 정보이용료 별도–
　　　　　　신용카드/계좌이체 650원, 가상계좌 300원

　　　　※ 접수마감일 18:00까지 접수 및 입금 완료

• STEP 05 접수완료

– 결제가 완료되면 [시험접수현황 확인]에서 접수한 내역을 확인할 수 있습니다.

– 시험장 확인 : 시험장 확인은 시험일 10일전부터 시험 당일까지 확인 가능

– 수험표 출력 : 수험표 출력은 시험일 5일전부터 시험 당일까지 확인 가능

– 연기 및 환불 : 연기 및 환불규정에 따라 신청 가능

[문제 1] "급여 지급 현황" 시트를 참조하여 다음 ≪처리조건≫에 맞도록 작업하시오. (50점)

≪출력형태≫

팀명	팀코드	직원명	기본급	보너스	세금	지급액	순위	비고

팀별 급여 지급 현황

팀명	팀코드	직원명	기본급	보너스	세금	지급액	순위	비고
홍보팀	HT-01	권영수	2,800,000	840,000	680,000	2,960,000	10위	
마케팅팀	MT-01	허재두	3,400,000	1,020,000	503,000	3,917,000	7위	
홍보팀	HT-02	정성민	3,800,000	1,140,000	445,000	4,495,000	6위	
홍보팀	HT-03	박영아	4,200,000	1,630,000	720,000	5,110,000	2위	우수 사원
마케팅팀	MT-02	박종홍	2,400,000	1,350,000	590,000	3,160,000	9위	우수 사원
물류팀	LT-01	박봉기	4,500,000	1,120,000	510,000	5,110,000	2위	
전략팀	ST-01	변순용	4,300,000	1,260,000	480,000	5,080,000	4위	
전략팀	ST-02	송영미	5,200,000	1,020,000	620,000	5,600,000	1위	
마케팅팀	MT-03	강신실	3,900,000	1,440,000	390,000	4,950,000	5위	우수 사원
물류팀	LT-02	장미향	2,700,000	1,290,000	360,000	3,630,000	8위	
'팀명'이 "홍보팀"인 '보너스'의 평균				1,203,333원				
'기본급'의 최대값-최소값				2,800,000원				
'세금' 중 두 번째로 작은 값				390,000원				

≪처리조건≫

▶ 1행의 행 높이를 '80'으로 설정하고, 2행~15행의 행 높이를 '18'로 설정하시오.
▶ 제목("팀별 급여 지급 현황") : 기본 도형의 '배지'를 이용하여 입력하시오.
   – 도형 : 위치([B1:H1]), 도형 스타일(테마 스타일 – 강한 효과 – '황금색, 강조 4')
   – 글꼴 : 굴림, 28pt, 기울임꼴
   – 도형 서식 : 도형 옵션 – 크기 및 속성(텍스트 상자(세로 맞춤 : 정가운데, 텍스트 방향 : 가로))

▶ 셀 서식을 아래 조건에 맞게 작성하시오.
   – [A2:I15] : 테두리(안쪽, 윤곽선 모두 실선, '검정, 텍스트 1'), 전체 가운데 맞춤
   – [A13:D13], [A14:D14], [A15:D15] : 각각 병합하고 가운데 맞춤
   – [A2:I2], [A13:D15] : 채우기 색('녹색, 강조 6, 40% 더 밝게'), 글꼴(굵게)
   – [H3:H12] : 셀 서식의 표시 형식–사용자 지정을 이용하여 #"위"자를 추가
   – [D3:G12] : 셀 서식의 표시 형식–숫자를 이용하여 1000단위 구분 기호 표시
   – [E13:G15] : 셀 서식의 표시 형식–사용자 지정을 이용하여 #,##0"원"자를 추가
   – 조건부 서식[A3:I12] : '지급액'이 4000000 이하인 경우 레코드 전체에 글꼴(자주, 굵게) 적용
   – 지시사항이 없는 경우는 주어진 문제파일의 서식을 그대로 사용하시오.

▶ ① 순위[H3:H12] : '지급액'을 기준으로 큰 순으로 '순위'를 구하시오. (RANK 함수)
▶ ② 비고[I3:I12] : '보너스'가 1300000 이상이면 "우수 사원", 그렇지 않으면 공백을 구하시오. (IF 함수)
▶ ③ 평균[E13:G13] : '팀명'이 "홍보팀"인 '보너스'의 평균을 구하시오. (DAVERAGE 함수)
▶ ④ 최대값-최소값[E14:G14] : '기본급'의 최대값과 최소값의 차이를 구하시오. (MAX, MIN 함수)
▶ ⑤ 순위[E15:G15] : '세금' 중 두 번째로 작은 값을 구하시오. (SMALL 함수)

DIAT 답안 전송 프로그램

- ☑ DIAT 답안 전송 프로그램 다운로드
- ☑ DIAT 답안 전송 프로그램 사용 방법

1. DIAT 답안 전송 프로그램 다운로드

❶ 아카데미소프트 홈페이지(http://www.aso.co.kr)에 접속한 후 [자료실]-[수험서 자료실] –빠른검색(DIAT)에서 'DIAT 답안 전송 프로그램'을 클릭하여 바탕화면에 다운로드 합니다.

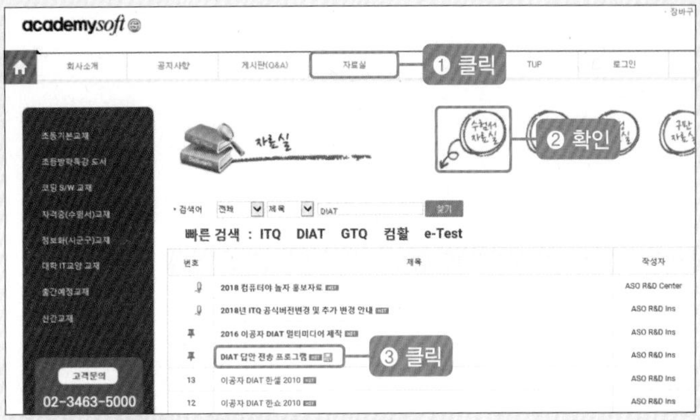

2. DIAT 답안 전송 프로그램 사용 방법

❶ 다운받은 'DIAT 답안 전송 프로그램.zip' 파일을 바탕 화면에 압축 해제한 후 [DIAT 답안 전송 프로그램] 폴더를 더블 클릭합니다. 'KAITCBT_DEMO' 프로그램을 더블 클릭하여 실행합니다.

TIP

'KAITCBT_DEMO' 프로그램

'KAITCBT_DEMO' 프로그램은 KAIT에서 배포한 데모 버전의 개인 실습용 프로그램이기 때문에 서버에서 제어가 되지는 않습니다. 실제 시험 환경을 미리 확인하는 차원에서 테스트 하시기 바랍니다.

제07회 디지털정보활용능력 최신유형 기출문제

☑ 시험과목 : 스프레드시트(엑셀)

☑ 시험일자 : 20XX. XX. XX (X)

☑ 응시자 기재사항 및 감독위원 확인

수 검 번 호	DIS - XXXX -	감독위원 확인
성 명		

응시자 유의사항

1. 응시자는 신분증을 지참하여야 시험에 응시할 수 있으며, 시험이 종료될 때까지 신분증을 제시하지 못 할 경우 해당 시험은 0점 처리됩니다.

2. 시스템(PC작동여부, 네트워크 상태 등)의 이상여부를 반드시 확인하여야 하며, 시스템 이상이 있을시 감독위원에게 조치를 받으셔야 합니다.

3. 시험 중 부주의 또는 고의로 시스템을 파손한 경우는 응시자 부담으로 합니다.

4. 답안 전송 프로그램을 통해 다운로드 받은 파일을 이용하여 답안파일을 작성하시기 바랍니다.

5. 작성한 답안 파일은 답안 전송 프로그램을 통하여 전송됩니다. 감독위원의 지시에 따라 주시기 바랍니다.

6. 다음사항의 경우 실격(0점) 혹은 부정행위 처리됩니다.

   1) 답안파일을 저장하지 않았거나, 저장한 파일이 손상되었을 경우

   2) 답안파일을 지정된 폴더(바탕화면 – "KAIT" 폴더)에 저장하지 않았을 경우

      ※ 답안 전송 프로그램 로그인 시 바탕화면에 자동 생성됨

   3) 답안파일을 다른 보조 기억장치(USB) 혹은 네트워크(메신저, 게시판 등)로 전송할 경우

   4) 휴대용 전화기 등 통신기기를 사용할 경우

7. 시험지에 제시된 글꼴이 응시 프로그램에 없는 경우, 반드시 감독위원에게 해당 내용을 통보한 뒤 조치를 받아야 합니다.

8. 시험의 완료는 작성이 완료된 답안을 저장하고, 답안 전송이 완료된 상태를 확인한 것으로 합니다. 답안 전송 확인 후 문제지는 감독위원에게 제출한 후 퇴실하여야 합니다.

9. 답안전송이 완료된 경우에는 수정 또는 정정이 불가능합니다.

10. 시험시행 후 결과는 홈페이지(www.ihd.or.kr)에서 확인하시기 바랍니다.

    1) 문제 및 모법답안 공개 : 20XX. XX. XX.(X)

    2) 합격자 발표 : 20XX. XX. XX.(X)

② 답안 전송 프로그램이 실행되면 '수검번호'에서 목록 단추를 클릭하여 해당 과목을 선택합니다.

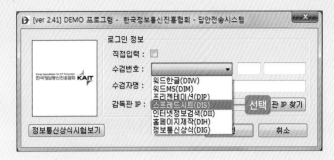

③ 과목 선택이 끝나면 '수검번호' 및 '수검자명'을 입력한 후 〈확인〉 단추를 클릭합니다.

※ 데모용 연습 프로그램이기 때문에 '수검번호' 및 '수검자명'은 본인이 원하는 내용을 입력하세요.

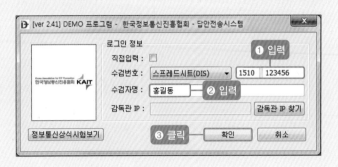

④ 수검자 유의사항이 나오면 내용을 확인한 후 마스터 키 칸을 클릭하고 Enter 키를 누릅니다.

⑤ 시험이 시작됨과 동시에 해당 프로그램이 자동으로 실행되면서 답안 파일이 자동으로 열립니다. 자동으로 실행된 답안 파일을 종료한 후 [소스 파일]에서 '출제 예상 모의고사' 또는 '최신유형 기출문제' 파일을 불러와 남은 시간을 확인하면서 답안을 작성합니다.

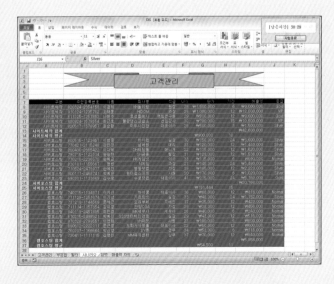

[문제 5] "차트" 시트를 참조하여 다음 ≪처리조건≫에 맞도록 작업하시오. (30점)

≪출력형태≫

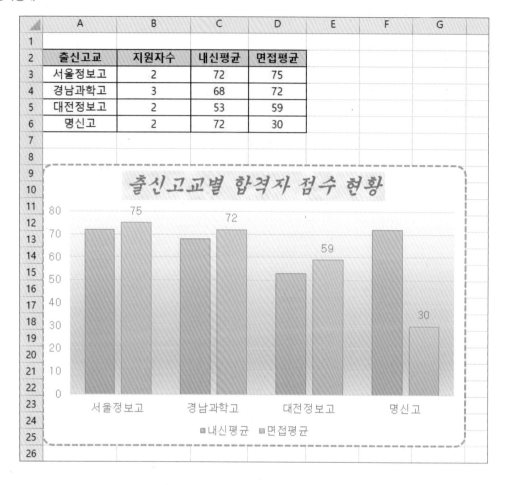

≪처리조건≫

▶ "차트" 시트에 주어진 표를 이용하여 '묶은 세로 막대형' 차트를 작성하시오.
  – 데이터 범위 : 현재 시트 [A2:A6], [C2:D6]의 데이터를 이용하여 작성하고, 행/열 전환은 '열'로 지정
  – 차트 제목("출신고교별 합격자 점수 현황")
  – 범례 위치 : 아래쪽
  – 차트 스타일 : 색 변경(색상형 – 색 2, 스타일 5)
  – 차트 위치 : 현재 시트에 [A9:G25] 크기에 정확하게 맞추시오.
  – 차트 영역 서식 : 글꼴(돋움, 11pt), 테두리 색(실선, 색 : 연한 파랑), 테두리 스타일(너비 : 2pt,
    겹선 종류 : 단순형, 대시 종류 : 사각 점선, 둥근 모서리)
  – 차트 제목 서식 : 글꼴(궁서, 20pt, 기울임꼴), 채우기(그림 또는 질감 채우기, 질감 : 양피지)
  – 그림 영역 서식 : 채우기(그라데이션 채우기, 그라데이션 미리 설정 : 밝은 그라데이션 – 강조 1, 종류 : 선형,
    방향 : 선형 아래쪽)
  – 데이터 레이블 추가 : '면접평균' 계열에 "값" 표시

▶ 지시사항이 없는 경우는 ≪ 출력형태 ≫와 동일하게 작성하시오.

PART 02

출제유형
완전정복

[문제 4] "피벗테이블" 시트를 참조하여 다음 ≪처리조건≫에 맞도록 작업하시오. (30점)

≪출력형태≫

학과명	값	출신고교 경남과학고	대전정보고	서울정보고
멀티미디어과	평균 : 내신점수	63.00점	*	74.00점
	평균 : 면접점수	73.00점	*	70.00점
전기과	평균 : 내신점수	*	42.00점	70.00점
	평균 : 면접점수	*	62.00점	80.00점
전자공학과	평균 : 내신점수	40.00점	92.00점	*
	평균 : 면접점수	45.00점	90.00점	*
호텔조리제빵과	평균 : 내신점수	99.00점	24.00점	*
	평균 : 면접점수	100.00점	25.00점	*
전체 평균 : 내신점수		67.33점	52.67점	72.00점
전체 평균 : 면접점수		72.67점	59.00점	75.00점

≪처리조건≫

▶ "피벗테이블" 시트의 [A2:G12]를 이용하여 새로운 시트에 ≪ 출력형태 ≫와 같이 피벗테이블을 작성 후 시트명을 "피벗 테이블 정답"으로 수정하시오.

▶ 학과명(행)과 출신고교(열)를 기준으로 하여 출력형태와 같이 구하시오.
　– '내신점수', '면접점수'의 평균을 구하시오.
　– 피벗 테이블 옵션을 이용하여 레이블이 있는 셀 병합 및 가운데 맞춤하고 빈 셀을 "*"로 표시한 후, 행의 총합계를 감추기 하시오.
　– 피벗 테이블 디자인에서 보고서 레이아웃은 '테이블 형식으로 표시', 피벗 테이블 스타일은 '피벗 스타일 보통 13' 으로 표시하시오.
　– 출신고교(열)은 "경남과학고", "대전정보고", "서울정보고"만 출력되도록 표시하시오.
　– [C5:E14] 데이터는 셀 서식의 표시 형식–사용자 지정을 이용하여 #.00"점"자를 추가하고, 가운데 맞춤하시오.

▶ 학과명의 순서는 ≪ 출력형태 ≫와 다를 수 있음

▶ 지시사항이 없는 경우는 ≪ 출력형태 ≫와 동일하게 작성하시오.

출제유형 01

행의 높이를 변경한 후 도형으로 제목 작성하기

☑ 행 높이 설정하기
☑ 도형으로 제목 작성하기

문제 미리보기

소스파일 : 유형01_문제.xlsx   정답파일 : 유형01_완성.xlsx

● **제목 작성**

【문제 1】 "판매현황" 시트를 참조하여 다음 ≪처리조건≫에 맞도록 작업하시오.   (50점)

● **출력 형태**

	A	B	C	D	E	F	G	H	I
1				판매처별 음료제품 판매 현황					
2	제품명	제품종류	판매처	2018년	2019년	2020년	평균	순위	비고
3	시원수	생수	할인점	15838	13363	24401	17867	①	②
4	팡팡톡	탄산음료	할인점	21670	22197	11554	18474	①	②
5	스마일자몽	과일음료	편의점	20740	14224	18939	17968	①	②
6	코코넛매니아	탄산음료	백화점	20038	22725	15911	19558	①	②
7	에티오피아	커피음료	통신판매	25976	18411	11754	18714	①	②
8	맑은생수	생수	할인점	19400	22100	14559	18686	①	②
9	천연물	생수	편의점	16204	18606	23119	19310	①	②
10	라임워터	탄산음료	편의점	13774	25788	24957	21506	①	②
11	카페타임	커피음료	통신판매	12650	12653	16377	13893	①	②
12	얼음골생수	생수	편의점	17771	15751	10501	14674	①	②
13	'평균'의 최대값-최소값 차이				③				
14	'판매처'가 "할인점"인 '2020년'의 평균				④				
15	'2019년' 중 두 번째로 큰 값				⑤				
16									

● **처리 조건**

▶ 1행의 행 높이를 '80'으로 설정하고, 2행~15행의 행 높이를 '18'로 설정하시오.

▶ 제목("판매처별 음료제품 판매 현황") : 기본 도형의 '원통'을 이용하여 입력하시오.

　– 도형 : 위치([B1:H1]), 도형 스타일(테마 스타일 – 보통 효과 – '주황, 강조 2')

　– 글꼴 : 돋움체, 24pt, 굵게

　– 도형 서식 : 도형 옵션 – 크기 및 속성(텍스트 상자(세로 맞춤 : 정가운데, 텍스트 방향 : 가로))

(2) 시나리오

≪출력형태 – 시나리오≫

	현재 값:	내신점수 5 증가	내신점수 3 감소
시나리오 요약			
변경 셀:			
$E$4	92	97	89
$E$9	24	29	21
$E$10	42	47	39
결과 셀:			
$G$4	182	187	179
$G$9	49	54	46
$G$10	104	109	101

참고: 현재 값 열은 시나리오 요약 보고서가 작성될 때의
변경 셀 값을 나타냅니다. 각 시나리오의 변경 셀들은
회색으로 표시됩니다.

≪처리조건≫

▶ "시나리오" 시트의 [A2:G12]를 이용하여 '출신고교'가 "대전정보고"인 경우, '내신점수'가 변동할 때 '최종점수'가 변동하는 가상분석(시나리오)을 작성하시오.
 - 시나리오1 : 시나리오 이름은 "내신점수 5 증가", '내신점수'에 5를 증가시킨 값 설정.
 - 시나리오2 : 시나리오 이름은 "내신점수 3 감소", '내신점수'에 3을 감소시킨 값 설정.
 - "시나리오 요약" 시트를 작성하시오.

▶ 지시사항이 없는 경우는 ≪ 출력형태 – 시나리오 ≫와 동일하게 작성하시오.

01 행 높이 설정하기

❶ Excel 2016을 실행한 후 [파일]-[열기]([Ctrl]+[O])를 클릭한 후, [찾아보기]를 클릭합니다. [열기] 대화상자가 나오면 '유형01_문제.xlsx' 파일을 불러와 [판매현황] 시트를 클릭합니다.

판매현황 | 클릭 | 터 | 시나리오 | 피벗테이블 | 차트 | ⊕

❷ 1행 머리글 위에서 마우스 오른쪽 버튼을 눌러 바로 가기 메뉴가 나오면 [행 높이]를 선택합니다.

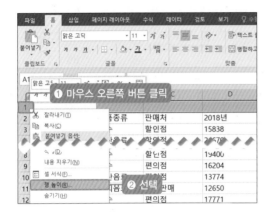

TIP
시험장 오피스 프로그램 환경
실제 시험장에서는 시험이 시작됨과 동시에 답안 파일(엑셀 2016)이 자동으로 열립니다. 답안 파일이 자동으로 실행되면 파일명(dis_123456_홍길동.xlsx)을 확인합니다.

❸ [행 높이] 대화상자가 나오면 '80'을 입력한 후 〈확인〉 단추를 클릭합니다.

❹ 2행 머리글에서 15행 머리글(2:15행)까지 드래그하여 범위를 지정한 후 행 머리글 위에서 마우스 오른쪽 버튼을 눌러 바로 가기 메뉴가 나오면 [행 높이]를 선택합니다.

❺ [행 높이] 대화상자가 나오면 '18'을 입력한 후 〈확인〉 단추를 클릭합니다.

※ 범위 지정 후 특정 셀을 클릭하면 범위 지정이 자동으로 해제됩니다.

[문제 3] "필터"와 "시나리오" 시트를 참조하여 다음 ≪처리조건≫에 맞도록 작업하시오. (60점)

(1) 필터

≪출력형태 – 필터≫

	A	B	C	D	E	F	G
1							
2	학과명	수험번호	출신고교	지원자	내신점수	면접점수	최종점수
3	멀티미디어과	A-001	서울정보고	정지원	74	70	144
4	전자공학과	A-875	대전정보고	박봉기	92	90	182
5	전자공학과	C-205	경남과학고	김하늘	40	45	85
6	전기과	B-201	명신고	박성훈	89	56	145
7	멀티미디어과	C-387	경남과학고	임진하	63	73	136
8	전기과	C-109	서울정보고	양일동	70	80	150
9	호텔조리제빵과	A-234	대전정보고	나현찬	24	25	49
10	전기과	B-174	대전정보고	박재출	42	62	104
11	호텔조리제빵과	A-591	경남과학고	서희종	99	100	199
12	멀티미디어과	B-703	명신고	김갑두	56	35	91
13							
14	조건						
15	FALSE						
16							
17							
18	학과명	출신고교	지원자	최종점수			
19	전자공학과	대전정보고	박봉기	182			
20	전기과	명신고	박성훈	145			
21	전기과	서울정보고	양일동	150			
22	전기과	대전정보고	박재출	104			
23	호텔조리제빵과	경남과학고	서희종	199			
24							

≪처리조건≫

▶ "필터" 시트의 [A2:G12]를 아래 조건에 맞게 고급필터를 사용하여 작성하시오.
　– '학과명'이 "전기과"이거나 '최종점수'가 150 이상인 데이터를 '학과명', '출신고교', '지원자', '최종점수'의 데이터만
　　필터링 하시오.
　– 조건 위치 : 조건 함수는 [A15] 한 셀에 작성(OR 함수 이용)
　– 결과 위치 : [A18]부터 출력

▶ 지시사항이 없는 경우는 ≪ 출력형태 – 필터 ≫와 동일하게 작성하시오.

❶ 도형을 삽입하기 위해 [삽입] 탭의 [일러스트레이션] 그룹에서 [도형]–'기본 도형'–'원통(⬚)'을 클릭합니다.

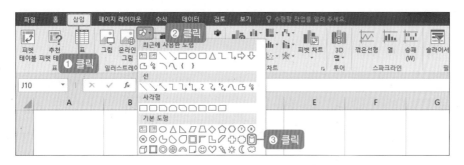

❷ [B1] 셀에서 [H1] 셀까지 드래그하여 '원통' 도형을 삽입합니다. 도형이 삽입되면 제목(판매처별 음료제품 판매 현황)을 입력한 후 텍스트가 없는 부분의 도형을 클릭(마우스 포인터 모양 확인 ⬚) 합니다.

※ 도형을 삽입한 후 ≪출력형태≫를 참고하여 [B1:H1] 셀 범위 안에 도형이 들어가도록 테두리 조절점(⬚, ⬚)으로 크기를 조절하고 위치를 변경합니다.

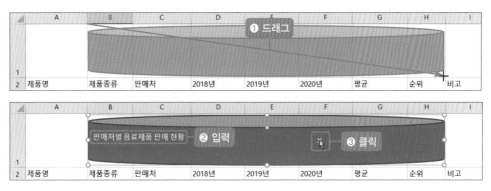

◀ 제목 입력 후 텍스트가 없는 부분을 클릭

❸ [그리기 도구]–[서식] 탭의 [도형 스타일] 그룹에서 자세히(⬚) 단추를 클릭합니다. 이어서, 도형 스타일 목록이 펼쳐지면 '보통 효과 – 주황, 강조 2(⬚)'를 선택합니다.

[문제 2] "부분합" 시트를 참조하여 다음 ≪처리조건≫에 맞도록 작업하시오. (30점)

≪출력형태≫

학과명	수험번호	출신고교	지원자	내신점수	면접점수	최종점수
전자공학과	C-205	경남과학고	김하늘	40점	45점	85점
멀티미디어과	C-387	경남과학고	임진하	63점	73점	136점
호텔조리제빵과	A-591	경남과학고	서희종	99점	100점	199점
		경남과학고 최대값			100점	199점
		경남과학고 평균		67점	73점	
전자공학과	A-875	대전정보고	박봉기	92점	90점	182점
호텔조리제빵과	A-234	대전정보고	나현찬	24점	25점	49점
전기과	B-174	대전정보고	박재출	42점	62점	104점
		대전정보고 최대값			90점	182점
		대전정보고 평균		53점	59점	
전기과	B-201	명신고	박성훈	89점	56점	145점
멀티미디어과	B-703	명신고	김갑두	56점	35점	91점
		명신고 최대값			56점	145점
		명신고 평균		73점	46점	
멀티미디어과	A-001	서울정보고	정지원	74점	70점	144점
전기과	C-109	서울정보고	양일동	70점	80점	150점
		서울정보고 최대값			80점	150점
		서울정보고 평균		72점	75점	
		전체 최대값			100점	199점
		전체 평균		65점	64점	

≪처리조건≫

▶ 데이터를 '출신고교' 기준으로 오름차순 정렬하시오.

▶ 아래 조건에 맞는 부분합을 작성하시오.
　　– '출신고교'로 그룹화 하여 '내신점수', '면접점수'의 평균을 구하는 부분합을 만드시오.
　　– '출신고교'로 그룹화 하여 '면접점수', 최종점수'의 최대값을 구하는 부분합을 만드시오.
　　　(새로운 값으로 대치하지 말 것)
　　– [E3:G22] 영역에 셀 서식의 표시 형식–사용자 지정을 이용하여 #"점"자를 추가하시오.

▶ E~G열을 선택하여 그룹을 설정하시오.

▶ 평균과 최대값의 부분합 순서는 ≪출력형태≫와 다를 수 있음

▶ 지시사항이 없는 경우는 기본 값을 적용하시오.

❹ 글꼴 서식을 지정하기 위해 [홈] 탭의 [글꼴] 그룹에서 '글꼴(돋움체), 글꼴 크기(24), 굵게(**가**)'를 각각 지정합니다. 이어서, 도형 위에서 마우스 오른쪽 버튼을 눌러 바로 가기 메뉴가 나오면 [도형 서식]을 선택합니다. (도형 서식 바로 가기 키 : **Ctrl**+**1**)

※ 글꼴 서식을 지정할 때 도형이 선택되어 있어야 합니다. 만약 도형 선택이 해제되었을 경우에는 텍스트가 없는 부분의 도형을 클릭하여 선택합니다.

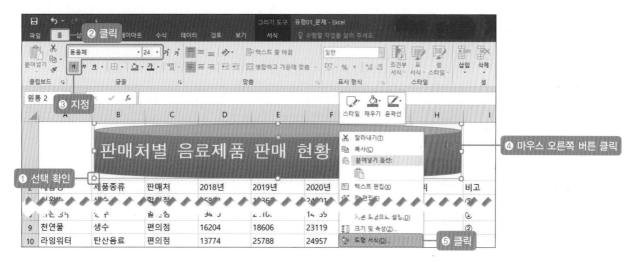

❺ 화면 오른쪽에 [도형 서식] 작업창이 나오면 [크기 및 속성]을 클릭합니다. 이어서, '텍스트 상자'의 '세로 맞춤'을 클릭하여 '정가운데'를 선택하고, '텍스트 방향'이 '가로'로 선택된 것을 확인합니다.

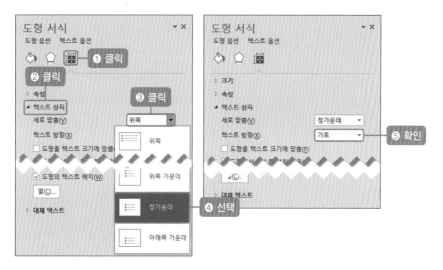

❻ 도형 서식이 지정된 제목을 확인한 후 [파일]–[저장](**Ctrl**+**S**) 또는 [빠른 실행 도구 모음]에서 '저장(**🔲**)'을 클릭합니다.

※ 실제 시험을 볼 때 작업 도중에 수시로(10분에 한 번 정도) 저장을 하는 것이 좋습니다.

[문제 1] "합격자 현황" 시트를 참조하여 다음 ≪처리조건≫에 맞도록 작업하시오. (50점)

≪출력형태≫

학과별 합격자 현황

학과명	수험번호	출신고교	지원자	내신점수	면접점수	최종점수	순위	비고
멀티미디어과	A-001	서울정보고	정지원님	74	70	144	5위	
전자공학과	A-875	대전정보고	박봉기님	92	90	182	2위	1차 합격
전자공학과	C-205	경남과학고	김하늘님	40	45	85	9위	
전기과	B-201	명신고	박성훈님	89	56	145	4위	1차 합격
멀티미디어과	C-387	경남과학고	임진하님	63	73	136	6위	
전기과	C-109	서울정보고	양일동님	70	80	150	3위	
호텔조리제빵과	A-234	대전정보고	나현찬님	24	25	49	10위	
전기과	B-174	대전정보고	박재출님	42	62	104	7위	
호텔조리제빵과	A-591	경남과학고	서희종님	99	100	199	1위	1차 합격
멀티미디어과	B-703	명신고	김갑두님	56	35	91	8위	
'출신고교'가 "서울정보고"인 '면접점수'의 평균				75점				
'최종점수'의 최대값-최소값 차이				150점				
'내신점수' 중 세 번째로 큰 값				89점				

≪처리조건≫

▶ 1행의 행 높이를 '80'으로 설정하고, 2행~15행의 행 높이를 '18'로 설정하시오.

▶ 제목("학과별 합격자 현황") : 기본 도형의 '사다리꼴'을 이용하여 입력하시오.
　 – 도형 : 위치([B1:H1]), 도형 스타일(테마 스타일 – 강한 효과 – '파랑, 강조 1')
　 – 글꼴 : 굴림체, 30pt, 굵게
　 – 도형 서식 : 도형 옵션 – 크기 및 속성(텍스트 상자(세로 맞춤 : 정가운데, 텍스트 방향 : 가로))

▶ 셀 서식을 아래 조건에 맞게 작성하시오.
　 – [A2:I15] : 테두리(안쪽, 윤곽선 모두 실선, '검정, 텍스트 1'), 전체 가운데 맞춤
　 – [A13:D13], [A14:D14], [A15:D15] : 각각 병합하고 가운데 맞춤
　 – [A2:I2], [A13:D15] : 채우기 색('파랑, 강조 1, 60% 더 밝게'), 글꼴(굵게)
　 – [D3:D12] : 셀 서식의 표시 형식–사용자 지정을 이용하여 @"님"자를 추가
　 – [H3:H12] : 셀 서식의 표시 형식–사용자 지정을 이용하여 #"위"자를 추가
　 – [E13:G15] : 셀 서식의 표시 형식–사용자 지정을 이용하여 #"점"자를 추가
　 – 조건부 서식[A3:I12] : '면접점수'가 90 이상인 경우 레코드 전체에 글꼴(파랑, 굵게) 적용
　 – 지시사항이 없는 경우는 주어진 문제파일의 서식을 그대로 사용하시오.

▶ ① 순위[H3:H12] : '최종점수'를 기준으로 큰 순으로 '순위'를 구하시오. **(RANK 함수)**
▶ ② 비고[I3:I12] : '내신점수'가 80 이상이면 "1차 합격", 그렇지 않으면 공백을 구하시오. **(IF 함수)**
▶ ③ 평균[E13:G13] : '출신고교'가 "서울정보고"인 '면접점수'의 평균을 구하시오. **(DAVERAGE 함수)**
▶ ④ 최대값-최소값[E14:G14] : '최종점수'의 최대값과 최소값의 차이를 구하시오. **(MAX, MIN 함수)**
▶ ⑤ 순위[E15:G15] : '내신점수' 중 세 번째로 큰 값을 구하시오. **(LARGE 함수)**

WordArt로 제목 작성하기

DIAT 스프레드시트 시험에서 제목을 작성하는 방법은 크게 '도형'을 이용하는 방법과 'WordArt'를 이용하는 방법이 있습니다. 현재 대부분 도형을 이용하여 제목을 작성하는 것으로 출제되고 있지만, WordArt를 이용하여 제목을 작성하는 방식도 출제될 수 있기 때문에 작성 방법은 알아두는 것이 좋습니다.

＊ 소스파일 : 유형01_워드아트_문제.xlsx　＊ 정답파일 : 유형01_워드아트_완성.xlsx

❶ [삽입] 탭-[텍스트] 그룹에서 [WordArt]-'그라데이션 채우기 - 주황, 강조 2, 윤곽선 - 강조 2(A)'를 선택합니다.

❷ 워드아트(필요한 내용을 적으십시오.)가 삽입되면 '판매처별 음료제품 판매 현황'을 입력합니다.

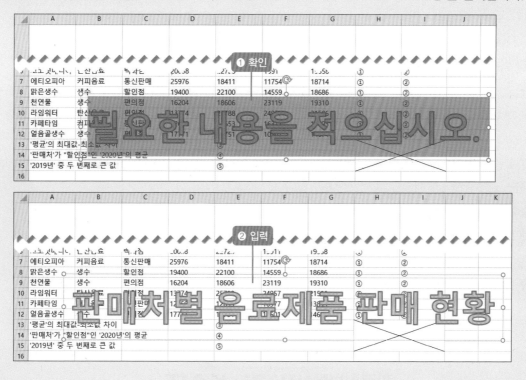

☑ 시험과목 : 스프레드시트(엑셀)
☑ 시험일자 : 20XX. XX. XX (X)
☑ 응시자 기재사항 및 감독위원 확인

MS Office 2016 버전용

수 검 번 호	DIS - XXXX -	감독위원 확인
성 명		

응시자 유의사항

1. 응시자는 신분증을 지참하여야 시험에 응시할 수 있으며, 시험이 종료될 때까지 신분증을 제시하지 못 할 경우 해당 시험은 0점 처리됩니다.

2. 시스템(PC작동여부, 네트워크 상태 등)의 이상여부를 반드시 확인하여야 하며, 시스템 이상이 있을시 감독위원에게 조치를 받으셔야 합니다.

3. 시험 중 부주의 또는 고의로 시스템을 파손한 경우는 응시자 부담으로 합니다.

4. 답안 전송 프로그램을 통해 다운로드 받은 파일을 이용하여 답안파일을 작성하시기 바랍니다.

5. 작성한 답안 파일은 답안 전송 프로그램을 통하여 전송됩니다. 감독위원의 지시에 따라 주시기 바랍니다.

6. 다음사항의 경우 실격(0점) 혹은 부정행위 처리됩니다.

   1) 답안파일을 저장하지 않았거나, 저장한 파일이 손상되었을 경우

   2) 답안파일을 지정된 폴더(바탕화면 – "KAIT" 폴더)에 저장하지 않았을 경우

      ※ 답안 전송 프로그램 로그인 시 바탕화면에 자동 생성됨

   3) 답안파일을 다른 보조 기억장치(USB) 혹은 네트워크(메신저, 게시판 등)로 전송할 경우

   4) 휴대용 전화기 등 통신기기를 사용할 경우

7. 시험지에 제시된 글꼴이 응시 프로그램에 없는 경우, 반드시 감독위원에게 해당 내용을 통보한 뒤 조치를 받아야 합니다.

8. 시험의 완료는 작성이 완료된 답안을 저장하고, 답안 전송이 완료된 상태를 확인한 것으로 합니다. 답안 전송 확인 후 문제지는 감독위원에게 제출한 후 퇴실하여야 합니다.

9. 답안전송이 완료된 경우에는 수정 또는 정정이 불가능합니다.

10. 시험시행 후 결과는 홈페이지(www.ihd.or.kr)에서 확인하시기 바랍니다.

   1) 문제 및 모범답안 공개 : 20XX. XX. XX.(X)

   2) 합격자 발표 : 20XX. XX. XX.(X)

❸ 테두리 선(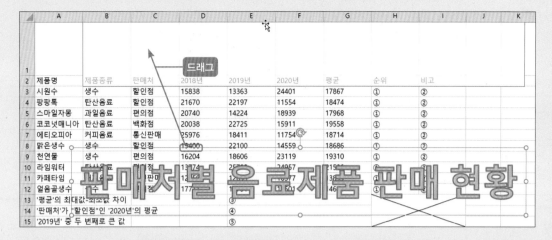)에 마우스 포인터를 위치시킨 후 [B1] 셀을 기준으로 드래그 합니다.

❹ [홈] 탭의 [글꼴] 그룹에서 '글꼴(HY헤드라인M), 글꼴 크기(40), 굵게(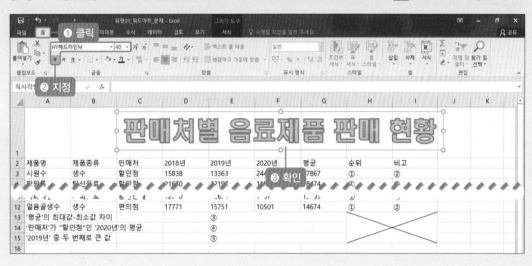)'를 각각 지정합니다.

❺ 글꼴 서식이 적용되면 테두리를 드래그하여 [B1:H1] 영역에 맞게 위치를 변경합니다.

※ WordArt의 위치를 변경할 때 키보드 방향키(↑↓←→)를 이용하면 세밀하게 위치를 변경할 수 있습니다.

제품명	제품종류	판매처	2018년	2019년	2020년	평균	순위	비고
시원수	생수	할인점	15838	13363	24401	17867	①	②
팡팡톡	탄산음료	할인점	21670	22197	11554	18474	①	②
스마일자몽	과일음료	편의점	20740	14224	18939	17968	①	②
코코넛매니아	탄산음료	백화점	20038	22725	15911	19558	①	②
에티오피아	커피음료	통신판매	25976	18411	11754	18714	①	②
맑은생수	생수	할인점	19400	22100	14559	18686	①	②
천연물	생수	편의점	16204	18606	23119	19310	①	②
라임워터	탄산음료	편의점	13774	25788	24957	21506	①	②
카페타임	커피음료	통신판매	12650	12653	16377	13893	①	②
얼음골생수	생수	편의점	17771	15751	10501	14674	①	②
'평균'의 최대값-최소값 차이			③					
'판매처'가 "할인점"인 '2020년'의 평균			④					
'2019년' 중 두 번째로 큰 값			⑤					

[문제 5] "차트" 시트를 참조하여 다음 ≪처리조건≫에 맞도록 작업하시오. (30점)

≪출력형태≫

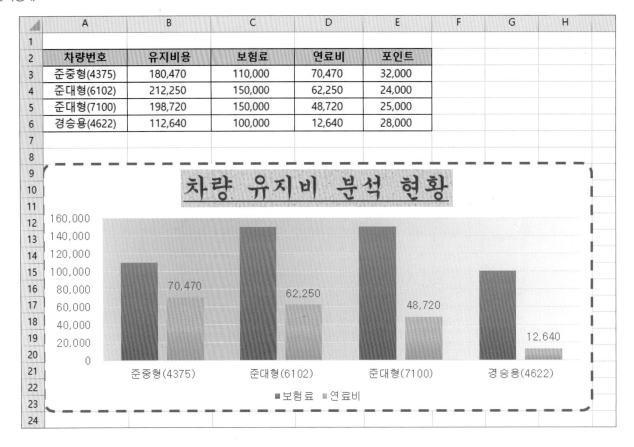

≪처리조건≫

▶ "차트" 시트에 주어진 표를 이용하여 '묶은 세로 막대형' 차트를 작성하시오.
  – 데이터 범위 : 현재 시트 [A2:A6], [C2:D6]의 데이터를 이용하여 작성하고, 행/열 전환은 '열'로 지정
  – 차트 제목("차량 유지비 분석 현황")
  – 범례 위치 : 아래쪽
  – 차트 스타일 : 색 변경(색상형 – 색 3, 스타일 6)
  – 차트 위치 : 현재 시트에 [A9:H23] 크기에 정확하게 맞추시오.
  – 차트 영역 서식 : 글꼴(굴림, 11pt), 테두리 색(실선, 색 : 파랑), 테두리 스타일(너비 : 2.75pt,
    겹선 종류 : 단순형, 대시 종류 : 파선, 둥근 모서리)
  – 차트 제목 서식 : 글꼴(궁서체, 26pt, 밑줄), 채우기(그림 또는 질감 채우기, 질감 : 재생지)
  – 그림 영역 서식 : 채우기(그라데이션 채우기, 그라데이션 미리 설정 : 밝은 그라데이션 – 강조 6, 종류 : 선형,
    방향 : 선형 왼쪽)
  – 데이터 레이블 추가 : '연료비' 계열에 "값" 표시

▶ 지시사항이 없는 경우는 ≪ 출력형태 ≫와 동일하게 작성하시오.

행의 높이를 변경한 후 도형으로 제목 작성하기

01 "판매현황" 시트를 참조하여 다음 ≪처리조건≫에 맞도록 작업하시오. (50점)

* 소스파일 : 정복01_문제01.xlsx　* 정답파일 : 정복01_완성01.xlsx

● 출력 형태

・[삽입]-[일러스트레이션]-[도형]
・[그리기 도구]-[서식]-[도형 스타일]-자세히 단추

	A	B	C	D	E	F	G	H	I
1				한국서점　하반기　판매현황					
2	도서명	장르	작가	10월	11월	12월	평균	순위	비고
3	어린이를 위한 그릿	자기계발	국내작가	58172	76209	60146	64842	①	②
4	빛나는 아이	위인	해외작가	24472	6151	3721	11448	①	②
5	91층 나무 집	동화	해외작가	47530	56657	27788	43992	①	②
6	미움받아도 괜찮아	자기계발	해외작가	37899	24153	6742	22931	①	②
7	우리 화가 우리 그림	예술	국내작가	40401	41951	23185	35179	①	②
8	빨강 연필	자기계발	국내작가	72400	76520	63905	70942	①	②
9	마당을 나온 암탉	동화	국내작가	61764	76421	61139	66441	①	②
10	78층 나무 집	동화	해외작가	38725	28888	21302	29638	①	②
11	한밤중 달빛 식당	동화	국내작가	57691	67451	53816	59653	①	②
12	세계를 빛낸 50명의 위인	위인	국내작가	56452	67424	41325	55067	①	②
13	'평균'의 최대값-최소값 차이			③					
14	'작가'가 "국내작가"인 '12월'의 합계			④					
15	'10월' 중 두 번째로 큰 값			⑤					

● 처리 조건

▶ 1행의 행 높이를 '78'로 설정하고, 2행~15행의 행 높이를 '18'로 설정하시오.
▶ 제목("한국서점 하반기 판매현황") : 기본 도형의 '십자형'을 이용하여 입력하시오.
　- 도형 : 위치([B1:H1]), 도형 스타일(테마 스타일 - 보통 효과 - '파랑, 강조 1')
　- 글꼴 : 돋움체, 24pt, 굵게
　- 도형 서식 : 도형 옵션 - 크기 및 속성(텍스트 상자(세로 맞춤 : 정가운데, 텍스트 방향 : 가로))

　　└→ [도형 서식] 작업창-[도형 옵션]-[크기 및 속성]-[텍스트 상자]

[문제 4] "피벗테이블" 시트를 참조하여 다음 ≪처리조건≫에 맞도록 작업하시오. (30점)

≪출력형태≫

	A	B	C	D	E	F
1						
2						
3			구분 ▾			
4	배기량 ▼	값	경승용	준대형	준중형	총합계
5	790	평균 : 보험료	*	*	110,000	110,000
6		평균 : 연료비	*	*	50,400	50,400
7	1300	평균 : 보험료	*	150,000	*	150,000
8		평균 : 연료비	*	48,720	*	48,720
9	2500	평균 : 보험료	100,000	150,000	*	125,000
10		평균 : 연료비	42,600	12,640	*	27,620
11	3000	평균 : 보험료	*	*	110,000	110,000
12		평균 : 연료비	*	*	46,980	46,980
13						

≪처리조건≫

▶ "피벗테이블" 시트의 [A2:G12]를 이용하여 새로운 시트에 ≪ 출력형태 ≫와 같이 피벗테이블을 작성 후 시트명을 "피벗테이블 정답"으로 수정하시오.

▶ 배기량(행)과 구분(열)을 기준으로 하여 출력형태와 같이 구하시오.
  – '보험료', '연료비'의 평균을 구하시오.
  – 피벗 테이블 옵션을 이용하여 레이블이 있는 셀 병합 및 가운데 맞춤하고 빈 셀을 "*"로 표시한 후, 열의 총합계를 감추기 하시오.
  – 피벗 테이블 디자인에서 보고서 레이아웃은 '테이블 형식으로 표시', 피벗 테이블 스타일은 '피벗 스타일 보통 14'로 표시하시오.
  – 배기량(행)은 "790", "1300", "2500", "3000"만 출력되도록 표시하시오.
  – [C5:F12] 데이터는 셀 서식의 표시 형식–숫자를 이용하여 1000단위 구분 기호를 표시하고, 가운데 맞춤하시오.

▶ 배기량의 순서는 ≪ 출력형태 ≫와 다를 수 있음

▶ 지시사항이 없는 경우는 ≪ 출력형태 ≫와 동일하게 작성하시오.

02 "수금현황" 시트를 참조하여 다음 ≪처리조건≫에 맞도록 작업하시오. (50점)

* 소스파일 : 정복01_문제02.xlsx * 정답파일 : 정복01_완성02.xlsx

● 출력 형태

[삽입]-[텍스트]-[WordArt]

	A	B	C	D	E	F	G	H	I
1									
2	광역시	지점	담당자	판매액	수금액	미수금액	수금달성율(%)	순위	비고
3	부산광역시	남구	장준문	1602300	1243400	358900	82.9	①	②
4	광주광역시	북구	이동욱	1227500	1060830	166670	90.4	①	②
5	부산광역시	동래구	윤한기	3795800	3043090	752710	82.5	①	②
6	광주광역시	광산구	김주희	2840600	2840600	0	100	①	②
7	인천광역시	연수구	윤훈	2701500	1814800	886700	72.3	①	②
8	부산광역시	사상구	강문철	956010	956010	0	100	①	②
9	대구광역시	수성구	권명준	714399	714399	0	100	①	②
10	대전광역시	대덕구	이대성	1487500	800400	687100	65.4	①	②
11	대구광역시	달서구	성기수	1342359	1202820	139539	92.4	①	②
12	인천광역시	남동구	김대철	2386050	1493000	893050	69.1	①	②
13	'광역시'가 "부산광역시"인 '수금액'의 평균			③					
14	'미수금액'의 최대값-최소값 차이			④					
15	'수금액' 중 네 번째로 작은 값			⑤					

● 처리 조건

▶ 1행의 행 높이를 '60'으로 설정하고, 2행~15행의 행 높이를 '18'로 설정하시오.
▶ 제목("광역시 지점별 수금현황") : WordArt를 이용하여 입력하시오.
 - WordArt 스타일(채우기 - 주황, 강조 2, 윤곽선 - 강조 2),
  위치([B1:H1]), 글꼴 : HY헤드라인M, 42pt, 굵게, 기울임꼴

(2) 시나리오

≪출력형태 – 시나리오≫

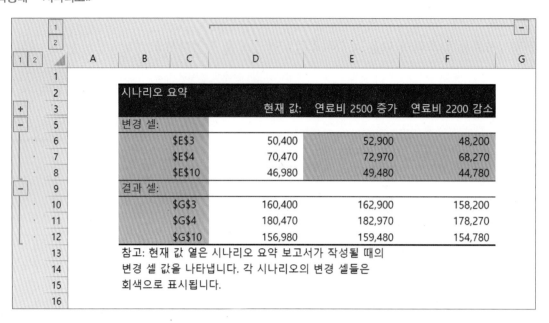

	현재 값:	연료비 2500 증가	연료비 2200 감소
시나리오 요약			
변경 셀:			
$E$3	50,400	52,900	48,200
$E$4	70,470	72,970	68,270
$E$10	46,980	49,480	44,780
결과 셀:			
$G$3	160,400	162,900	158,200
$G$4	180,470	182,970	178,270
$G$10	156,980	159,480	154,780

참고: 현재 값 열은 시나리오 요약 보고서가 작성될 때의
변경 셀 값을 나타냅니다. 각 시나리오의 변경 셀들은
회색으로 표시됩니다.

≪처리조건≫

▶ "시나리오" 시트의 [A2:G12]를 이용하여 '구분'이 "준중형"인 경우, '연료비'가 변동할 때 '유지비용'이 변동하는 가상분석(시나리오)을 작성하시오.
- 시나리오1 : 시나리오 이름은 "연료비 2500 증가", '연료비'에 2500을 증가시킨 값 설정.
- 시나리오2 : 시나리오 이름은 "연료비 2200 감소", '연료비'에 2200을 감소시킨 값 설정.
- "시나리오 요약" 시트를 작성하시오.

▶ 지시사항이 없는 경우는 ≪출력형태 – 시나리오≫와 동일하게 작성하시오.

행의 높이를 변경한 후 도형으로 제목 작성하기

03 "구매실적" 시트를 참조하여 다음 ≪처리조건≫에 맞도록 작업하시오.　　　(50점)

＊ 소스파일 : 정복01_문제03.xlsx　＊ 정답파일 : 정복01_완성03.xlsx

● 출력 형태

	A	B	C	D	E	F	G	H	I
1				2020 회원별 구매실적					
2	성명	고객등급	회사	상반기	하반기	평균	총액	순위	비고
3	장민지	B등급	아소유통	1320500	1505600	1413050	2826100	①	②
4	김주희	C등급	대한상사	1676000	1284390	1480195	2960390	①	②
5	김평석	B등급	대한상사	1120640	1435230	1277935	2555870	①	②
6	이창욱	C등급	아소유통	2383130	1960800	2171965	4343930	①	②
7	안광준	B등급	대한상사	1718870	1850830	1784850	3569700	①	②
8	박지현	D등급	민국상사	987060	1276400	1131730	2263460	①	②
9	안우열	A등급	아소유통	2528430	2550600	2539515	5079030	①	②
10	최민식	D등급	민국상사	587060	748900	667980	1335960	①	②
11	박수정	C등급	대한상사	312730	784300	548515	1097030	①	②
12	이가현	A등급	민국상사	2078300	1590800	1834550	3669100	①	②
13	'고객등급'이 "B등급"인 '총액'의 평균				③				
14	'하반기'의 최대값-최소값의 차이				④				
15	'회사'가 "아소유통"인 '총액'의 합계				⑤				

● 처리 조건

▶ 1행의 행 높이를 '80'으로 설정하고, 2행~15행의 행 높이를 '18'로 설정하시오.

▶ 제목("2020 회원별 구매실적") : 기본 도형의 '배지'를 이용하여 입력하시오.

  – 도형 : 위치([B1:H1]), 도형 스타일(테마 스타일 – 강한 효과 – '황금색, 강조 4')

  – 글꼴 : 굴림체, 24pt, 굵게, 기울임꼴

  – 도형 서식 : 도형 옵션 – 크기 및 속성(텍스트 상자(세로 맞춤 : 정가운데, 텍스트 방향 : 가로))

[문제 3] "필터"와 "시나리오" 시트를 참조하여 다음 ≪처리조건≫에 맞도록 작업하시오. (60점)

(1) **필터**

≪출력형태 – 필터≫

	A	B	C	D	E	F	G	H
1								
2	차량번호	배기량	구분	보험료	연료비	포인트	유지비용	
3	1016	790	준중형	110,000	50,400	21,500	160,400	
4	4375	820	준중형	110,000	70,470	32,000	180,470	
5	6102	1800	준대형	150,000	62,250	24,000	212,250	
6	7100	1300	준대형	150,000	48,720	25,000	198,720	
7	4622	1450	경승용	100,000	12,640	28,000	112,640	
8	5024	1830	경승용	100,000	37,410	18,000	137,410	
9	1155	2500	준대형	150,000	12,640	19,000	162,640	
10	9412	3000	준중형	110,000	46,980	20,000	156,980	
11	9294	5000	준대형	150,000	37,920	15,000	187,920	
12	3292	2500	경승용	100,000	42,600	16,000	142,600	
13								
14	조건							
15	FALSE							
16								
17								
18	차량번호	보험료	연료비	포인트				
19	4375	110,000	70,470	32,000				
20	6102	150,000	62,250	24,000				
21	7100	150,000	48,720	25,000				
22	1155	150,000	12,640	19,000				
23	9294	150,000	37,920	15,000				
24								

≪처리조건≫

▶ "필터" 시트의 [A2:G12]를 아래 조건에 맞게 고급필터를 사용하여 작성하시오.
  – '구분'이 "준대형"이거나 '포인트'가 30000 이상인 데이터를 '차량번호', '보험료', '연료비', '포인트'의 데이터만 필터링 하시오.
  – 조건 위치 : 조건 함수는 [A15] 한 셀에 작성(OR 함수 이용)
  – 결과 위치 : [A18]부터 출력

▶ 지시사항이 없는 경우는 ≪ 출력형태 – 필터 ≫와 동일하게 작성하시오.

04 "수입동향" 시트를 참조하여 다음 ≪처리조건≫에 맞도록 작업하시오. (50점)

* 소스파일 : 정복01_문제04.xlsx * 정답파일 : 정복01_완성04.xlsx

● 출력 형태

	A	B	C	D	E	F	G	H	I
1				건설장비 해외 수입동향					
2	수입국가	분류	구분	2018년	2019년	2020년	평균	순위	비고
3	캐나다	항공EDI	북아메리카	4659107	5754896	5211345	5208449	①	②
4	캐나다	항공EDI	북아메리카	4753634	3639741	4132177	4175184	①	②
5	필리핀	해상EDI	아시아	99473	301098	531721	310764	①	②
6	필리핀	해상EDI	아시아	115602	128554	309960	184705	①	②
7	영국	항공EDI	유럽	43523	180398	347125	190348	①	②
8	영국	항공EDI	유럽	50825	54222	61219	55422	①	②
9	인도	해상EDI	아시아	120683	563096	1154280	612686	①	②
10	인도	해상EDI	아시아	1026315	219911	84496	443574	①	②
11	이탈리아	항공EDI	유럽	120475	304539	595847	340287	①	②
12	이탈리아	항공EDI	유럽	658993	797592	9550193	3668926	①	②
13	'평균'의 최대값-최소값 차이			③					
14	'수입국가'가 "캐나다"인 '2020년'의 합계			④					
15	'구분'이 "아시아"인 개수			⑤					
16									

● 처리 조건

▶ 1행의 행 높이를 '80'으로 설정하고, 2행~15행의 행 높이를 '18'로 설정하시오.

▶ 제목("건설장비 해외 수입동향") : 순서도의 '순서도: 문서'를 이용하여 입력하시오.
  – 도형 : 위치([B1:H1]), 도형 스타일(테마 스타일 – 미세 효과 – '파랑, 강조 5')
  – 글꼴 : 궁서체, 24pt, 기울임꼴
  – 도형 서식 : 도형 옵션 – 크기 및 속성(텍스트 상자(세로 맞춤 : 정가운데, 텍스트 방향 : 가로))

[문제 2] "부분합" 시트를 참조하여 다음 ≪처리조건≫에 맞도록 작업하시오. (30점)

≪출력형태≫

차량번호	배기량	구분	보험료	연료비	포인트	유지비용
1016	790	준중형	110,000	50,400	21,500	160,400
4375	820	준중형	110,000	70,470	32,000	180,470
9412	3000	준중형	110,000	46,980	20,000	156,980
		준중형 요약			73,500	497,850
		준중형 평균	110,000	55,950		
6102	1800	준대형	150,000	62,250	24,000	212,250
7100	1300	준대형	150,000	48,720	25,000	198,720
1155	2500	준대형	150,000	12,640	19,000	162,640
9294	5000	준대형	150,000	37,920	15,000	187,920
		준대형 요약			83,000	761,530
		준대형 평균	150,000	40,383		
4622	1450	경승용	100,000	12,640	28,000	112,640
5024	1830	경승용	100,000	37,410	18,000	137,410
3292	2500	경승용	100,000	42,600	16,000	142,600
		경승용 요약			62,000	392,650
		경승용 평균	100,000	30,883		
		총합계			218,500	1,652,030
		전체 평균	123,000	42,203		

≪처리조건≫

▶ 데이터를 '구분' 기준으로 내림차순 정렬하시오.

▶ 아래 조건에 맞는 부분합을 작성하시오.
　– '구분'으로 그룹화 하여 '보험료', '연료비'의 평균을 구하는 부분합을 만드시오.
　– '구분'으로 그룹화 하여 '포인트', '유지비용'의 합계(요약)를 구하는 부분합을 만드시오.
　　(새로운 값으로 대치하지 말 것)
　– [D3:G20] 영역에 셀 서식의 표시 형식-숫자를 이용하여 1000단위 구분 기호를 표시하시오.

▶ D~G열을 선택하여 그룹을 설정하시오.

▶ 평균과 합계(요약)의 부분합 순서는 ≪ 출력형태 ≫와 다를 수 있음

▶ 지시사항이 없는 경우는 기본 값을 적용하시오.

셀 서식 및 조건부 서식 지정하기

☑ 테두리 지정 및 병합하고 가운데 맞춤 지정하기
☑ 셀 채우기 및 [표시 형식] 지정하기
☑ 조건부 서식 지정하기

문제 미리보기

소스파일 : 유형02_문제.xlsx   정답파일 : 유형02_완성.xlsx

● **셀 서식 작성**

【문제 1】 "판매현황" 시트를 참조하여 다음 ≪처리조건≫에 맞도록 작업하시오.   (50점)

● **출력 형태**

제품명	제품종류	판매처	2018년	2019년	2020년	평균	순위	비고

판매처별 음료제품 판매 현황

제품명	제품종류	판매처	2018년	2019년	2020년	평균	순위	비고
시원수	생수	할인점	15,838	13,363	24,401	17,867개	①	②
팡팡톡	탄산음료	할인점	21,670	22,197	11,554	18,474개	①	②
스마일자몽	과일음료	편의점	20,740	14,224	18,939	17,968개	①	②
코코넛매니아	탄산음료	백화점	20,038	22,725	15,911	19,558개	①	②
에티오피아	커피음료	통신판매	25,976	18,411	11,754	18,714개	①	②
맑은생수	생수	할인점	19,400	22,100	14,559	18,686개	①	②
천연물	생수	편의점	16,204	18,606	23,119	19,310개	①	②
라임워터	탄산음료	편의점	13,774	25,788	24,957	21,506개	①	②
카페타임	커피음료	통신판매	12,650	12,653	16,377	13,893개	①	②
얼음골생수	생수	편의점	17,771	15,751	10,501	14,674개	①	②
'평균'의 최대값-최소값 차이				③				
'판매처'가 "할인점"인 '2020년'의 평균				④				
'2019년' 중 두 번째로 큰 값				⑤				

● **처리 조건**

▶ 셀 서식을 아래 조건에 맞게 작성하시오.

– [A2:I15] : 테두리(안쪽, 윤곽선 모두 실선, '검정, 텍스트 1'), 전체 가운데 맞춤

– [A13:D13], [A14:D14], [A15:D15] : 각각 병합하고 가운데 맞춤

– [A2:I2], [A13:D15] : 채우기 색('파랑, 강조 1, 60% 더 밝게'), 글꼴(굵게)

– [D3:F12], [E13:G15] : 셀 서식의 표시 형식-숫자를 이용하여 1000단위 구분 기호 표시

– [G3:G12] : 셀 서식의 표시 형식-사용자 지정을 이용하여 #,##0"개"자를 추가

– [H3:H12] : 셀 서식의 표시 형식-사용자 지정을 이용하여 #"위"자를 추가

– 조건부 서식[A3:I12] : '판매처'가 "할인점"인 경우 레코드 전체에 글꼴(빨강, 굵게) 적용

– 지시사항이 없는 경우는 주어진 문제파일의 서식을 그대로 사용하시오.

[문제 1] "차량유지비 현황" 시트를 참조하여 다음 ≪처리조건≫에 맞도록 작업하시오. (50점)

≪출력형태≫

차량유지비 현황

차량번호	배기량	구분	보험료	연료비	포인트	유지비용	순위	비고
1016	790	준중형	110,000	50,400	21,500	160,400	5위	연료비 과다
4375	820	준중형	110,000	70,470	32,000	180,470	1위	연료비 과다
6102	1800	준대형	150,000	62,250	24,000	212,250	4위	연료비 과다
7100	1300	준대형	150,000	48,720	25,000	198,720	3위	
4622	1450	경승용	100,000	12,640	28,000	112,640	2위	
5024	1830	경승용	100,000	37,410	18,000	137,410	8위	
1155	2500	준대형	150,000	12,640	19,000	162,640	7위	
9412	3000	준중형	110,000	46,980	20,000	156,980	6위	
9294	5000	준대형	150,000	37,920	15,000	187,920	10위	
3292	2500	경승용	100,000	42,600	16,000	142,600	9위	
'구분'이 "준중형"인 '보험료'의 평균				110,000원				
'연료비'의 최대값-최소값 차이				57,830원				
'포인트' 중 세 번째로 큰 값				25,000원				

≪처리조건≫

▶ 1행의 행 높이를 '80'으로 설정하고, 2행~15행의 행 높이를 '18'로 설정하시오.

▶ 제목("차량유지비 현황") : 별 및 현수막의 '이중 물결'을 이용하여 입력하시오.
　– 도형 : 위치([B1:H1]), 도형 스타일(테마 스타일 – 미세 효과 – '주황, 강조 2')
　– 글꼴 : 굴림체, 28pt, 밑줄
　– 도형 서식 : 도형 옵션 – 크기 및 속성(텍스트 상자(세로 맞춤 : 정가운데, 텍스트 방향 : 가로))

▶ 셀 서식을 아래 조건에 맞게 작성하시오.
　– [A2:I15] : 테두리(안쪽, 윤곽선 모두 실선, '검정, 텍스트 1'), 전체 가운데 맞춤
　– [A13:D13], [A14:D14], [A15:D15] : 각각 병합하고 가운데 맞춤
　– [A2:I2], [A13:D15] : 채우기 색('주황, 강조 2, 60% 더 밝게'), 글꼴(굵게)
　– [H3:H12] : 셀 서식의 표시 형식–사용자 지정을 이용하여 #"위"자를 추가
　– [D3:G12] : 셀 서식의 표시 형식–숫자를 이용하여 1000단위 구분 기호 표시
　– [E13:G15] : 셀 서식의 표시 형식–사용자 지정을 이용하여 #,##0"원"자를 추가
　– 조건부 서식[A3:I12] : '포인트'가 25000 이상인 경우 레코드 전체에 글꼴(파랑, 굵게) 적용
　– 지시사항이 없는 경우는 주어진 문제파일의 서식을 그대로 사용하시오.

▶ ① 순위[H3:H12] : '포인트'를 기준으로 큰 순으로 '순위'를 구하시오. (RANK 함수)
▶ ② 비고[I3:I12] : '연료비'가 50000 이상이면 "연료비 과다", 그렇지 않으면 공백을 구하시오. (IF 함수)
▶ ③ 평균[E13:G13] : '구분'이 "준중형"인 '보험료'의 평균를 구하시오. (DAVERAGE 함수)
▶ ④ 최대값-최소값[E14:G14] : '연료비'의 최대값과 최소값의 차이를 구하시오. (MAX, MIN 함수)
▶ ⑤ 순위[E15:G15] : '포인트' 중 세 번째로 큰 값을 구하시오. (LARGE 함수)

01 테두리 지정하기

① [파일]-[열기]([Ctrl]+[O])를 클릭한 후, [찾아보기]를 클릭합니다. [열기] 대화상자가 나오면 '유형 02_문제.xlsx' 파일을 불러와 [판매현황] 시트를 선택합니다.

② [A2:I15] 영역을 드래그한 후 영역으로 지정된 셀 범위 위에서 마우스 오른쪽 버튼을 눌러 바로 가기 메뉴가 나오면 [셀 서식]을 클릭합니다.(셀 서식 바로 가기 키 : [Ctrl]+[1])

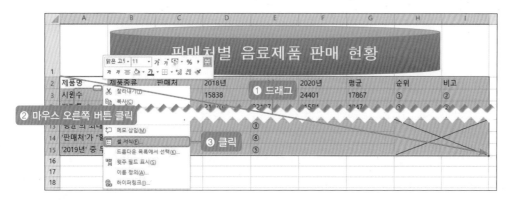

③ [셀 서식] 대화상자가 나오면 [테두리] 탭을 클릭하여 선의 '스타일(실선 ———), 색(검정, 텍스트 1 ■), 미리 설정 (윤곽선 □, 안쪽 ⊞)'을 지정한 후 〈확인〉 단추를 클릭합니다.

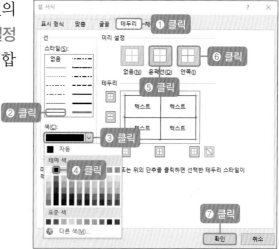

④ 전체 가운데 맞춤을 지정하기 위해 [홈] 탭의 [맞춤] 그룹에서 '가운데 맞춤(≡)'을 클릭합니다.

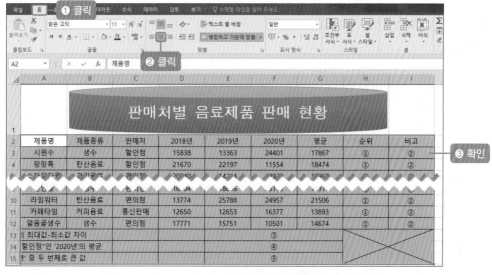

디지털정보활용능력 최신유형 기출문제

제 05 회

☑ 시험과목 : 스프레드시트(엑셀)
☑ 시험일자 : 20XX. XX. XX (X)
☑ 응시자 기재사항 및 감독위원 확인

MS Office 2016 버전용

수 검 번 호	DIS - XXXX -	감독위원 확인
성 명		

응시자 유의사항

1. 응시자는 신분증을 지참하여야 시험에 응시할 수 있으며, 시험이 종료될 때까지 신분증을 제시하지 못 할 경우 해당 시험은 0점 처리됩니다.

2. 시스템(PC작동여부, 네트워크 상태 등)의 이상여부를 반드시 확인하여야 하며, 시스템 이상이 있을시 감독위원에게 조치를 받으셔야 합니다.

3. 시험 중 부주의 또는 고의로 시스템을 파손한 경우는 응시자 부담으로 합니다.

4. 답안 전송 프로그램을 통해 다운로드 받은 파일을 이용하여 답안파일을 작성하시기 바랍니다.

5. 작성한 답안 파일은 답안 전송 프로그램을 통하여 전송됩니다. 감독위원의 지시에 따라 주시기 바랍니다.

6. 다음사항의 경우 실격(0점) 혹은 부정행위 처리됩니다.

    1) 답안파일을 저장하지 않았거나, 저장한 파일이 손상되었을 경우

    2) 답안파일을 지정된 폴더(바탕화면 – "KAIT" 폴더)에 저장하지 않았을 경우

        ※ 답안 전송 프로그램 로그인 시 바탕화면에 자동 생성됨

    3) 답안파일을 다른 보조 기억장치(USB) 혹은 네트워크(메신저, 게시판 등)로 전송할 경우

    4) 휴대용 전화기 등 통신기기를 사용할 경우

7. 시험지에 제시된 글꼴이 응시 프로그램에 없는 경우, 반드시 감독위원에게 해당 내용을 통보한 뒤 조치를 받아야 합니다.

8. 시험의 완료는 작성이 완료된 답안을 저장하고, 답안 전송이 완료된 상태를 확인한 것으로 합니다. 답안 전송 확인 후 문제지는 감독위원에게 제출한 후 퇴실하여야 합니다.

9. 답안전송이 완료된 경우에는 수정 또는 정정이 불가능합니다.

10. 시험시행 후 결과는 홈페이지(www.ihd.or.kr)에서 확인하시기 바랍니다.

    1) 문제 및 모법답안 공개 : 20XX. XX. XX.(X)

    2) 합격자 발표 : 20XX. XX. XX.(X)

❶ [A13:D13] 영역을 드래그한 후 **Ctrl** 키를 누른 상태에서 [A14:D14], [A15:D15] 영역도 드래그 합니다. 이어서, [홈] 탭의 [맞춤] 그룹에서 '병합하고 가운데 맞춤(⊟)'을 클릭합니다.

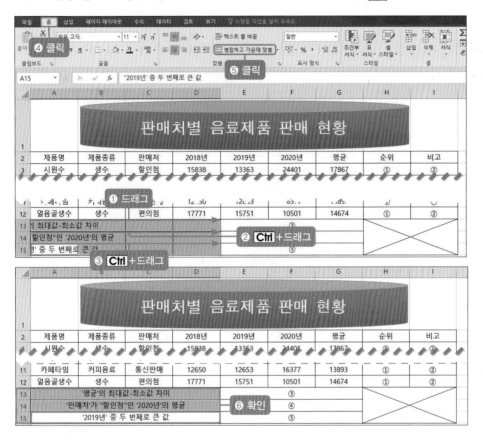

03 셀 채우기 색 지정하기

❶ [A2:I2] 영역을 드래그한 후 **Ctrl** 키를 누른 상태에서 [A13:D15] 영역도 드래그 합니다.

❷ [홈] 탭의 [글꼴] 그룹에서 '채우기 색(🖌▾)'의 목록 단추(▾)를 눌러 '파랑, 강조 1, 60% 더 밝게(▮)'를 선택한 후 '굵게(가)'를 클릭합니다.

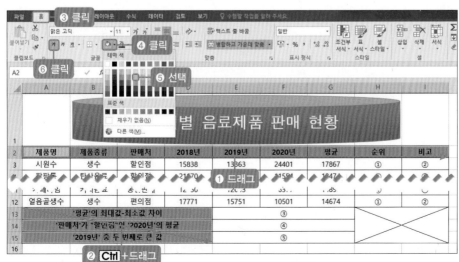

[문제 5] "차트" 시트를 참조하여 다음 ≪처리조건≫에 맞도록 작업하시오. (30점)

≪출력형태≫

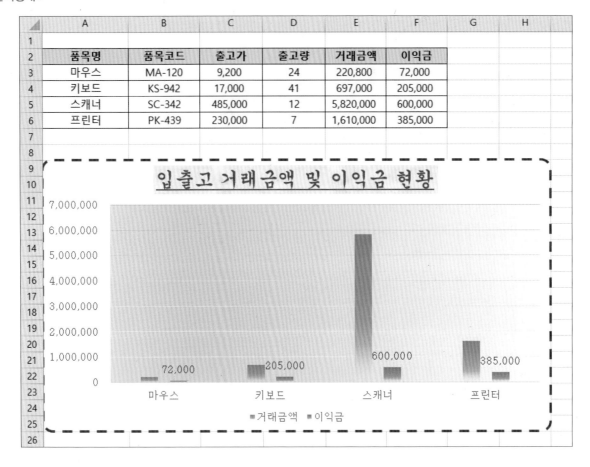

	품목명	품목코드	출고가	출고량	거래금액	이익금
	마우스	MA-120	9,200	24	220,800	72,000
	키보드	KS-942	17,000	41	697,000	205,000
	스캐너	SC-342	485,000	12	5,820,000	600,000
	프린터	PK-439	230,000	7	1,610,000	385,000

≪처리조건≫

▶ "차트" 시트에 주어진 표를 이용하여 '묶은 세로 막대형' 차트를 작성하시오.
　– 데이터 범위 : 현재 시트 [A2:A6], [E2:F6]의 데이터를 이용하여 작성하고, 행/열 전환은 '열'로 지정
　– 차트 제목("입출고 거래금액 및 이익금 현황")
　– 범례 위치 : 아래쪽
　– 차트 스타일 : 색 변경(색상형 – 색 1, 스타일 9)
　– 차트 위치 : 현재 시트에 [A9:H25] 크기에 정확하게 맞추시오.
　– 차트 영역 서식 : 글꼴(바탕, 11pt), 테두리 색(실선, 색 : 자주), 테두리 스타일(너비 : 2.75pt,
　　겹선 종류 : 단순형, 대시 종류 : 파선, 둥근 모서리)
　– 차트 제목 서식 : 글꼴(궁서, 20pt, 밑줄), 채우기(그림 또는 질감 채우기, 질감 : 양피지)
　– 그림 영역 서식 : 채우기(그라데이션 채우기, 그라데이션 미리 설정 : 밝은 그라데이션 – 강조 2, 종류 : 선형,
　　방향 : 선형 왼쪽)
　– 데이터 레이블 추가 : '이익금' 계열에 "값" 표시

▶ 지시사항이 없는 경우는 ≪ 출력형태 ≫와 동일하게 작성하시오.

TIP
풍선 도움말(파랑, 강조 1, 60% 더 밝게)

색 선택 시 마우스 포인터를 원하는 색상 위에 가져다 놓으면 풍선 도움말이 나와 해당 색상을 확인할 수 있습니다.

04 [표시 형식] – 숫자 지정하기

① [D3:F12] 영역을 드래그한 후 **Ctrl** 키를 누른 상태에서 [E13:G15] 영역도 드래그 합니다.

② 영역으로 지정된 셀 범위 위에서 마우스 오른쪽 버튼을 눌러 바로 가기 메뉴가 나오면 [셀 서식]을 클릭합니다.(셀 서식 바로 가기 키 : **Ctrl**+**1**)

③ [셀 서식] 대화상자가 나오면 [표시 형식] 탭의 '범주'에서 '숫자'를 선택합니다. 이어서, '1000 단위 구분 기호(,) 사용'에 체크 표시(✓)를 지정한 후 〈확인〉 단추를 클릭합니다.

[문제 4] "피벗테이블" 시트를 참조하여 다음 ≪처리조건≫에 맞도록 작업하시오. (30점)

≪출력형태≫

	A	B	C	D	E	F	G
1							
2							
3			품목명 ▾				
4	품목코드 ⤓	값	마우스	스캐너	키보드	프린터	
5	KS-823	최대값 : 입고가	*	*	18,000	*	
6		최대값 : 출고가	*	*	21,000	*	
7	MA-120	최대값 : 입고가	6,200	*	*	*	
8		최대값 : 출고가	9,200	*	*	*	
9	PK-331	최대값 : 입고가	*	*	*	234,000	
10		최대값 : 출고가	*	*	*	284,000	
11	SC-215	최대값 : 입고가	*	675,000	*	*	
12		최대값 : 출고가	*	705,000	*	*	
13	전체 최대값 : 입고가		6,200	675,000	18,000	234,000	
14	전체 최대값 : 출고가		9,200	705,000	21,000	284,000	
15							

≪처리조건≫

▶ "피벗테이블" 시트의 [A2:G12]를 이용하여 새로운 시트에 ≪ 출력형태 ≫와 같이 피벗테이블을 작성 후 시트명을 "피벗테이블 정답"으로 수정하시오.

▶ 품목코드(행)와 품목명(열)을 기준으로 하여 출력형태와 같이 구하시오.
　– '입고가', '출고가'의 최대값을 구하시오.
　– 피벗 테이블 옵션을 이용하여 레이블이 있는 셀 병합 및 가운데 맞춤하고 빈 셀을 "*"로 표시한 후, 행의 총합계를 감추기 하시오.
　– 피벗 테이블 디자인에서 보고서 레이아웃은 '테이블 형식으로 표시', 피벗 테이블 스타일은 '피벗 스타일 보통 12'로 표시하시오.
　– 품목코드(행)는 "KS-823", "MA-120", "PK-331", "SC-215"만 출력되도록 표시하시오.
　– [C5:F14] 데이터는 셀 서식의 표시 형식-숫자를 이용하여 1000단위 구분 기호를 표시하고, 가운데 맞춤하시오.

▶ 품목코드의 순서는 ≪ 출력형태 ≫와 다를 수 있음

▶ 지시사항이 없는 경우는 ≪ 출력형태 ≫와 동일하게 작성하시오.

④ [D3:F12], [E13:G15] 영역에 '숫자' 형식과 '1000 단위 구분 기호(,)'가 표시된 것을 확인합니다.

  ※ 함수 계산식이 들어갈 '③④⑤'에 임의의 숫자(예 : 12345)를 입력하면 '1000 단위 구분 기호(,)'를 확인할 수 있습니다. 확인이 끝나면 **Ctrl**+**Z** 키를 눌러 이전 상태로 되돌립니다.

	A	B	C	D	E	F	G	H	I
1				판매처별 음료제품 판매 현황					
2	제품명	제품종류	판매처	2018년	2019년	2020년	평균	순위	비고
3	시원수	생수	할인점	15,838	13,363	24,401	17867	①	②
4	팡팡톡	탄산음료	할인점	21,670	22,197	11,554	18474	①	②
5	스마일자몽	과일음료	편의점	20,740	14,224	18,939	17968	①	②
	천연물	생수	편의점					①	②
11	카페타임	커피음료	통신판매	12,650	12,653	16,377	13893	①	②
12	얼음골생수	생수	편의점	17,771	15,751	10,501	14674	①	②
13	'평균'의 최대값-최소값 차이					③			
14	'판매처'가 "할인점"인 '2020년'의 평균				확인	④			
15	'2019' 중 두 번째로 큰 값					⑤			
16									

---

05 **[표시 형식] - 사용자 지정 지정하기**

❶ [G3:G12] 영역을 드래그한 후 영역으로 지정된 셀 범위 위에서 마우스 오른쪽 버튼을 눌러 바로 가기 메뉴가 나오면 [셀 서식]을 클릭합니다.(셀 서식 바로 가기 키 : **Ctrl**+**1**)

	A	B	C	D	E	F	G	H	I
1				판매처별 음료제품 판매 현황				❷ 마우스 오른쪽 버튼 클릭	
2	제품명	제품종류	판매처	2018년	2019년	2020년	평균		
3	시원수	생수	할인점	15,838	13,363	24,401	17867	잘라내기(T)	
4	팡팡톡	탄산음료	할인점	21,670	22,197	11,554	18474	복사(C)	
5	스마일자몽	과일음료	편의점	20,740	14,224	18,939	17968	붙여넣기 옵션:	
6	코코넛매니아	탄산음료	백화점	20,038	22,725	15,911	19558		
7	에티오피아	커피음료	통신판매	25,976	18,411	11,754	18714	선택하여 붙여넣기(S)...	
8	맑은생수	생수	할인점	19,400	22,100	14,559	18686	스마트 조회(L)	
9	천연물	생수	편의점	16,204	18,606	23,119	19310	삽입(I)...	
10	라임워터	탄산음료	편의점	13,774	25,788	24,957	21506	삭제(D)...	
11	카페타임	커피음료	통신판매	12,650	12,653	16,377	13893	내용 지우기(N)	
12	얼음골생수	생수	편의점	17,771	15,751	10,501	14674	빠른 분석(Q)	
13	'평균'의 최대값-최소값 차이					③		필터(E) ▶	
14	'판매처'가 "할인점"인 '2020년'의 평균					④		정렬(O) ▶ ❸ 클릭	
15	'2019년' 중 두 번째로 큰 값					⑤		메모 삽입(M)	
16								셀 서식(F)...	
								드롭다운 목록에서 선택(K)...	

❶ 드래그

(2) 시나리오

≪출력형태 – 시나리오≫

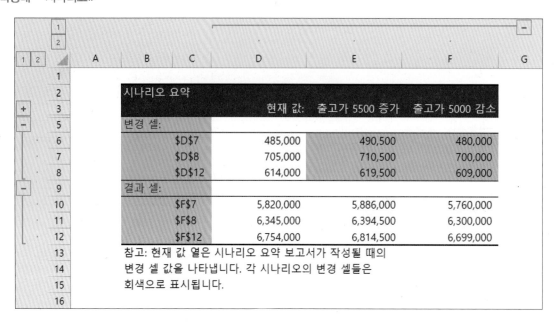

≪처리조건≫

▶ "시나리오" 시트의 [A2:G12]를 이용하여 '품목명'이 "스캐너"인 경우, '출고가'가 변동할 때 '거래금액'이 변동하는 가상분석(시나리오)을 작성하시오.
　– 시나리오1 : 시나리오 이름은 "출고가 5500 증가", '출고가'에 5500을 증가시킨 값 설정.
　– 시나리오2 : 시나리오 이름은 "출고가 5000 감소", '출고가'에 5000을 감소시킨 값 설정.
　– "시나리오 요약" 시트를 작성하시오.

▶ 지시사항이 없는 경우는 ≪ 출력형태 – 시나리오 ≫와 동일하게 작성하시오.

❷ [셀 서식] 대화상자가 나오면 [표시 형식] 탭의 '범주'에서 '사용자 지정'을 선택합니다. 이어서, '형식' 입력 칸에 #,##0"개"를 입력한 후 〈확인〉 단추를 클릭합니다.

 ※ 목록에서 '#,##0'을 선택한 후 형식 입력 칸 맨 뒤에 "개"(문자는 큰따옴표로 묶음)를 입력하면 보다 쉽게 사용자 지정 서식을 적용할 수 있습니다.

❸ [H3:H12] 영역을 드래그한 후 영역으로 지정된 셀 범위 위에서 마우스 오른쪽 버튼을 눌러 바로 가기 메뉴가 나오면 [셀 서식]을 클릭합니다.(셀 서식 바로 가기 키 : Ctrl + 1)

❹ [셀 서식] 대화상자가 나오면 [표시 형식] 탭의 '범주'에서 '사용자 지정'을 선택합니다. 이어서, '형식' 입력 칸에 #"위"를 입력한 후 〈확인〉 단추를 클릭합니다.

 ※ 사용자 지정 서식이 지정된 [H1] 셀(①)에 임의의 숫자(예 : 1)를 입력하면 적용된 서식(1위)을 확인할 수 있습니다. 확인이 끝나면 Ctrl + Z 키를 눌러 이전 상태로 되돌립니다.

[문제 3] "필터"와 "시나리오" 시트를 참조하여 다음 ≪처리조건≫에 맞도록 작업하시오. (60점)

(1) 필터

≪출력형태 – 필터≫

	A	B	C	D	E	F	G	H
1								
2	품목명	품목코드	입고가	출고가	출고량	거래금액	이익금	
3	마우스	MA-312	6,450	9,450	39	368,550	117,000	
4	마우스	MA-227	8,500	11,500	23	264,500	69,000	
5	마우스	MA-120	6,200	9,200	24	220,800	72,000	
6	키보드	KS-942	12,000	17,000	41	697,000	205,000	
7	스캐너	SC-342	435,000	485,000	12	5,820,000	600,000	
8	스캐너	SC-215	675,000	705,000	9	6,345,000	270,000	
9	프린터	PK-439	175,000	230,000	7	1,610,000	385,000	
10	프린터	PK-331	234,000	284,000	27	7,668,000	1,350,000	
11	키보드	KS-823	18,000	21,000	22	462,000	66,000	
12	스캐너	CS-392	564,000	614,000	11	6,754,000	550,000	
13								
14	조건							
15	TRUE							
16								
17								
18	품목코드	입고가	출고량	거래금액				
19	MA-312	6,450	39	368,550				
20	KS-942	12,000	41	697,000				
21	PK-331	234,000	27	7,668,000				
22	KS-823	18,000	22	462,000				
23								

≪처리조건≫

▶ "필터" 시트의 [A2:G12]를 아래 조건에 맞게 고급필터를 사용하여 작성하시오.
　– '품목명'이 "키보드"이거나 '출고량'이 25 이상인 데이터를 '품목코드', '입고가', '출고량', '거래금액'의 데이터만 필터링 하시오.
　– 조건 위치 : 조건 함수는 [A15] 한 셀에 작성(OR 함수 이용)
　– 결과 위치 : [A18]부터 출력

▶ 지시사항이 없는 경우는 ≪ 출력형태 – 필터 ≫와 동일하게 작성하시오.

[표시 형식]을 이용한 각종 셀 서식 지정

- # : 숫자를 표시하는 기본 기호로 숫자가 없는 빈자리는 공백으로 처리합니다.
  - 입력 : 10.1 → 사용자 지정 서식 : ##.## → 결과 : 10.1
- 0 : 숫자를 표시하는 기호로 숫자가 없는 빈자리를 0으로 채웁니다.
  - 입력 : 10.1 → 사용자 지정 서식 : ##.#0 → 결과 : 10.10
- , : 천 단위 구분 기호를 표시합니다.
- @ : 특정 문자를 붙여서 표기할 때 사용합니다.
- "텍스트" : 사용자 지정 서식에 문자열을 추가하여 보여줄 경우 큰 따옴표로 묶어주어야 합니다.

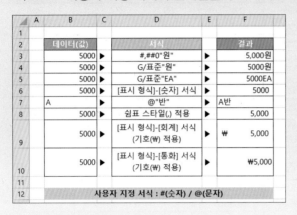

	데이터(값)		서식		결과
3	5000	▶	#,##0"원"	▶	5,000원
4	5000	▶	G/표준"원"	▶	5000원
5	5000	▶	G/표준"EA"	▶	5000EA
6	5000	▶	[표시 형식]-[숫자] 서식	▶	5000
7	A	▶	@"반"	▶	A반
8	5000	▶	쉼표 스타일(,) 적용	▶	5,000
9	5000	▶	[표시 형식]-[회계] 서식 (기호(₩) 적용)	▶	₩ 5,000
10	5000	▶	[표시 형식]-[통화] 서식 (기호(₩) 적용)	▶	₩5,000
12	사용자 지정 서식 : #(숫자) / @(문자)				

06 조건부 서식 지정하기

① 조건부 서식을 지정할 [A3:I12] 영역을 드래그한 후 [홈] 탭의 [스타일] 그룹에서 [조건부 서식]– '새 규칙'을 클릭합니다.

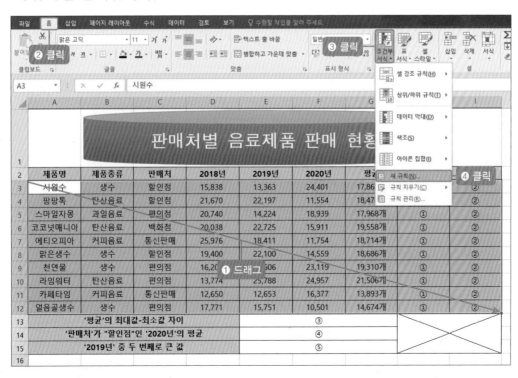

[문제 2] "부분합" 시트를 참조하여 다음 ≪처리조건≫에 맞도록 작업하시오. (30점)

≪출력형태≫

	품목명	품목코드	입고가	출고가	출고량	거래금액	이익금
	마우스	MA-312	6,450	9,450	39	368,550	117,000
	마우스	MA-227	8,500	11,500	23	264,500	69,000
	마우스	MA-120	6,200	9,200	24	220,800	72,000
	마우스 요약		21,150	30,150			
	마우스 최대값					368,550	117,000
	스캐너	SC-342	435,000	485,000	12	5,820,000	600,000
	스캐너	SC-215	675,000	705,000	9	6,345,000	270,000
	스캐너	CS-392	564,000	614,000	11	6,754,000	550,000
	스캐너 요약		1,674,000	1,804,000			
	스캐너 최대값					6,754,000	600,000
	키보드	KS-942	12,000	17,000	41	697,000	205,000
	키보드	KS-823	18,000	21,000	22	462,000	66,000
	키보드 요약		30,000	38,000			
	키보드 최대값					697,000	205,000
	프린터	PK-439	175,000	230,000	7	1,610,000	385,000
	프린터	PK-331	234,000	284,000	27	7,668,000	1,350,000
	프린터 요약		409,000	514,000			
	프린터 최대값					7,668,000	1,350,000
	총합계		2,134,150	2,386,150			
	전체 최대값					7,668,000	1,350,000

≪처리조건≫

▶ 데이터를 '품목명'을 기준으로 오름차순 정렬하시오.

▶ 아래 조건에 맞는 부분합을 작성하시오.
  – '품목명'으로 그룹화 하여 '거래금액', '이익금'의 최대값을 구하는 부분합을 만드시오.
  – '품목명'으로 그룹화 하여 '입고가', '출고가'의 합계(요약)를 구하는 부분합을 만드시오.
    (새로운 값으로 대치하지 말 것)
  – [C3:G22] 영역에 셀 서식의 표시 형식–숫자를 이용하여 1000단위 구분 기호를 표시하시오.

▶ F~G열을 선택하여 그룹을 설정하시오.

▶ 최대값과 합계(요약)의 부분합 순서는 ≪ 출력형태 ≫와 다를 수 있음

▶ 지시사항이 없는 경우는 기본 값을 적용하시오.

❷ [새 서식 규칙] 대화상자가 나오면 '▶ 수식을 사용하여 서식을 지정할 셀 결정'을 선택합니다. 이어서, '다음 수식이 참인 값의 서식 지정' 입력 칸에 ≪처리조건≫을 참고('판매처'가 "할인점"인 경우)하여 =$C3="할인점"을 입력한 후 〈서식〉 단추를 클릭합니다.

※ 수식을 입력할 때 [C3] 셀을 클릭한 후 F4 키를 2번 누르면 열 고정 혼합 참조($C3)로 변경됩니다.

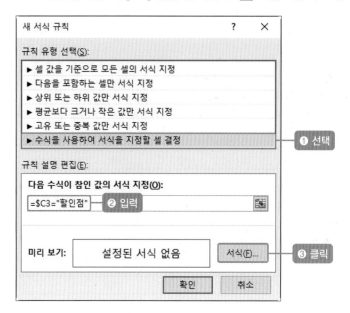

TIP
'수식'을 이용한 서식 지정

• '수식(=$C3="할인점")'을 이용하여 서식을 지정할 셀(C3)을 선택 또는 입력할 경우 반드시 **열 고정 혼합 참조(예 : $C3)**로 지정합니다. 열 고정 혼합 참조로 지정되면 C열을 고정한 채 행([3:12])만 상대적으로 변경됩니다.
• C열에 있는 값 중에서 행을 차례대로 확인하여 '할인점'이면 설정된 서식을 지정하게 됩니다.

TIP
비교 연산자
두 값을 비교하여 결과가 '참'이면 논리값 'TRUE'를 표시하고, '거짓'이면 논리값 'FALSE'를 표시합니다.
예) [A1] 셀에 입력된 값 : 10

연산자	기능	사용 예	결과	연산자	기능	사용 예	결과
=	같다	=A1=10	TRUE	〈〉	다르다 (같지 않다)	=A1〈〉10	FALSE
〉	~크다 (~초과)	=A1〉10	FALSE	〈	~작다 (~미만)	=A1〈10	FALSE
〉=	~크거나 같다 (~이상)	=A1〉=10	TRUE	〈=	~작거나 같다 (~이하)	=A1〈=10	TRUE

[문제 1] "입출고 현황" 시트를 참조하여 다음 ≪처리조건≫에 맞도록 작업하시오. (50점)

≪출력형태≫

품목명	품목코드	입고가	출고가	출고량	거래금액	이익금	순위	평가
마우스	MA-312	6450	9450	39	368,550	117,000	7등	판매 우수
마우스	MA-227	8500	11500	23	264,500	69,000	9등	
마우스	MA-120	6200	9200	24	220,800	72,000	8등	
키보드	KS-942	12000	17000	41	697,000	205,000	6등	판매 우수
스캐너	SC-342	435000	485000	12	5,820,000	600,000	2등	
스캐너	SC-215	675000	705000	9	6,345,000	270,000	5등	
프린터	PK-439	175000	230000	7	1,610,000	385,000	4등	
프린터	PK-331	234000	284000	27	7,668,000	1,350,000	1등	
키보드	KS-823	18000	21000	22	462,000	66,000	10등	
스캐너	CS-392	564000	614000	11	6,754,000	550,000	3등	
'품목명'이 "마우스"인 '이익금'의 평균				86,000원				
'출고량'의 최대값-최소값 차이				34				
'거래금액' 중 두 번째로 큰 값				6,754,000원				

제목: **품목별 입출고 현황**

≪처리조건≫

▶ 1행의 행 높이를 '80'으로 설정하고, 2행~15행의 행 높이를 '18'로 설정하시오.

▶ 제목("품목별 입출고 현황") : 순서도의 '순서도: 카드'를 이용하여 입력하시오.
　– 도형 : 위치([B1:H1]), 도형 스타일(테마 스타일 – 미세 효과 – '황금색, 강조 4')
　– 글꼴 : 궁서체, 30pt, 밑줄
　– 도형 서식 : 도형 옵션 – 크기 및 속성(텍스트 상자(세로 맞춤 : 정가운데, 텍스트 방향 : 가로))

▶ 셀 서식을 아래 조건에 맞게 작성하시오.
　– [A2:I15] : 테두리(안쪽, 윤곽선 모두 실선, '검정, 텍스트 1'), 전체 가운데 맞춤
　– [A13:D13], [A14:D14], [A15:D15] : 각각 병합하고 가운데 맞춤
　– [A2:I2], [A13:D15] : 채우기 색('회색–50%, 강조 3, 60% 더 밝게'), 글꼴(굵게)
　– [H3:H12] : 셀 서식의 표시 형식–사용자 지정을 이용하여 #"등"자를 추가
　– [F3:G12] : 셀 서식의 표시 형식–숫자를 이용하여 1000단위 구분 기호 표시
　– [E13:G13], [E15:G15] : 셀 서식의 표시 형식–사용자 지정을 이용하여 #,##0"원"자를 추가
　– 조건부 서식[A3:I12] : '이익금'이 500000 이상인 경우 레코드 전체에 글꼴(자주, 굵은 기울임꼴) 적용
　– 지시사항이 없는 경우는 주어진 문제파일의 서식을 그대로 사용하시오.

▶ ① 순위[H3:H12] : '이익금'을 기준으로 큰 순으로 '순위'를 구하시오. **(RANK 함수)**
▶ ② 비고[I3:I12] : '출고량'이 30 이상이면 "판매 우수", 그렇지 않으면 공백으로 구하시오. **(IF 함수)**
▶ ③ 평균[E13:G13] : '품목명'이 "마우스"인 '이익금'의 평균을 구하시오. **(DAVERAGE 함수)**
▶ ④ 최대값–최소값[E14:G14] : '출고량'의 최대값과 최소값의 차이를 구하시오. **(MAX, MIN 함수)**
▶ ⑤ 순위[E15:G15] : '거래금액' 중 두 번째로 큰 값을 구하시오. **(LARGE 함수)**

❸ [셀 서식] 대화상자가 나오면 [글꼴] 탭을 클릭한 후 '글꼴 스타일(굵게), 색(빨강 ■)'을 지정한 후 〈확인〉 단추를 클릭합니다.

❹ 다시 [새 서식 규칙] 대화상자가 나오면 입력한 수식(=$C3="할인점")과 글꼴 서식(빨강, 굵게)을 확인한 후 〈확인〉 단추를 클릭합니다.

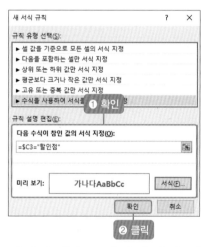

❺ 임의의 셀을 클릭하여 범위 지정을 해제한 후 조건부 서식이 지정된 결과를 확인합니다.

☑ 시험과목 : 스프레드시트(엑셀)
☑ 시험일자 : 20XX. XX. XX (X)
☑ 응시자 기재사항 및 감독위원 확인

MS Office 2016 버전용

수 검 번 호	DIS - XXXX -	감독위원 확인
성 명		

응시자 유의사항

1. 응시자는 신분증을 지참하여야 시험에 응시할 수 있으며, 시험이 종료될 때까지 신분증을 제시하지 못 할 경우 해당 시험은 0점 처리됩니다.

2. 시스템(PC작동여부, 네트워크 상태 등)의 이상여부를 반드시 확인하여야 하며, 시스템 이상이 있을시 감독위원에게 조치를 받으셔야 합니다.

3. 시험 중 부주의 또는 고의로 시스템을 파손한 경우는 응시자 부담으로 합니다.

4. 답안 전송 프로그램을 통해 다운로드 받은 파일을 이용하여 답안파일을 작성하시기 바랍니다.

5. 작성한 답안 파일은 답안 전송 프로그램을 통하여 전송됩니다. 감독위원의 지시에 따라 주시기 바랍니다.

6. 다음사항의 경우 실격(0점) 혹은 부정행위 처리됩니다.

    1) 답안파일을 저장하지 않았거나, 저장한 파일이 손상되었을 경우

    2) 답안파일을 지정된 폴더(바탕화면 – "KAIT" 폴더)에 저장하지 않았을 경우

        ※ 답안 전송 프로그램 로그인 시 바탕화면에 자동 생성됨

    3) 답안파일을 다른 보조 기억장치(USB) 혹은 네트워크(메신저, 게시판 등)로 전송할 경우

    4) 휴대용 전화기 등 통신기기를 사용할 경우

7. 시험지에 제시된 글꼴이 응시 프로그램에 없는 경우, 반드시 감독위원에게 해당 내용을 통보한 뒤 조치를 받아야 합니다.

8. 시험의 완료는 작성이 완료된 답안을 저장하고, 답안 전송이 완료된 상태를 확인한 것으로 합니다. 답안 전송 확인 후 문제지는 감독위원에게 제출한 후 퇴실하여야 합니다.

9. 답안전송이 완료된 경우에는 수정 또는 정정이 불가능합니다.

10. 시험시행 후 결과는 홈페이지(www.ihd.or.kr)에서 확인하시기 바랍니다.

    1) 문제 및 모범답안 공개 : 20XX. XX. XX.(X)

    2) 합격자 발표 : 20XX. XX. XX.(X)

⑥ 모든 작업이 끝나면 [파일]–[저장]($Ctrl$+S) 또는 [빠른 실행 도구 모음]에서 '저장()'을 클릭합니다.

※ 실제 시험을 볼 때 작업 도중에 수시로(10분에 한 번 정도) 저장을 하는 것이 좋습니다.

조건부 서식의 편집

❶ 조건부 서식이 지정된 셀을 범위로 지정합니다.

❷ [홈] 탭의 [스타일] 그룹에서 [조건부 서식]–'규칙 관리'를 클릭하면 조건부 서식의 내용을 수정할 수 있습니다.

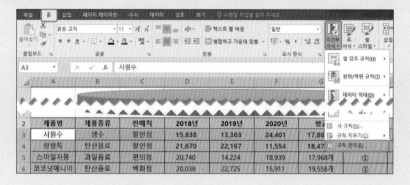

❸ [조건부 서식 규칙 관리자] 대화상자가 나오면 〈규칙 편집〉 단추를 클릭하여 조건부 서식을 편집합니다.

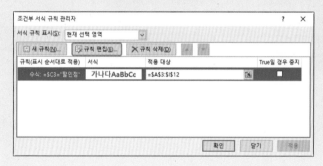

조건부 서식 지우기

[홈] 탭의 [스타일] 그룹에서 [조건부 서식]–[규칙 지우기]–'시트 전체에서 규칙 지우기'를 클릭하면 시트에 지정된 모든 조건부 서식을 해제할 수 있습니다. 만약 조건부 서식이 지정된 셀 범위를 지정하였다면 '선택한 셀의 규칙 지우기'를 이용하여 셀 범위에 지정된 조건부 서식만 지울 수 있습니다.

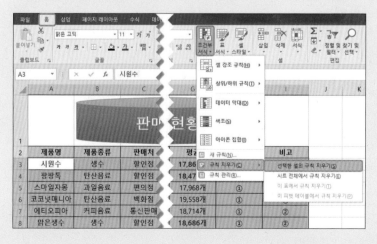

[문제 5] "차트" 시트를 참조하여 다음 ≪처리조건≫에 맞도록 작업하시오. (30점)

≪출력형태≫

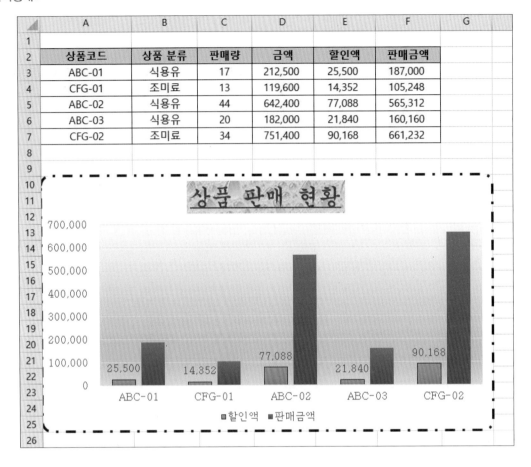

≪처리조건≫

▶ "차트" 시트에 주어진 표를 이용하여 '묶은 세로 막대형' 차트를 작성하시오.
　　– 데이터 범위 : 현재 시트 [A2:A7], [E2:F7]의 데이터를 이용하여 작성하고, 행/열 전환은 '열'로 지정
　　– 차트 제목("상품 판매 현황")
　　– 범례 위치 : 아래쪽
　　– 차트 스타일 : 색 변경(색상형 – 색 4, 스타일 6)
　　– 차트 위치 : 현재 시트에 [A10:G25] 크기에 정확하게 맞추시오.
　　– 차트 영역 서식 : 글꼴(바탕, 11pt), 테두리 색(실선, 색 : 진한 파랑), 테두리 스타일(너비 : 2.5pt,
　　　겹선 종류 : 단순형, 대시 종류 : 파선–점선, 둥근 모서리)
　　– 차트 제목 서식 : 글꼴(궁서체, 23pt, 밑줄), 채우기(그림 또는 질감 채우기, 질감 : 작은 물방울)
　　– 그림 영역 서식 : 채우기(그라데이션 채우기, 그라데이션 미리 설정 : 밝은 그라데이션 – 강조 6, 종류 : 선형,
　　　방향 : 선형 아래쪽)
　　– 데이터 레이블 추가 : '할인액' 계열에 "값" 표시

▶ 지시사항이 없는 경우는 ≪ 출력형태 ≫와 동일하게 작성하시오.

셀 서식 및 조건부 서식 지정하기

01 "판매현황" 시트를 참조하여 다음 ≪처리조건≫에 맞도록 작업하시오. (50점)

＊ 소스파일 : 정복02_문제01.xlsx ＊ 정답파일 : 정복02_완성01.xlsx

● 출력 형태

	A	B	C	D	E	F	G	H	I
1			한국서점 하반기 판매현황						
2	도서명	장르	작가	10월	11월	12월	평균	순위	비고
3	어린이를 위한 그릿	자기계발	국내작가	58,172	76,209	60,146	64,842권	①	②
4	빛나는 아이	위인	해외작가	24,472	6,151	3,721	11,448권	①	②
5	91층 나무 집	동화	해외작가	47,530	56,657	27,788	43,992권	①	②
6	미움받아도 괜찮아	자기계발	해외작가	37,899	24,153	6,742	22,931권	①	②
7	우리 화가 우리 그림	예술	국내작가	40,401	41,951	23,185	35,179권	①	②
8	빨강 연필	자기계발	국내작가	72,400	76,520	63,905	70,942권	①	②
9	마당을 나온 암탉	동화	국내작가	61,764	76,421	61,139	66,441권	①	②
10	78층 나무 집	동화	해외작가	38,725	28,888	21,302	29,638권	①	②
11	한밤중 달빛 식당	동화	국내작가	57,691	67,451	53,816	59,653권	①	②
12	세계를 빛낸 50명의 위인	위인	국내작가	56,452	67,424	41,325	55,067권	①	②
13	'평균'의 최대값-최소값 차이					③			
14	'작가'가 "국내작가"인 '12월'의 합계					④			
15	'10월' 중 두 번째로 큰 값					⑤			

• 범위 지정 후 Ctrl + 1 –[셀 서식] 대화상자–[사용자 지정]–형식 입력 칸에 서식 입력

● 처리 조건

▶ 셀 서식을 아래 조건에 맞게 작성하시오.
 – [A2:I15] : 테두리(안쪽, 윤곽선 모두 실선, '검정, 텍스트 1'), 전체 가운데 맞춤
 – [A13:D13], [A14:D14], [A15:D15] : 각각 병합하고 가운데 맞춤
 – [A2:I2], [A13:D15] : 채우기 색('파랑, 강조 1, 60% 더 밝게'), 글꼴(굵게)
 – [D3:F12], [E13:G15] : 셀 서식의 표시 형식–숫자를 이용하여 1000단위 구분 기호 표시
 – [G3:G12] : 셀 서식의 표시 형식–사용자 지정을 이용하여 #,##0"권"자를 추가
 – [H3:H12] : 셀 서식의 표시 형식–사용자 지정을 이용하여 #"위"자를 추가
 – 조건부 서식[A3:I12] : '장르'가 "동화"인 경우 레코드 전체에 글꼴(진한 파랑, 굵은 기울임꼴) 적용
 – 지시사항이 없는 경우는 주어진 문제파일의 서식을 그대로 사용하시오.

• 범위 지정 후 Ctrl + 1 – [셀 서식] 대화상자–[숫자]

• 범위 지정 후 [홈]–[스타일]–[조건부 서식]–[새 규칙]→수식을 사용하여 서식을 지정할 셀 결정
• '장르' 열을 열고정 혼합 참조($B3)로 지정하여 수식을 입력
• 장르가 동화인 경우(비교 연산자 : 같다)

[문제 4] "피벗테이블" 시트를 참조하여 다음 ≪처리조건≫에 맞도록 작업하시오. (30점)

≪출력형태≫

	A	B	C	D	E	F
3			상품명 ⬇			
4	상품 분류 ⬇	값	아메리카노	올리브유	천일염 섬소	포도씨유
5	식용유	평균 : 판매량	***	44	***	17
6		평균 : 판매금액	***	565,312	***	187,000
7	조미료	평균 : 판매량	***	***	34	***
8		평균 : 판매금액	***	***	56,848	***
9	커피류	평균 : 판매량	23	***	***	***
10		평균 : 판매금액	597,080	***	***	***
11	전체 평균 : 판매량		23	44	34	17
12	전체 평균 : 판매금액		597,080	565,312	56,848	187,000

≪처리조건≫

▶ "피벗테이블" 시트의 [A2:G12]를 이용하여 새로운 시트에 ≪출력형태≫와 같이 피벗테이블을 작성 후 시트명을 "피벗테이블 정답"으로 수정하시오.

▶ 상품 분류(행)와 상품명(열)을 기준으로 하여 출력형태와 같이 구하시오.
 – '판매량', '판매금액'의 평균을 구하시오.
 – 피벗 테이블 옵션을 이용하여 레이블이 있는 셀 병합 및 가운데 맞춤하고 빈 셀을 "***"로 표시한 후, 행의 총합계를 감추기 하시오.
 – 피벗 테이블 디자인에서 보고서 레이아웃은 '테이블 형식으로 표시', 피벗 테이블 스타일은 '피벗 스타일 보통 13'으로 표시하시오.
 – 상품명(열)은 "아메리카노", "올리브유", "천일염 섬소금", "포도씨유"만 출력되도록 표시하시오.
 – [C5:F12] 데이터는 셀 서식의 표시 형식-숫자를 이용하여 1000단위 구분 기호를 표시하고, 가운데 맞춤하시오.

▶ 상품 분류의 순서는 ≪출력형태≫와 다를 수 있음

▶ 지시사항이 없는 경우는 ≪출력형태≫와 동일하게 작성하시오.

셀 서식 및 조건부 서식 지정하기

02 "수금현황" 시트를 참조하여 다음 ≪처리조건≫에 맞도록 작업하시오. (50점)

* 소스파일 : 정복02_문제02.xlsx * 정답파일 : 정복02_완성02.xlsx

● 출력 형태

	A	B	C	D	E	F	G	H	I
1	광역시 지점별 수금현황								
2	광역시	지점	담당자	판매액	수금액	미수금액	수금달성율(%)	순위	비고
3	부산광역시	남구지점	장준문	1,602,300	1,243,400	358,900	82.9	①	②
4	광주광역시	북구지점	이동욱	1,227,500	1,060,830	166,670	90.4	①	②
5	부산광역시	동래구지점	윤한기	3,795,800	3,043,090	752,710	82.5	①	②
6	광주광역시	광산구지점	김주희	2,840,600	2,840,600	0	100	①	②
7	인천광역시	연수구지점	윤훈	2,701,500	1,814,800	886,700	72.3	①	②
8	부산광역시	사상구지점	강문철	956,010	956,010	0	100	①	②
9	대구광역시	수성구지점	권명준	714,399	714,399	0	100	①	②
10	대전광역시	대덕구지점	이대성	1,487,500	800,400	687,100	65.4	①	②
11	대구광역시	달서구지점	성기수	1,342,359	1,202,820	139,539	92.4	①	②
12	인천광역시	남동구지점	김대철	2,386,050	1,493,000	893,050	69.1	①	②
13	'광역시'가 "부산광역시"인 '수금액'의 평균				③				
14	'미수금액'의 최대값-최소값 차이				④				
15	'수금액' 중 네 번째로 작은 값				⑤				

• 범위 지정 후 Ctrl + 1 −[셀 서식] 대화상자−[사용자 지정]−형식 입력 칸에 서식 입력

● 처리 조건

▶ 셀 서식을 아래 조건에 맞게 작성하시오.

- [A2:I15] : 테두리(안쪽, 윤곽선 모두 실선, '검정, 텍스트 1'), 전체 가운데 맞춤
- [A13:D13], [A14:D14], [A15:D15] : 각각 병합하고 가운데 맞춤
- [A2:I2], [A13:D15] : 채우기 색('황금색, 강조 4, 60% 더 밝게'), 글꼴(굵게)
- [D3:F12], [E13:G15] : 셀 서식의 표시 형식−숫자를 이용하여 1000단위 구분 기호 표시
- [B3:B12] : 셀 서식의 표시 형식−사용자 지정을 이용하여 @"지점"자를 추가
- [H3:H12] : 셀 서식의 표시 형식−사용자 지정을 이용하여 #"등"자를 추가
- 조건부 서식[A3:I12] : '수금액'이 1500000 이상인 경우 레코드 전체에 글꼴(진한 빨강, 굵게) 적용
- 지시사항이 없는 경우는 주어진 문제파일의 서식을 그대로 사용하시오.

• 범위 지정 후 [홈]−[스타일]−[조건부 서식]−[새 규칙]→수식을 사용하여 서식을 지정할 셀 결정
• '수금액' 열을 열고정 혼합 참조로 지정하여 수식을 입력
• 수금액이 1500000 이상인 경우(비교 연산자 : 이상)

(2) 시나리오

≪출력형태 – 시나리오≫

	현재 값:	할인액 1320 증가	할인액 1130 감소
시나리오 요약			
변경 셀:			
$F$4	14,352	15,672	13,222
$F$7	90,168	91,488	89,038
$F$9	7,752	9,072	6,622
결과 셀:			
$G$4	105,248	103,928	106,378
$G$7	661,232	659,912	662,362
$G$9	56,848	55,528	57,978

참고: 현재 값 열은 시나리오 요약 보고서가 작성될 때의
변경 셀 값을 나타냅니다. 각 시나리오의 변경 셀들은
회색으로 표시됩니다.

≪처리조건≫

▶ "시나리오" 시트의 [A2:G12]를 이용하여 '상품 분류'가 "조미료"인 경우, '할인액'이 변동할 때 '판매금액'이 변동하는 가상분석(시나리오)을 작성하시오.
  - 시나리오1 : 시나리오 이름은 "할인액 1320 증가", '할인액'에 1320을 증가시킨 값 설정.
  - 시나리오1 : 시나리오 이름은 "할인액 1130 감소", '할인액'에 1130을 감소시킨 값 설정.
  - "시나리오 요약" 시트를 작성하시오.

▶ 지시사항이 없는 경우는 ≪ 출력형태 – 시나리오 ≫와 동일하게 작성하시오.

셀 서식 및 조건부 서식 지정하기

03 "구매실적" 시트를 참조하여 다음 ≪처리조건≫에 맞도록 작업하시오. (50점)

* 소스파일 : 정복02_문제03.xlsx   * 정답파일 : 정복02_완성03.xlsx

● 출력 형태

	A	B	C	D	E	F	G	H	I
1				2020 회원별 구매실적					
2	성명	고객등급	회사	상반기	하반기	평균	총액	순위	비고
3	장민지	B등급	아소유통	1,320,500	1,505,600	1,413,050	2,826,100원	①	②
4	김주희	C등급	대한상사	1,676,000	1,284,390	1,480,195	2,960,390원	①	②
5	김평석	B등급	대한상사	1,120,640	1,435,230	1,277,935	2,555,870원	①	②
6	이창욱	C등급	아소유통	2,383,130	1,960,800	2,171,965	4,343,930원	①	②
7	안광준	B등급	대한상사	1,718,870	1,850,830	1,784,850	3,569,700원	①	②
8	박지현	D등급	민국상사	987,060	1,276,400	1,131,730	2,263,460원	①	②
9	안우열	A등급	아소유통	2,528,430	2,550,600	2,539,515	5,079,030원	①	②
10	최민식	D등급	민국상사	587,060	748,900	667,980	1,335,960원	①	②
11	박수정	C등급	대한상사	312,730	784,300	548,515	1,097,030원	①	②
12	이가현	A등급	민국상사	2,078,300	1,590,800	1,834,550	3,669,100원	①	②
13	'고객등급'이 "B등급"인 '총액'의 평균				③				
14	'하반기'의 최대값-최소값의 차이				④				
15	'회사'가 "아소유통"인 '총액'의 합계				⑤				

● 처리 조건

▶ 셀 서식을 아래 조건에 맞게 작성하시오.

- [A2:I15] : 테두리(안쪽, 윤곽선 모두 실선, '검정, 텍스트 1'), 전체 가운데 맞춤
- [A13:D13], [A14:D14], [A15:D15] : 각각 병합하고 가운데 맞춤
- [A2:I2], [A13:D15] : 채우기 색('주황, 강조 2, 60% 더 밝게'), 글꼴(굵게)
- [D3:F12], [E13:G15] : 셀 서식의 표시 형식–숫자를 이용하여 1000단위 구분 기호 표시
- [G3:G12] : 셀 서식의 표시 형식–사용자 지정을 이용하여 #,##0"원"자를 추가
- [H3:H12] : 셀 서식의 표시 형식–사용자 지정을 이용하여 #"등"자를 추가
- 조건부 서식[A3:I12] : '회사'가 "대한상사"인 경우 레코드 전체에 글꼴(빨강, 굵게) 적용
- 지시사항이 없는 경우는 주어진 문제파일의 서식을 그대로 사용하시오.

  • '회사' 열을 열고정 혼합 참조로 지정하여 수식을 입력
  • 회사가 대한상사인 경우(비교 연산자 : 같다)

[문제 3] "필터"와 "시나리오" 시트를 참조하여 다음 ≪처리조건≫에 맞도록 작업하시오. (60점)

(1) 필터

≪출력형태 – 필터≫

	A	B	C	D	E	F	G
1							
2	상품코드	상품명	상품 분류	판매량	금액	할인액	판매금액
3	ABC-01	포도씨유	식용유	17	212,500	25,500	187,000
4	CFG-01	유기농 감미료	조미료	13	119,600	14,352	105,248
5	ABC-02	올리브유	식용유	44	642,400	77,088	565,312
6	ABC-03	해바라기유	식용유	20	182,000	21,840	160,160
7	CFG-02	즉석 참기름	조미료	34	751,400	90,168	661,232
8	FSD-01	헤이즐럿커피	커피류	39	522,600	62,712	459,888
9	CFG-03	천일염 섬소금	조미료	34	64,600	7,752	56,848
10	FSD-02	카푸치노	커피류	22	173,800	20,856	152,944
11	FSD-03	아메리카노	커피류	23	678,500	81,420	597,080
12	ABC-04	카놀라유	식용유	36	162,000	19,440	142,560
13							
14	조건						
15	FALSE						
16							
17							
18	상품코드	상품명	판매량	판매금액			
19	ABC-02	올리브유	44	565,312			
20	ABC-03	해바라기유	20	160,160			
21	ABC-04	카놀라유	36	142,560			
22							

≪처리조건≫

▶ "필터" 시트의 [A2:G12]를 아래 조건에 맞게 고급필터를 사용하여 작성하시오.
  – '상품 분류'가 "식용유"이면서 '판매량'이 20 이상인 데이터를 '상품코드', '상품명', '판매량', '판매금액'의 데이터만 필터링 하시오.
  – 조건 위치 : 조건 함수는 [A15] 한 셀에 작성(AND 함수 이용)
  – 결과 위치 : [A18]부터 출력

▶ 지시사항이 없는 경우는 ≪ 출력형태 – 필터 ≫와 동일하게 작성하시오.

셀 서식 및 조건부 서식 지정하기

04 "수입동향" 시트를 참조하여 다음 《처리조건》에 맞도록 작업하시오. (50점)

* 소스파일 : 정복02_문제04.xlsx　* 정답파일 : 정복02_완성04.xlsx

● 출력 형태

	A	B	C	D	E	F	G	H	I
1				건설장비 해외 수입동향					
2	수입국가	분류	구분	2018년	2019년	2020년	평균	순위	비고
3	캐나다	항공EDI	북아메리카	4,659,107	5,754,896	5,211,345	5,208,449	①	②
4	캐나다	항공EDI	북아메리카	4,753,634	3,639,741	4,132,177	4,175,184	①	②
5	필리핀	해상EDI	아시아	99,473	301,098	531,721	310,764	①	②
6	필리핀	해상EDI	아시아	115,602	128,554	309,960	184,705	①	②
7	영국	항공EDI	유럽	43,523	180,398	347,125	190,348	①	②
8	영국	항공EDI	유럽	50,825	54,222	61,219	55,422	①	②
9	인도	해상EDI	아시아	120,683	563,096	1,154,280	612,686	①	②
10	인도	해상EDI	아시아	1,026,315	219,911	84,496	443,574	①	②
11	이탈리아	항공EDI	유럽	120,475	304,539	595,847	340,287	①	②
12	이탈리아	항공EDI	유럽	658,993	797,592	9,550,193	3,668,926	①	②
13	'평균'의 최대값-최소값 차이				③				
14	'수입국가'가 "캐나다"인 '2020년'의 합계				④				
15	'구분이 "아시아"인 개수				⑤				
16									

● 처리 조건

▶ 셀 서식을 아래 조건에 맞게 작성하시오.

- [A2:I15] : 테두리(안쪽, 윤곽선 모두 실선, '검정, 텍스트 1'), 전체 가운데 맞춤
- [A13:D13], [A14:D14], [A15:D15] : 각각 병합하고 가운데 맞춤
- [A2:I2], [A13:D15] : 채우기 색('청회색, 텍스트 2, 60% 더 밝게'), 글꼴(굵게)
- [D3:G12], [E13:G14] : 셀 서식의 표시 형식-숫자를 이용하여 1000단위 구분 기호 표시
- [E15:G15] : 셀 서식의 표시 형식-사용자 지정을 이용하여 #"개"자를 추가
- [H3:H12] : 셀 서식의 표시 형식-사용자 지정을 이용하여 #"위"자를 추가
- 조건부 서식[A3:I12] : '구분'이 "유럽"인 경우 레코드 전체에 글꼴(청회색, 텍스트 2, 굵은 기울임꼴) 적용
- 지시사항이 없는 경우는 주어진 문제파일의 서식을 그대로 사용하시오.
  - '구분' 열을 열고정 혼합 참조로 지정하여 수식을 입력
  - 구분이 유럽인 경우(비교 연산자 : 같다)

[문제 2] "부분합" 시트를 참조하여 다음 ≪처리조건≫에 맞도록 작업하시오. (30점)

≪출력형태≫

상품코드	상품명	상품 분류	판매량	금액	할인액	판매금액
FSD-01	헤이즐럿커피	커피류	39	522,600	62,712	459,888
FSD-02	카푸치노	커피류	22	173,800	20,856	152,944
FSD-03	아메리카노	커피류	23	678,500	81,420	597,080
		커피류 요약	84	1,374,900		
		커피류 평균			54,996	403,304
CFG-01	유기농 감미료	조미료	13	119,600	14,352	105,248
CFG-02	즉석 참기름	조미료	34	751,400	90,168	661,232
CFG-03	천일염 섬소금	조미료	34	64,600	7,752	56,848
		조미료 요약	81	935,600		
		조미료 평균			37,424	274,443
ABC-01	포도씨유	식용유	17	212,500	25,500	187,000
ABC-02	올리브유	식용유	44	642,400	77,088	565,312
ABC-03	해바라기유	식용유	20	182,000	21,840	160,160
ABC-04	카놀라유	식용유	36	162,000	19,440	142,560
		식용유 요약	117	1,198,900		
		식용유 평균			35,967	263,758
		총합계	282	3,509,400		
		전체 평균			42,113	308,827

≪처리조건≫

▶ 데이터를 '상품 분류' 기준으로 내림차순 정렬하시오.

▶ 아래 조건에 맞는 부분합을 작성하시오.
　－ '상품 분류'로 그룹화 하여 '할인액', '판매금액'의 평균을 구하는 부분합을 만드시오.
　－ '상품 분류'로 그룹화 하여 '판매량', '금액'의 합계(요약)를 구하는 부분합을 만드시오.
　　(새로운 값으로 대치하지 말 것)
　－ [E3:G20] 영역에 셀 서식의 표시 형식－숫자를 이용하여 1000단위 구분 기호를 표시하시오.

▶ E~G열을 선택하여 그룹을 설정하시오.

▶ 평균과 합계(요약)의 부분합 순서는 ≪ 출력형태 ≫와 다를 수 있음

▶ 지시사항이 없는 경우는 기본 값을 적용하시오.

함수식 작성하기

☑ 함수 기본 다지기(함수 입력 방법, 셀 참조 등)
☑ 시험에 자주 출제되는 함수 알아보기

문제 미리보기

소스파일 : 유형03_문제.xlsx   정답파일 : 유형03_완성.xlsx

● 함수식 작성

【문제 1】"판매현황" 시트를 참조하여 다음 ≪처리조건≫에 맞도록 작업하시오.   (50점)

● 출력 형태

	A	B	C	D	E	F	G	H	I
1	판매처별 음료제품 판매 현황								
2	제품명	제품종류	판매처	2018년	2019년	2020년	평균	순위	비고
3	시원수	생수	할인점	15,838	13,363	24,401	17,867개	8위	인기음료
4	팡팡톡	탄산음료	할인점	21,670	22,197	11,554	18,474개	6위	
5	스마일자몽	과일음료	편의점	20,740	14,224	18,939	17,968개	7위	
6	코코넛매니아	탄산음료	백화점	20,038	22,725	15,911	19,558개	2위	
7	에티오피아	커피음료	통신판매	25,976	18,411	11,754	18,714개	4위	
8	맑은생수	생수	할인점	19,400	22,100	14,559	18,686개	5위	
9	천연물	생수	편의점	16,204	18,606	23,119	19,310개	3위	인기음료
10	라임워터	탄산음료	편의점	13,774	25,788	24,957	21,506개	1위	인기음료
11	카페타임	커피음료	통신판매	12,650	12,653	16,377	13,893개	10위	
12	얼음골생수	생수	편의점	17,771	15,751	10,501	14,674개	9위	
13	'평균'의 최대값-최소값 차이					7,613			
14	'판매처'가 "할인점"인 '2020년'의 평균					16,838			
15	'2019년' 중 두 번째로 큰 값					22,725			
16									

● 처리 조건

▶ ① 순위[H3:H12] : '평균'을 기준으로 큰 순으로 순위를 구하시오. (RANK 함수)

▶ ② 비고[I3:I12] : '2020년'이 20000 이상이면 "인기음료", 그렇지 않으면 공백으로 구하시오. (IF 함수)

▶ ③ 최대값-최소값[E13:G13] : '평균'의 최대값과 최소값의 차이를 구하시오. (MAX, MIN 함수)

▶ ④ 평균[E14:G14] : '판매처'가 "할인점"인 '2020년'의 평균을 구하시오. (DAVERAGE 함수)

▶ ⑤ 순위[E15:G15] : '2019년' 중 두 번째로 큰 값을 구하시오. (LARGE 함수)

[문제 1] "상품 판매 현황"시트를 참조하여 다음《 처리조건 》에 맞도록 작업하시오.(50점)

《출력형태》

상품코드	상품명	상품 분류	판매량	금액	할인액	판매금액	순위	비고
ABC-01	포도씨유	식용유	17	212,500	25,500	187,000	5위	
CFG-01	유기농 감미료	조미료	13	119,600	14,352	105,248	9위	
ABC-02	올리브유	식용유	44	642,400	77,088	565,312	3위	판매우수
ABC-03	해바라기유	식용유	20	182,000	21,840	160,160	6위	
CFG-02	즉석 참기름	조미료	34	751,400	90,168	661,232	1위	
FSD-01	헤이즐럿커피	커피류	39	522,600	62,712	459,888	4위	판매우수
CFG-03	천일염 섬소금	조미료	34	64,600	7,752	56,848	10위	
FSD-02	카푸치노	커피류	22	173,800	20,856	152,944	7위	
FSD-03	아메리카노	커피류	23	678,500	81,420	597,080	2위	
ABC-04	카놀라유	식용유	36	162,000	19,440	142,560	8위	판매우수
'상품 분류'가 "식용유"인 '판매금액'의 평균				263,758원				
'할인액'의 최대값-최소값 차이				82,416원				
'판매금액' 중 두 번째로 큰 값				597,080원				

《처리조건》

▶ 1행의 행 높이를 '80'으로 설정하고, 2행~15행의 행 높이를 '18'로 설정하시오.
▶ 제목("상품 판매 현황") : 순서도의 '순서도: 문서'를 이용하여 입력하시오.
　– 도형 : 위치([B1:H1]), 도형 스타일(테마 스타일 – 미세 효과 – '주황, 강조 2')
　– 글꼴 : 궁서체, 28pt, 기울임꼴
　– 도형 서식 : 도형 옵션 – 크기 및 속성(텍스트 상자(세로 맞춤 : 정가운데, 텍스트 방향 : 가로))
▶ 셀 서식을 아래 조건에 맞게 작성하시오.
　– [A2:I15] : 테두리(안쪽, 윤곽선 모두 실선, '검정, 텍스트 1'), 전체 가운데 맞춤
　– [A13:D13], [A14:D14], [A15:D15] : 각각 병합하고 가운데 맞춤
　– [A2:I2], [A13:D15] : 채우기 색('녹색, 강조 6, 60% 더 밝게'), 글꼴(굵게)
　– [H3:H12] : 셀 서식의 표시 형식–사용자 지정을 이용하여 #"위"자를 추가
　– [E3:G12] : 셀 서식의 표시 형식–숫자를 이용하여 1000단위 구분 기호 표시
　– [E13:G15] : 셀 서식의 표시 형식–사용자 지정을 이용하여 #,##0"원"자를 추가
　– 조건부 서식[A3:I12] : '판매금액'이 450000 이상인 경우 레코드 전체에 글꼴(빨강, 굵게) 적용
　– 지시사항이 없는 경우는 주어진 문제파일의 서식을 그대로 사용하시오.

▶ ① 순위[H3:H12] : '판매금액'을 기준으로 큰 순으로 '순위'를 구하시오. (RANK 함수)
▶ ② 비고[I3:I12] : '판매량'이 35 이상이면 "판매우수", 그렇지 않으면 공백을 구하시오. (IF 함수)
▶ ③ 평균[E13:G13] : '상품 분류'가 "식용유"인 '판매금액'의 평균을 구하시오. (DAVERAGE 함수)
▶ ④ 최대값-최소값[E14:G14] : '할인액'의 최대값과 최소값의 차이를 구하시오. (MAX, MIN 함수)
▶ ⑤ 순위[E15:G15] : '판매금액' 중 두 번째로 큰 값을 구하시오. (LARGE 함수)

❶ '함수'는 미리 정의되어 있는 수식으로 특정 값(인수)이 입력되면 일련의 규칙에 의해 그에 대응하는 값을 산출해 줍니다.

❷ 함수를 이용한 수식 계산은 '등호, 함수이름, 왼쪽 괄호, 인수, 오른쪽 괄호' 순으로 작성됩니다.

$$=\underset{\text{등호}}{=}\underset{\text{함수이름}}{SUM}(\underset{\text{인수}}{A1:A30})$$

❸ 각각의 인수는 쉼표(,)로 구분하고 인수의 범위를 나타낼 경우에는 콜론(:)을 이용합니다.

$$=RANK(\underset{\text{인수}}{A1},\underset{\text{인수 범위}}{A1:A30},\underset{\text{인수 구분}}{1})$$

❹ 문자열을 인수로 사용할 경우에는 큰 따옴표(" ")로 묶어줍니다.

$$=IF(B2\rangle=70,\text{"합격"},\text{"불합격"})$$

❺ 간단한 수식으로 처리가 가능한 함수는 셀에 직접 입력하고, 복잡한 함수나 함수식을 정확하게 모를 경우에는 [수식] 탭의 [함수 라이브러리] 그룹에서 '함수 삽입(fx)'을 클릭하여 [함수 마법사]를 이용합니다.

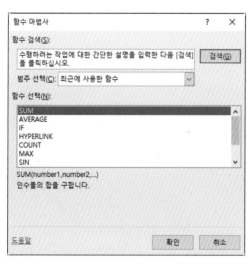

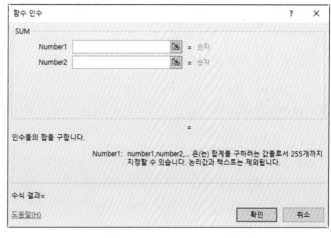

> **TIP**
>
> 인수 및 상수
>
> • 인수 : 내장 함수의 구성 요소로 SUM 함수를 이용하여 A1, A2 셀의 값을 더할 때 A1, A2를 '인수'라고 합니다.
>
> $$=SUM(A1:A2)$$
>
> • 상수 : 사용자가 입력하는 고정된 숫자, 문자, 날짜, 시간 데이터 등을 가리킵니다.

디지털정보활용능력 최신유형 기출문제

☑ 시험과목 : 스프레드시트(엑셀)
☑ 시험일자 : 20XX. XX. XX (X)
☑ 응시자 기재사항 및 감독위원 확인

MS Office 2016 버전용

수검번호	DIS - XXXX -	감독위원 확인
성 명		

응시자 유의사항

1. 응시자는 신분증을 지참하여야 시험에 응시할 수 있으며, 시험이 종료될 때까지 신분증을 제시하지 못 할 경우 해당 시험은 0점 처리됩니다.

2. 시스템(PC작동여부, 네트워크 상태 등)의 이상여부를 반드시 확인하여야 하며, 시스템 이상이 있을시 감독위원에게 조치를 받으셔야 합니다.

3. 시험 중 부주의 또는 고의로 시스템을 파손한 경우는 응시자 부담으로 합니다.

4. 답안 전송 프로그램을 통해 다운로드 받은 파일을 이용하여 답안파일을 작성하시기 바랍니다.

5. 작성한 답안 파일은 답안 전송 프로그램을 통하여 전송됩니다. 감독위원의 지시에 따라 주시기 바랍니다.

6. 다음사항의 경우 실격(0점) 혹은 부정행위 처리됩니다.

   1) 답안파일을 저장하지 않았거나, 저장한 파일이 손상되었을 경우

   2) 답안파일을 지정된 폴더(바탕화면 – "KAIT" 폴더)에 저장하지 않았을 경우

      ※ 답안 전송 프로그램 로그인 시 바탕화면에 자동 생성됨

   3) 답안파일을 다른 보조 기억장치(USB) 혹은 네트워크(메신저, 게시판 등)로 전송할 경우

   4) 휴대용 전화기 등 통신기기를 사용할 경우

7. 시험지에 제시된 글꼴이 응시 프로그램에 없는 경우, 반드시 감독위원에게 해당 내용을 통보한 뒤 조치를 받아야 합니다.

8. 시험의 완료는 작성이 완료된 답안을 저장하고, 답안 전송이 완료된 상태를 확인한 것으로 합니다. 답안 전송 확인 후 문제지는 감독위원에게 제출한 후 퇴실하여야 합니다.

9. 답안전송이 완료된 경우에는 수정 또는 정정이 불가능합니다.

10. 시험시행 후 결과는 홈페이지(www.ihd.or.kr)에서 확인하시기 바랍니다.

    1) 문제 및 모범답안 공개 : 20XX. XX. XX.(X)

    2) 합격자 발표 : 20XX. XX. XX.(X)

Korea Association for ICT promotion
한국정보통신진흥협회 **KAIT**

02 함수 기본 다지기-셀 참조

① 셀 참조는 크게 '상대 참조'와 '절대 참조'로 구분됩니다.

② '상대 참조'와 '절대 참조'를 지정하기 위해서는 셀을 선택한 후 F4 키를 이용합니다.

③ 상대 참조(=A1)로 계산된 수식에 자동 채우기를 실행하면 셀 참조 위치가 계산식의 참조 위치에 맞게 자동으로 변경됩니다.

④ 절대 참조(=$A$1)로 계산된 수식에 자동 채우기를 실행하면 셀 참조 위치가 고정되어 변경되지 않습니다.

> **TIP**
>
> F4 키를 이용한 참조 변환
>
>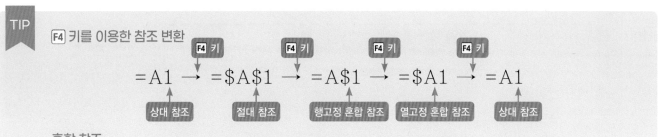
>
> 혼합 참조
>
> 행이나 열 중 하나는 상대 참조를 다른 하나는 절대 참조를 사용($A1, A$1)하여 수식에 사용하는 것을 '혼합 참조'라고 합니다.

1 상대 참조

① [파일]-[열기]를 클릭한 후 '유형03_상대참조.xlsx' 파일을 불러옵니다.

② [E3] 셀에 함수식 '=SUM(B3:D3)'을 입력한 후 Enter 키를 누릅니다.

③ 함수식 계산이 완료되면 [E5] 셀까지 채우기 핸들(⌐)을 이용하여 자동 채우기를 실행한 후 합계 결과를 확인합니다.

	A	B	C	D	E
1	시험성적				❶ 함수식 입력
2	이름	국어	영어	수학	합계
3	최자두	70	80	80	230
4	노진구	30	40	❷ 자동 채우기	120
5	홍길동	60	70	70	200
6					

④ 합계 결과 확인이 끝나면 Ctrl + ~ 키를 눌러 상대 참조를 확인합니다.

※ Ctrl + ~ 키를 누를 때마다 '수식 보기'와 '기본 보기'로 전환됩니다.

	A	B	C	D	E
1	시험성적				
2	이름	국어	영어	수학	합계
3	최자두	70	80	80	=SUM(B3:D3)
4	노진구	30	40	50	=SUM(B4:D4)
5	홍길동	60	70	70	=SUM(B5:D5)
6					

확인

[문제 5] "차트" 시트를 참조하여 다음 ≪처리조건≫에 맞도록 작업하시오. (30점)

≪출력형태≫

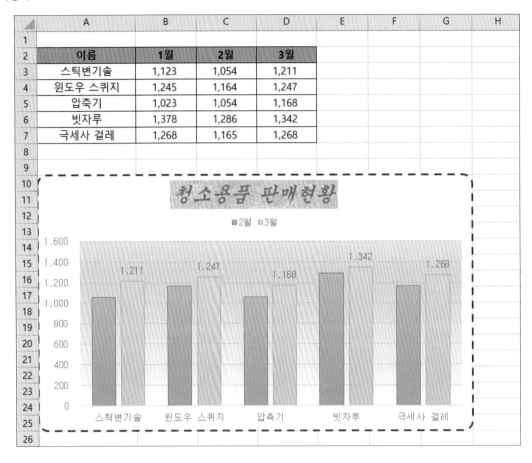

≪처리조건≫

▶ "차트" 시트에 주어진 표를 이용하여 '묶은 세로 막대형' 차트를 작성하시오.
  – 데이터 범위 : 현재 시트 [A2:A7], [C2:D7]의 데이터를 이용하여 작성하고, 행/열 전환은 '열'로 지정
  – 차트 제목("청소용품 판매현황")
  – 범례 위치 : 위쪽
  – 차트 스타일 : 색 변경(색상형 – 색 3, 스타일 5)
  – 차트 위치 : 현재 시트에 [A10:G25] 크기에 정확하게 맞추시오.
  – 차트 영역 서식 : 글꼴(돋움체, 10pt), 테두리 색(실선, 색 : 자주), 테두리 스타일(너비 : 2.25pt,
    겹선 종류 : 단순형, 대시 종류 : 파선, 둥근 모서리)
  – 차트 제목 서식 : 글꼴(궁서체, 20pt, 기울임꼴), 채우기(그림 또는 질감 채우기, 질감 : 편지지)
  – 그림 영역 서식 : 채우기(그라데이션 채우기, 그라데이션 미리 설정 : 밝은 그라데이션 – 강조 4, 종류 : 선형,
    방향 : 선형 위쪽)
  – 데이터 레이블 추가 : '3월' 계열에 "값" 표시

▶ 지시사항이 없는 경우는 ≪ 출력형태 ≫와 동일하게 작성하시오.

② 절대 참조

❶ [파일]–[열기]를 클릭한 후 '유형03_절대참조.xlsx' 파일을 불러옵니다.

❷ [E3] 셀에 함수식 '=SUM(B3:D3)+$B$7'을 입력한 후 **Enter** 키를 누릅니다.

❸ 함수식 계산이 완료되면 [E5] 셀까지 채우기 핸들(⬜)을 이용하여 자동 채우기를 실행한 후 합계 결과를 확인합니다.

	A	B	C	D	E
1	시험성적				
2	이름	국어	영어	수학	합계
3	최자두	70	80	80	240
4	노진구	30	40	50	130
5	홍길동	60	70	70	210
6					
7	추가 점수	10			
8					

❶ 함수식 입력
❷ 자동 채우기

❹ 합계 결과 확인이 끝나면 **Ctrl**+**~** 키를 눌러 절대 참조로 지정된 셀 주소([$B$7])를 확인합니다.

※ '상대 참조'와 '절대 참조'를 함께 사용하여 학생별 시험성적 합계(상대 참조)에 모두 똑같이 추가 점수 10점을 더한 (절대 참조) 결과입니다.

	A	B	C	D	E
1	시험성적				
2	이름	국어	영어	수학	합계
3	최자두	70	80	80	=SUM(B3:D3)+$B$7
4	노진구	30	40	50	=SUM(B4:D4)+$B$7
5	홍길동	60	70	70	=SUM(B5:D5)+$B$7
6					
7	추가 점수	10			
8					

확인

TIP

계산식과 산술 연산자

- 계산식 : 함수를 사용하지 않고 셀 주소 값과 산술 연산자를 이용하여 연산을 수행하는 식으로 반드시 '='을 먼저 입력해야 하며, 일반적인 사칙연산 기호(+, −, ×, ÷)로 계산합니다.

$$=A1+B1+C1$$

- 산술 연산자 : 더하기(+), 빼기(−), 곱하기(*), 나누기(/) 등 가장 기본적인 연산을 하기 위해 필요한 연산자입니다.

예) [A1] 셀에 입력된 값 : 50

연산자	기능	사용 예	결과	연산자	기능	사용 예	결과
+	더하기	=A1+10	60	^	거듭제곱(지수)	=A1^2	2500
−	빼기	=A1−10	40	%	백분율	=A1%	0.5
*	곱하기	=A1*10	500				
/	나누기	=A1/10	5				

[문제 4] "피벗테이블" 시트를 참조하여 다음 ≪처리조건≫에 맞도록 작업하시오. (30점)

≪출력형태≫

	A	B	C	D	E	F
1						
2						
3			제조사 ⬆️			
4	사용구분 ▾	값	뉴홈	리빙홈	총합계	
5		평균 : 1월	1,257	1,321	1,278	
6	실내	평균 : 2월	1,165	1,264	1,198	
7		평균 : 3월	1,258	1,298	1,271	
8		평균 : 1월	1,300	***	1,300	
9	실외	평균 : 2월	1,232	***	1,232	
10		평균 : 3월	1,289	***	1,289	
11		평균 : 1월	***	1,205	1,205	
12	화장실	평균 : 2월	***	1,161	1,161	
13		평균 : 3월	***	1,233	1,233	
14						

≪처리조건≫

▶ "피벗테이블" 시트의 [A2:G12]를 이용하여 새로운 시트에 ≪출력형태≫와 같이 피벗테이블을 작성 후 시트명을 "피벗테이블 정답"으로 수정하시오.

▶ 사용구분(행)과 제조사(열)를 기준으로 하여 출력형태와 같이 구하시오.
　－ '1월', '2월', '3월'의 평균을 구하시오.
　－ 피벗 테이블 옵션을 이용하여 레이블이 있는 셀 병합 및 가운데 맞춤하고 빈 셀을 "***"로 표시한 후, 열의 총합계를 감추기 하시오.
　－ 피벗 테이블 디자인에서 보고서 레이아웃은 '테이블 형식으로 표시', 피벗 테이블 스타일은 '피벗 스타일 어둡게 13'으로 표시하시오.
　－ 제조사(열)는 "뉴홈", "리빙홈"만 출력되도록 표시하시오.
　－ [C5:E13] 데이터는 셀 서식의 표시 형식－숫자를 이용하여 1000단위 구분 기호 표시하고, 가운데 맞춤하시오.

▶ 사용구분의 순서는 ≪ 출력형태 ≫와 다를 수 있음

▶ 지시사항이 없는 경우는 ≪ 출력형태 ≫와 동일하게 작성하시오.

1 시험에 자주 출제되는 함수

시험에 출제될 수 있는 함수는 여러 가지가 있지만 최근 2년간 출제된 함수를 분석한 결과 아래 함수들이 자주 출제된 것으로 확인되었습니다. 특히 'RANK'와 'IF' 함수는 문제 1번과 2번에 거의 고정적으로 출제되기 때문에 반드시 학습이 필요한 함수입니다. 시험에 자주 출제되는 함수 목록 중 3년 전에는 자주 출제되었지만 최근 2년 동안에는 출제되지 않은 'COUNTIF'와 'SUMIF' 함수도 출제될 가능성이 있기 때문에 학습이 필요합니다. 함수 부분은 전체적인 모든 함수를 학습하기 보다는 시험에 자주 출제되는 함수들 위주로 학습을 한 후 나머지 함수들을 확인하는 것이 좋습니다.

★ 최근 2년간 자주 출제된 함수 목록 ★

구 분	함 수
통계 함수	MAX, MIN, RANK, LARGE, SMALL
데이터베이스 함수	DSUM, DAVERAGE
논리 함수	IF

※ 최근 3년 전에 자주 출제된 함수 : COUNTIF, SUMIF

2 ★★ 시험에 자주 출제되는 함수 익히기! ★★ (소스파일 : 유형03_함수_문제.xlsx, 정답파일 : 유형03_함수_완성.xlsx)

※ '유형03_함수_문제.xlsx' 파일을 불러와 직접 함수식을 입력하여 풀어보세요.

RANK	• 기능 : 수의 목록에 있는 지정한 수의 순위를 구하는 함수 • 형식 : =RANK(순위를 구하려는 수, 데이터 범위, 순위를 결정할 방법) 　　－ 순위를 결정할 방법 : 0또는 생략 시 내림차순, 0이 아닌 숫자를 입력할 경우 오름차순으로 순위를 지정 • 사용 예 : 평균을 기준으로 순위(내림차순)를 표시 ▶ 함수식 : =RANK(E2,$E$2:$E$4)

F2		×	✓	fx	=RANK(E2,$E$2:$E$4)			
	A	B	C	D	E	F	G	H
1	이름	국어	영어	수학	평균	순위		함수식
2	최자두	85	80	80	82	2	◄	=RANK(E2,$E$2:$E$4)
3	노진구	70	40	50	53	3	◄	=RANK(E3,$E$2:$E$4)
4	홍길동	80	70	100	83	1	◄	=RANK(E4,$E$2:$E$4)
5								

IF	• 기능 : 특정 조건을 지정하여 해당 조건에 만족하면 '참(TRUE)'에 해당하는 값을, 그렇지 않으면 '거짓(FALSE)'에 해당하는 값을 표시하는 함수 • 형식 : =IF(조건, 참일 때 수행할 내용, 거짓일 때 수행할 내용) • 사용 예 : 평균이 80 이상이면 '합격' 그렇지 않으면 '불합격'을 표시 ▶ 함수식 : =IF(E2>=80,"합격","불합격")

F2		×	✓	fx	=IF(E2>=80,"합격","불합격")			
	A	B	C	D	E	F	G	H
1	이름	국어	영어	수학	평균	결과		함수식
2	최자두	85	80	80	82	합격	◄	=IF(E2>=80,"합격","불합격")
3	노진구	70	40	50	53	불합격	◄	=IF(E3>=80,"합격","불합격")
4	홍길동	80	70	100	83	합격	◄	=IF(E4>=80,"합격","불합격")
5								

(2) 시나리오

≪출력형태 – 시나리오≫

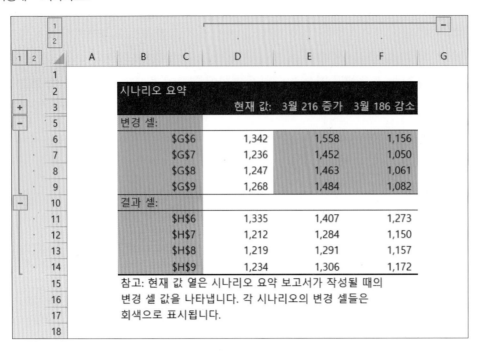

≪처리조건≫

▶ "시나리오" 시트의 [A2:H12]를 이용하여 '제조사'가 "뉴홈"인 경우, '3월'이 변동할 때 '평균'이 변동하는 가상분석(시나리오)을 작성하시오.
　- 시나리오1 : 시나리오 이름은 "3월 216 증가", '3월'에 216을 증가시킨 값 설정.
　- 시나리오2 : 시나리오 이름은 "3월 186 감소", '3월'에 186을 감소시킨 값 설정.
　- "시나리오 요약" 시트를 작성하시오.

▶ 지시사항이 없는 경우는 ≪ 출력형태 – 시나리오 ≫와 동일하게 작성하시오.

DSUM

- 기능 : 데이터베이스에서 지정한 조건에 맞는 필드(열) 값들의 합계를 구하는 함수
- 형식 : =DSUM(데이터베이스, 필드(열) 제목, 조건범위)
- 사용 예 : 학년이 '3학년'인 학생들의 '총점' 합계를 계산
- ▶ 함수식 : =DSUM(A1:F4,F1,A6:A7)

※ [F1] 셀 주소를 열 번호인 '6'을 입력해도 결과는 같습니다.

E7			fx	=DSUM(A1:F4,F1,A6:A7)			
	A	B	C	D	E	F	G	H
1	학년	이름	국어	영어	수학	총점		
2	3학년	최자두	70	80	80	230		
3	4학년	노진구	30	40	50	120		
4	3학년	홍길동	60	70	70	200		
5								
6	학년				총점 합계			함수식
7	3학년				430		◀	=DSUM(A1:F4,F1,A6:A7)
8								

DAVERAGE

- 기능 : 데이터베이스에서 지정한 조건에 맞는 필드(열) 값들의 평균을 구하는 함수
- 형식 : =DAVERAGE(데이터베이스, 필드(열) 제목, 조건범위)
- 사용 예 : 학년이 '3학년'인 학생들의 '총점' 평균을 계산
- ▶ 함수식 : =DAVERAGE(A1:F4,F1,A6:A7)

※ [F1] 셀 주소를 열 번호인 '6'을 입력해도 결과는 같습니다.

E7			fx	=DAVERAGE(A1:F4,F1,A6:A7)			
	A	B	C	D	E	F	G	H
1	학년	이름	국어	영어	수학	총점		
2	3학년	최자두	70	80	80	230		
3	4학년	노진구	30	40	50	120		
4	3학년	홍길동	60	70	70	200		
5								
6	학년				총점 평균			함수식
7	3학년				215		◀	=DAVERAGE(A1:F4,F1,A6:A7)
8								

MAX

- 기능 : 최대값을 구하는 함수
- 형식 : =MAX(셀 범위)
- 사용 예 : 학생들 중에서 가장 높은 총점을 표시
- ▶ 함수식 : =MAX(F2:F6)

H2			fx	=MAX(F2:F6)			
	A	B	C	D	E	F	G	H
1	학년	이름	국어	영어	수학	총점		가장 높은 총점
2	3학년	최자두	70	80	80	230		290
3	4학년	노진구	30	40	50	120		▲
4	3학년	홍길동	60	70	70	200		함수식
5	4학년	유재석	100	90	100	290		=MAX(F2:F6)
6	4학년	다솜이	90	80	80	250		
7								

[문제 3] "필터"와 "시나리오" 시트를 참조하여 다음 ≪처리조건≫에 맞도록 작업하시오. (60점)

(1) 필터

≪출력형태 – 필터≫

	A	B	C	D	E	F	G	H
1								
2	이름	제조사	사용구분	판매점수	1월	2월	3월	
3	스틱변기솔	쓰리엠	화장실	1,875	1,123	1,054	1,211	
4	윈도우 스퀴지	뉴홈	실내	1,796	1,245	1,164	1,247	
5	압축기	리빙홈	화장실	1,564	1,023	1,054	1,168	
6	빗자루	뉴홈	실외	1,870	1,378	1,286	1,342	
7	극세사 걸레	뉴홈	실내	1,754	1,268	1,165	1,268	
8	바닥솔	리빙홈	화장실	1,684	1,387	1,268	1,298	
9	컴팩트 분무기	쓰리엠	실내	1,697	1,156	1,121	1,221	
10	대형쓰레기통	뉴홈	실외	1,712	1,221	1,178	1,236	
11	유리닦기	쓰리엠	실내	1,894	1,147	1,131	1,247	
12	빗자루세트	리빙홈	실내	1,923	1,321	1,264	1,298	
13								
14	조건							
15	TRUE							
16								
17								
18	이름	제조사	판매점수	2월	3월			
19	스틱변기솔	쓰리엠	1,875	1,054	1,211			
20	유리닦기	쓰리엠	1,894	1,131	1,247			
21	빗자루세트	리빙홈	1,923	1,264	1,298			
22								

≪처리조건≫

▶ "필터" 시트의 [A2:G12]를 아래 조건에 맞게 고급필터를 사용하여 작성하시오.
　– '판매점수'가 1800 이상이고 '3월'이 1300 이하인 데이터를 '이름', '제조사', '판매점수', '2월', '3월'의 데이터만 필터링 하시오.
　– 조건 위치 : 조건 함수는 [A15] 한 셀에 작성(AND 함수 이용)
　– 결과 위치 : [A18]부터 출력

▶ 지시사항이 없는 경우는 ≪ 출력형태 – 필터 ≫와 동일하게 작성하시오.

MIN

- 기능 : 최소값을 구하는 함수
- 형식 : =MIN(셀 범위)
- 사용 예 : 학생들 중에서 가장 낮은 총점을 표시
▶ 함수식 : =MIN(F2:F6)

H2	▾	× ✓ f_x	=MIN(F2:F6)					
	A	B	C	D	E	F	G	H
1	학년	이름	국어	영어	수학	총점		가장 낮은 총점
2	3학년	최자두	70	80	80	230		120
3	4학년	노진구	30	40	50	120		▲
4	3학년	홍길동	60	70	70	200		함수식
5	4학년	유재석	100	90	100	290		=MIN(F2:F6)
6	4학년	다솜이	90	80	80	250		
7								

LARGE

- 기능 : 지정된 셀 범위에서 입력한 숫자 번째로 큰 값을 구하는 함수
- 형식 : =LARGE(셀 범위, 숫자)
- 사용 예 : 학생들 중에서 3번째로 높은 총점을 표시
▶ 함수식 : =LARGE(F2:F6,3)

H2	▾	× ✓ f_x	=LARGE(F2:F6,3)					
	A	B	C	D	E	F	G	H
1	학년	이름	국어	영어	수학	총점		3번째로 높은 총점
2	3학년	최자두	70	80	80	230		230
3	4학년	노진구	30	40	50	120		▲
4	3학년	홍길동	60	70	70	200		함수식
5	4학년	유재석	100	90	100	290		=LARGE(F2:F6,3)
6	4학년	다솜이	90	80	80	250		
7								

SMALL

- 기능 : 지정된 셀 범위에서 입력한 숫자 번째로 작은 값을 구하는 함수
- 형식 : =SMALL(셀 범위, 숫자)
- 사용 예 : 학생들 중에서 2번째로 낮은 총점을 표시
▶ 함수식 : =SMALL(F2:F6,2)

H2	▾	× ✓ f_x	=SMALL(F2:F6,2)					
	A	B	C	D	E	F	G	H
1	학년	이름	국어	영어	수학	총점		2번째로 낮은 총점
2	3학년	최자두	70	80	80	230		200
3	4학년	노진구	30	40	50	120		▲
4	3학년	홍길동	60	70	70	200		함수식
5	4학년	유재석	100	90	100	290		=SMALL(F2:F6,2)
6	4학년	다솜이	90	80	80	250		
7								

[문제 2] "부분합" 시트를 참조하여 다음 ≪처리조건≫에 맞도록 작업하시오. (30점)

≪출력형태≫

	A	B	C	D	E	F	G
2	이름	제조사	사용구분	판매점수	1월	2월	3월
3	윈도우 스퀴지	뉴홈	실내	1,796	1,245	1,164	1,247
4	극세사 걸레	뉴홈	실내	1,754	1,268	1,165	1,268
5	컴팩트 분무기	쓰리엠	실내	1,697	1,156	1,121	1,221
6	유리닦기	쓰리엠	실내	1,894	1,147	1,131	1,247
7	빗자루세트	리빙홈	실내	1,923	1,321	1,264	1,298
8			실내 최대값		1,321	1,264	1,298
9			실내 평균	1,813			1,256
10	빗자루	뉴홈	실외	1,870	1,378	1,286	1,342
11	대형쓰레기통	뉴홈	실외	1,712	1,221	1,178	1,236
12			실외 최대값		1,378	1,286	1,342
13			실외 평균	1,791			1,289
14	스틱변기솔	쓰리엠	화장실	1,875	1,123	1,054	1,211
15	압축기	리빙홈	화장실	1,564	1,023	1,054	1,168
16	바닥솔	리빙홈	화장실	1,684	1,387	1,268	1,298
17			화장실 최대값		1,387	1,268	1,298
18			화장실 평균	1,708			1,226
19			전체 최대값		1,387	1,286	1,342
20			전체 평균	1,777			1,254
21							

≪처리조건≫

▶ 데이터를 '사용구분' 기준으로 오름차순 정렬하시오.

▶ 아래 조건에 맞는 부분합을 작성하시오.
   – '사용구분'으로 그룹화 하여 '판매점수', '3월'의 평균을 구하는 부분합을 만드시오.
   – '사용구분'으로 그룹화 하여 '1월', '2월', '3월'의 최대값을 구하는 부분합을 만드시오.
     (새로운 값으로 대치하지 말 것)
   – [D3:G20] 영역에 셀 서식의 표시 형식–숫자를 이용하여 1000단위 구분 기호를 표시하시오.

▶ E~F열을 선택하여 그룹을 설정하시오.

▶ 평균과 최대값의 부분합 순서는 ≪ 출력형태 ≫와 다를 수 있음

▶ 지시사항이 없는 경우는 기본 값을 적용하시오.

SUMIF

- 기능 : 주어진 조건에 만족하는 데이터들의 합계를 구하는 함수
- 형식 : =SUMIF(조건이 들어 있는 범위, 조건, 합계를 구할 범위)
- 사용 예 : 학년이 '4학년' 학생들의 '총점' 합계를 표시
- ▶ 함수식 : =SUMIF(A2:A6,"4학년",F2:F6)

	F7		fx	=SUMIF(A2:A6,"4학년",F2:F6)		
	A	B	C	D	E	F
1	학년	이름	국어	영어	수학	총점
2	3학년	최자두	70	80	80	230
3	4학년	노진구	30	40	50	120
4	3학년	홍길동	60	70	70	200
5	4학년	유재석	100	90	100	290
6	4학년	다솜이	90	80	80	250
7	4학년 학생의 총점 합계					660
8						▲
9				함수식		
10			=SUMIF(A2:A6,"4학년",F2:F6)			
11						

COUNTIF

- 기능 : 특정 조건을 만족하는 셀의 개수를 구하는 함수
- 형식 : =COUNTIF(셀 범위, 조건)
- 사용 예 : 국어, 영어, 수학 점수 중에서 '90' 이상인 셀의 개수를 표시
- ▶ 함수식 : =COUNTIF(C2:E6,">=90")

	F8		fx	=COUNTIF(C2:E6,">=90")		
	A	B	C	D	E	F
1	학년	이름	국어	영어	수학	총점
2	3학년	최자두	70	80	80	230
3	4학년	노진구	30	40	50	120
4	3학년	홍길동	60	70	70	200
5	4학년	유재석	100	90	100	290
6	4학년	다솜이	90	80	80	250
7						
8	90점 이상인 셀의 개수					4
9						▲
10				함수식		
11			=COUNTIF(C2:E6,">=90")			
12						

[문제 1] "판매현황" 시트를 참조하여 다음《 처리조건 》에 맞도록 작업하시오.(50점)

≪출력형태≫

이름	제조사	사용구분	판매점수	1월	2월	3월	순위	비고
스틱변기솔	쓰리엠	화장실	1,875점	1,123	1,054	1,211	3위	
윈도우 스퀴지	뉴홈	실내	1,796점	1,245	1,164	1,247	5위	
압축기	리빙홈	화장실	1,564점	1,023	1,054	1,168	10위	
빗자루	뉴홈	실외	1,870점	1,378	1,286	1,342	4위	인기
극세사 걸레	뉴홈	실내	1,754점	1,268	1,165	1,268	6위	인기
바닥솔	리빙홈	화장실	1,684점	1,387	1,268	1,298	9위	인기
컴팩트 분무기	쓰리엠	실내	1,697점	1,156	1,121	1,221	8위	
대형쓰레기통	뉴홈	실외	1,712점	1,221	1,178	1,236	7위	
유리닦기	쓰리엠	실내	1,894점	1,147	1,131	1,247	2위	
빗자루세트	리빙홈	실내	1,923점	1,321	1,264	1,298	1위	인기
'3월'의 최대값-최소값 차이				174				
'사용구분'이 "화장실"인 '판매점수'의 합계				5,123점				
'2월' 중 두 번째로 작은 값				1,054				

≪처리조건≫

▶ 1행의 행 높이를 '80'으로 설정하고, 2행~15행의 행 높이를 '18'로 설정하시오.
▶ 제목("청소용품 판매현황") : 기본 도형의 '십자형'을 이용하여 입력하시오.
 – 도형 : 위치([B1:H1]), 도형 스타일(테마 스타일 – 미세 효과 – '파랑, 강조 1')
 – 글꼴 : 궁서체, 24pt, 기울임꼴
 – 도형 서식 : 도형 옵션 – 크기 및 속성(텍스트 상자(세로 맞춤 : 정가운데, 텍스트 방향 : 가로))

▶ 셀 서식을 아래 조건에 맞게 작성하시오.
 – [A2:I15] : 테두리(안쪽, 윤곽선 모두 실선, '검정, 텍스트 1'), 전체 가운데 맞춤
 – [A13:D13], [A14:D14], [A15:D15] : 각각 병합하고 가운데 맞춤
 – [A2:I2], [A13:D15] : 채우기 색('파랑, 강조 5, 40% 더 밝게'), 글꼴(굵게)
 – [E3:G12], [E15:G15] : 셀 서식의 표시 형식-숫자를 이용하여 1000단위 구분 기호 표시
 – [H3:H12] : 셀 서식의 표시 형식-사용자 지정을 이용하여 #"위"자를 추가
 – [D3:D12], [E14:G14] : 셀 서식의 표시 형식-사용자 지정을 이용하여 #,##0"점"자를 추가
 – 조건부 서식[A3:I12] : '판매점수'가 1800 이상인 경우 레코드 전체에 글꼴(빨강, 굵게) 적용
 – 지시사항이 없는 경우는 주어진 문제파일의 서식을 그대로 사용하시오.

▶ ① 순위[H3:H12] : '판매점수'를 기준으로 큰 순으로 순위를 구하시오. (RANK 함수)
▶ ② 비고[I3:I12] : '3월'이 1250 이상이면 "인기", 그렇지 않으면 공백으로 구하시오. (IF 함수)
▶ ③ 최대값-최소값[E13:G13] : '3월'의 최대값과 최소값의 차이를 구하시오. (MAX, MIN 함수)
▶ ④ 합계[E14:G14] : '사용구분'이 "화장실"인 '판매점수'의 합계를 구하시오. (DSUM 함수)
▶ ⑤ 순위[E15:G15] : '2월' 중 두 번째로 작은 값을 구하시오. (SMALL 함수)

04 **평균을 기준으로 큰 순으로 순위[H3:H12] 구하기**

❶ [파일]-[열기]([Ctrl]+[O])를 클릭한 후, [찾아보기]를 클릭합니다. [열기] 대화상자가 나오면 '유형 03_문제.xlsx' 파일을 불러와 [판매현황] 시트를 선택합니다.

❷ [H3] 셀에 '=RANK(G3,$G$3:$G$12)'를 입력한 후 [Enter] 키를 누릅니다.

❸ [H3] 셀의 채우기 핸들(◻)을 [H12] 셀까지 드래그 합니다.

  ※ 채우기 핸들을 이용하여 정해진 범위(평균) 안에서 순위를 구할 때는 셀 범위가 고정되어 있어야 하기 때문에 '절대 참조($G$3:$G$12)'로 입력해야 합니다.

05 **'2020년'이 20000 이상이면 "인기음료", 아니면 공백으로 비고[I3:I12] 구하기**

❶ [I3] 셀에 '=IF(F3>=20000,"인기음료","")'을 입력한 후 [Enter] 키를 누릅니다.

❷ [I3] 셀의 채우기 핸들(◻)을 [I12] 셀까지 드래그 합니다.

  ※ 함수식에서 공백을 구하기 위해서는 "" 를 입력합니다.

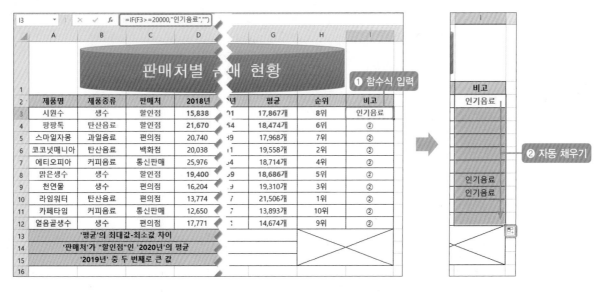

☑ 시험과목 : 스프레드시트(엑셀)

☑ 시험일자 : 20XX. XX. XX (X)

☑ 응시자 기재사항 및 감독위원 확인

MS Office 2016 버전용

수 검 번 호	DIS - XXXX -	감독위원 확인
성 명		

응시자 유의사항

1. 응시자는 신분증을 지참하여야 시험에 응시할 수 있으며, 시험이 종료될 때까지 신분증을 제시하지 못 할 경우 해당 시험은 0점 처리됩니다.

2. 시스템(PC작동여부, 네트워크 상태 등)의 이상여부를 반드시 확인하여야 하며, 시스템 이상이 있을시 감독위원에게 조치를 받으셔야 합니다.

3. 시험 중 부주의 또는 고의로 시스템을 파손한 경우는 응시자 부담으로 합니다.

4. 답안 전송 프로그램을 통해 다운로드 받은 파일을 이용하여 답안파일을 작성하시기 바랍니다.

5. 작성한 답안 파일은 답안 전송 프로그램을 통하여 전송됩니다. 감독위원의 지시에 따라 주시기 바랍니다.

6. 다음사항의 경우 실격(0점) 혹은 부정행위 처리됩니다.

   1) 답안파일을 저장하지 않았거나, 저장한 파일이 손상되었을 경우

   2) 답안파일을 지정된 폴더(바탕화면 – "KAIT" 폴더)에 저장하지 않았을 경우

      ※ 답안 전송 프로그램 로그인 시 바탕화면에 자동 생성됨

   3) 답안파일을 다른 보조 기억장치(USB) 혹은 네트워크(메신저, 게시판 등)로 전송할 경우

   4) 휴대용 전화기 등 통신기기를 사용할 경우

7. 시험지에 제시된 글꼴이 응시 프로그램에 없는 경우, 반드시 감독위원에게 해당 내용을 통보한 뒤 조치를 받아야 합니다.

8. 시험의 완료는 작성이 완료된 답안을 저장하고, 답안 전송이 완료된 상태를 확인한 것으로 합니다. 답안 전송 확인 후 문제지는 감독위원에게 제출한 후 퇴실하여야 합니다.

9. 답안전송이 완료된 경우에는 수정 또는 정정이 불가능합니다.

10. 시험시행 후 결과는 홈페이지(www.ihd.or.kr)에서 확인하시기 바랍니다.

   1) 문제 및 모법답안 공개 : 20XX. XX. XX.(X)

   2) 합격자 발표 : 20XX. XX. XX.(X)

TIP 함수 마법사를 이용한 수식 작성

❶ [I3:I12] 영역에 '비고' 값을 구하기 위하여 [I3] 셀을 클릭한 후 [수식] 탭의 [함수 라이브러리] 그룹에서 '함수 삽입([*fx*])'을 클릭합니다.

❷ [함수 마법사] 대화상자가 나오면 범주 선택을 '논리', 함수 선택을 'IF'로 선택한 후 〈확인〉 단추를 클릭합니다.

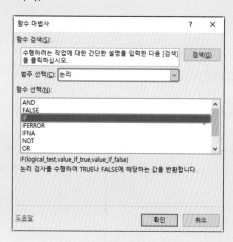

❸ [함수 인수] 대화상자가 나오면 'Logical_test'의 입력 칸을 클릭한 후 [F3] 셀을 선택합니다.

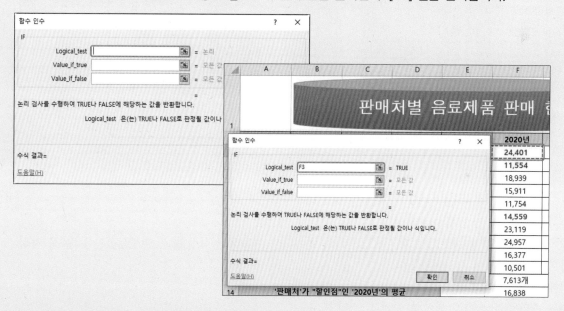

❹ [F3] 셀이 선택되면 뒤에 〉=20000을 입력합니다.

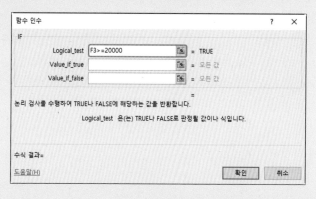

[문제 5] "차트" 시트를 참조하여 다음 ≪처리조건≫에 맞도록 작업하시오. (30점)

≪출력형태≫

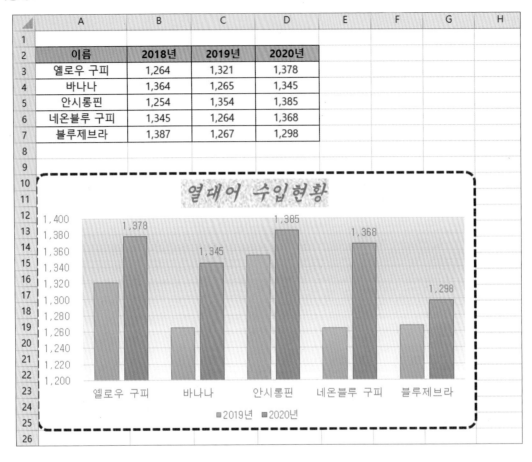

≪처리조건≫

▶ "차트" 시트에 주어진 표를 이용하여 '묶은 세로 막대형' 차트를 작성하시오.
 – 데이터 범위 : 현재 시트 [A2:A7], [C2:D7]의 데이터를 이용하여 작성하고, 행/열 전환은 '열'로 지정
 – 차트 제목("열대어 수입현황")
 – 범례 위치 : 아래쪽
 – 차트 스타일 : 색 변경(색상형 – 색 4, 스타일 5)
 – 차트 위치 : 현재 시트에 [A10:G25] 크기에 정확하게 맞추시오.
 – 차트 영역 서식 : 글꼴(돋움체, 11pt), 테두리 색(실선, 색 : 진한 파랑), 테두리 스타일(너비 : 2.5pt, 겹선 종류 : 단순형, 대시 종류 : 사각 점선, 둥근 모서리)
 – 차트 제목 서식 : 글꼴(궁서체, 20pt, 기울임꼴), 채우기(그림 또는 질감 채우기, 질감 : 신문 용지)
 – 그림 영역 서식 : 채우기(그라데이션 채우기, 그라데이션 미리 설정 : 밝은 그라데이션 – 강조 4, 종류 : 선형, 방향 : 선형 위쪽)
 – 데이터 레이블 추가 : '2020년' 계열에 "값" 표시

▶ 지시사항이 없는 경우는 ≪ 출력형태 ≫와 동일하게 작성하시오.

❺ 'Value_if_true(참일 때 수행할 값)' 입력 칸에 **"인기음료"**를 'Value_if_false(거짓일 때 수행할 내용)' 입력 칸에 **""(공백)**을 각각 입력합니다.

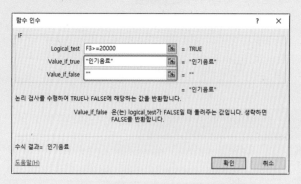

❻ 수식 입력줄에 **=IF(F3>=20000,"인기음료","")** 함수식이 완료되면 〈확인〉 단추를 클릭합니다.

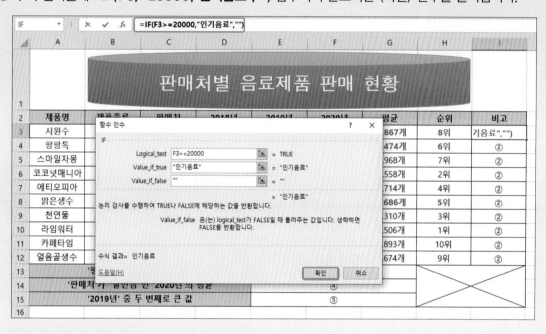

❼ [I3] 셀의 채우기 핸들(□)을 [I12] 셀까지 드래그 합니다.

[문제 4] "피벗테이블" 시트를 참조하여 다음 ≪처리조건≫에 맞도록 작업하시오. (30점)

≪출력형태≫

	A	B	C	D	E	F
1						
2						
3			원산지 🔽			
4	종류 🔽	값	남아메리카	동남아시아	말라위	
5		최대값 : 2018년	1,264	1,345	**	
6	구피	최대값 : 2019년	1,321	1,264	**	
7		최대값 : 2020년	1,378	1,368	**	
8		최대값 : 2018년	**	**	1,387	
9	시클리드	최대값 : 2019년	**	**	1,289	
10		최대값 : 2020년	**	**	1,345	
11		최대값 : 2018년	**	1,389	**	
12	잉어	최대값 : 2019년	**	1,312	**	
13		최대값 : 2020년	**	1,347	**	
14	전체 최대값 : 2018년		1,264	1,389	1,387	
15	전체 최대값 : 2019년		1,321	1,312	1,289	
16	전체 최대값 : 2020년		1,378	1,368	1,345	
17						

≪처리조건≫

▶ "피벗테이블" 시트의 [A2:G12]를 이용하여 새로운 시트에 ≪출력형태≫와 같이 피벗테이블을 작성 후 시트명을 "피벗테이블 정답"으로 수정하시오.

▶ 종류(행)와 원산지(열)를 기준으로 하여 출력형태와 같이 구하시오.
 – '2018년', '2019년', '2020년'의 최대값을 구하시오.
 – 피벗 테이블 옵션을 이용하여 레이블이 있는 셀 병합 및 가운데 맞춤하고 빈 셀을 "**"로 표시한 후, 행의 총 합계를 감추기 하시오.
 – 피벗 테이블 디자인에서 보고서 레이아웃은 '테이블 형식으로 표시', 피벗 테이블 스타일은 '피벗 스타일 보통 6'으로 표시하시오.
 – 원산지(열)는 "남아메리카", "동남아시아", "말라위"만 출력되도록 표시하시오.
 – [C5:E16] 데이터는 셀 서식의 표시 형식–숫자를 이용하여 1000단위 구분 기호를 표시하고, 가운데 맞춤하시오.

▶ 종류의 순서는 ≪ 출력형태 ≫와 다를 수 있음

▶ 지시사항이 없는 경우는 ≪ 출력형태 ≫와 동일하게 작성하시오.

06 평균의 최대값-최소값[E13:G13] 차이 구하기

❶ [E13:G13] 셀에 '=MAX(G3:G12)-MIN(G3:G12)'를 입력한 후 **Enter** 키를 누릅니다.

07 '판매처'가 "할인점"인 '2020년'의 평균[E14:G14] 구하기

❶ [E14:G14] 셀에 '=DAVERAGE(A2:I12,F2,C2:C3)' 또는 '=DAVERAGE(A2:I12,6,C2:C3)'을 입력한 후 **Enter** 키를 누릅니다.

08 '2019년' 중 두 번째로 큰 값[E15:G15] 구하기

❶ [E15:G15] 셀에 '=LARGE(E3:E12,2)'를 입력한 후 **Enter** 키를 누릅니다.

❷ 모든 함수 작업이 끝나면 [파일]-[저장](**Ctrl** + **S**) 또는 [빠른 실행 도구 모음]에서 '저장(🖫)'을 클릭합니다.

※ 실제 시험을 볼 때 작업 도중에 수시로(10분에 한 번 정도) 저장을 하는 것이 좋습니다.

(2) 시나리오

≪출력형태 – 시나리오≫

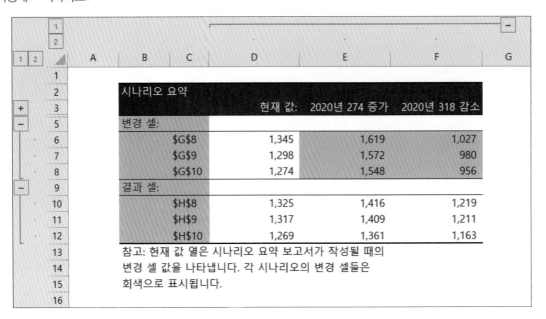

≪처리조건≫

▶ "시나리오" 시트의 [A2:H12]를 이용하여 '종류'가 "시클리드"인 경우, '2020년'이 변동할때 '수입량 평균'이 변동하는 가상분석(시나리오)을 작성하시오.

   – 시나리오1 : 시나리오 이름은 "2020년 274 증가", '2020년'에 274를 증가시킨 값 설정.

   – 시나리오2 : 시나리오 이름은 "2020년 318 감소", '2020년'에 318을 감소시킨 값 설정.

   – "시나리오 요약" 시트를 작성하시오.

▶ 지시사항이 없는 경우는 ≪ 출력형태 – 시나리오 ≫와 동일하게 작성하시오.

함수식 작성하기

01 **"판매현황"** 시트를 참조하여 다음 ≪처리조건≫에 맞도록 작업하시오. **(50점)**

* 소스파일 : 정복03_문제01.xlsx   * 정답파일 : 정복03_완성01.xlsx

● 출력 형태

	A	B	C	D	E	F	G	H	I
1				한국서점 하반기 판매현황					
2	도서명	장르	작가	10월	11월	12월	평균	순위	비고
3	어린이를 위한 그릿	자기계발	국내작가	58,172	76,209	60,146	64,842권	3위	인기도서
4	빛나는 아이	위인	해외작가	24,472	6,151	3,721	11,448권	10위	
5	91층 나무 집	동화	해외작가	47,530	56,657	27,788	43,992권	6위	
6	미움받아도 괜찮아	자기계발	해외작가	37,899	24,153	6,742	22,931권	9위	
7	우리 화가 우리 그림	예술	국내작가	40,401	41,951	23,185	35,179권	7위	
8	빨강 연필	자기계발	국내작가	72,400	76,520	63,905	70,942권	1위	인기도서
9	마당을 나온 암탉	동화	국내작가	61,764	76,421	61,139	66,441권	2위	인기도서
10	78층 나무 집	동화	해외작가	38,725	28,888	21,302	29,638권	8위	
11	한밤중 달빛 식당	동화	국내작가	57,691	67,451	53,816	59,653권	4위	
12	세계를 빛낸 50명의 위인	위인	국내작가	56,452	67,424	41,325	55,067권	5위	
13	'평균'의 최대값-최소값 차이				59,494				
14	'작가'가 "국내작가"인 '12월'의 합계				303,516				
15	'10월' 중 두 번째로 큰 값				61,764				

RANK(평균 열의 기준 셀, 평균 열의 범위)

IF(12월 열의 값 중 60000 이상이면, "참","거짓")

● 처리 조건

▶ ① 순위[H3:H12] : '평균'을 기준으로 큰 순으로 순위를 구하시오. **(RANK 함수)**

▶ ② 비고[I3:I12] : '12월'이 60000 이상이면 "인기도서", 그렇지 않으면 공백으로 구하시오. **(IF 함수)**

▶ ③ 최대값-최소값[E13:G13] : '평균'의 최대값과 최소값의 차이를 구하시오. **(MAX, MIN 함수)**

▶ ④ 합계[E14:G14] : '작가'가 "국내작가"인 '12월'의 합계를 구하시오. **(DSUM 함수)**

=MAX(평균 열)-MIN(평균 열)

▶ ⑤ 순위[E15:G15] : '10월' 중 두 번째로 큰 값을 구하시오. **(LARGE 함수)**

=DSUM(데이터베이스 전체 범위, 12월 열,작가가 국내작가)

=LARGE(10월 열,몇 번째로 큰 값을 구할 숫자 입력)

[문제 3] "필터"와 "시나리오" 시트를 참조하여 다음 ≪처리조건≫에 맞도록 작업하시오. (60점)

(1) 필터

≪출력형태 – 필터≫

	A	B	C	D	E	F	G
1							
2	이름	종류	원산지	단가	2018년	2019년	2020년
3	옐로우 구피	구피	남아메리카	2,000	1,264	1,321	1,378
4	바나나	시클리드	말라위	3,000	1,364	1,265	1,345
5	안시롱핀	메기	북아메리카	4,500	1,254	1,354	1,385
6	네온블루 구피	구피	동남아시아	2,500	1,345	1,264	1,368
7	블루제브라	시클리드	말라위	3,200	1,387	1,267	1,298
8	진주린	잉어	동남아시아	5,000	1,389	1,312	1,347
9	코리하스타투스	메기	북아메리카	4,500	1,345	1,298	1,301
10	플라밍고 구피	구피	남아메리카	3,800	1,245	1,278	1,288
11	수마트라	잉어	동남아시아	2,900	1,269	1,245	1,237
12	화이트니그로	시클리드	말라위	3,800	1,245	1,289	1,274
13							
14	조건						
15	TRUE						
16							
17							
18	이름	원산지	단가	2019년	2020년		
19	옐로우 구피	남아메리카	2,000	1,321	1,378		
20	바나나	말라위	3,000	1,265	1,345		
21	네온블루 구피	동남아시아	2,500	1,264	1,368		
22	플라밍고 구피	남아메리카	3,800	1,278	1,288		
23	수마트라	동남아시아	2,900	1,245	1,237		
24							

≪처리조건≫

▶ "필터" 시트의 [A2:G12]를 아래 조건에 맞게 고급필터를 사용하여 작성하시오.
  – '종류'가 "구피"이거나 '단가'가 3000 이하인 데이터를 '이름', '원산지', '단가', '2019년', '2020년'의 데이터만 필터링 하시오.
  – 조건 위치 : 조건 함수는 [A15] 한 셀에 작성(OR 함수 이용)
  – 결과 위치 : [A18]부터 출력

▶ 지시사항이 없는 경우는 ≪ 출력형태 – 필터 ≫와 동일하게 작성하시오.

함수식 작성하기

02 "수금현황" 시트를 참조하여 다음 ≪처리조건≫에 맞도록 작업하시오. (50점)

* 소스파일 : 정복03_문제02.xlsx   * 정답파일 : 정복03_완성02.xlsx

● 출력 형태

광역시 지점별 수금현황

광역시	지점	담당자	판매액	수금액	미수금액	수금달성율(%)	순위	비고
부산광역시	남구지점	장준문	1,602,300	1,243,400	358,900	82.9	6등	
광주광역시	북구지점	이동욱	1,227,500	1,060,830	166,670	90.4	5등	우수지점
부산광역시	동래구지점	윤한기	3,795,800	3,043,090	752,710	82.5	8등	
광주광역시	광산구지점	김주희	2,840,600	2,840,600	0	100	1등	우수지점
인천광역시	연수구지점	윤훈	2,701,500	1,814,800	886,700	72.3	9등	
부산광역시	사상구지점	강문철	956,010	956,010	0	100	1등	우수지점
대구광역시	수성구지점	권명준	714,399	714,399	0	100	1등	우수지점
대전광역시	대덕구지점	이대성	1,487,500	800,400	687,100	65.4	7등	
대구광역시	달서구지점	성기수	1,342,359	1,202,820	139,539	92.4	4등	우수지점
인천광역시	남동구지점	김대철	2,386,050	1,493,000	893,050	69.1	10등	
'광역시'가 "부산광역시"인 '수금액'의 평균				1,747,500				
'미수금액'의 최대값-최소값 차이				893,050				
'수금액' 중 네 번째로 작은 값				1,060,830				

RANK(미수금액 열의 기준 셀, 미수금액 열의 범위,오름차순 지정)

IF(수금달성율 열의 값 중 90 이상이면, "참","거짓")

● 처리 조건

▶ ① 순위[H3:H12] : '미수금액'을 기준으로 낮은 순으로 순위를 구하시오. **(RANK 함수)**

▶ ② 비고[I3:I12] : '수금달성율(%)'이 90이상이면 "우수지점", 그렇지 않으면 공백으로 구하시오. **(IF 함수)**

▶ ③ 평균[E13:G13] : '광역시'가 "부산광역시"인 '수금액'의 평균을 구하시오. **(DAVERAGE 함수)**

▶ ④ 최대값-최소값[E14:G14] : '미수금액'의 최대값과 최소값의 차이를 구하시오. **(MAX, MIN 함수)**

▶ ⑤ 순위[E15:G15] : '수금액' 중 네 번째로 작은 값을 구하시오. **(SMALL 함수)**

=DAVERAGE(데이터 베이스 전체 범위,수금액 열,광역시가 부산광역시)

=SMALL(수금액 열,몇 번째로 작은 값을 구할 숫자 입력)

=MAX(미수금액 열)−MIN(미수금액 열)

[문제 2] "부분합" 시트를 참조하여 다음 ≪처리조건≫에 맞도록 작업하시오. (30점)

≪출력형태≫

	이름	종류	원산지	단가	2018년	2019년	2020년
3	옐로우 구피	구피	남아메리카	2,000	1,264	1,321	1,378
4	플라밍고 구피	구피	남아메리카	3,800	1,245	1,278	1,288
5			남아메리카 최대값		1,264	1,321	1,378
6			남아메리카 평균	2,900			1,333
7	네온블루 구피	구피	동남아시아	2,500	1,345	1,264	1,368
8	진주린	잉어	동남아시아	5,000	1,389	1,312	1,347
9	수마트라	잉어	동남아시아	2,900	1,269	1,245	1,237
10			동남아시아 최대값		1,389	1,312	1,368
11			동남아시아 평균	3,467			1,317
12	바나나	시클리드	말라위	3,000	1,364	1,265	1,345
13	블루제브라	시클리드	말라위	3,200	1,387	1,267	1,298
14	화이트니그로	시클리드	말라위	3,800	1,245	1,289	1,274
15			말라위 최대값		1,387	1,289	1,345
16			말라위 평균	3,333			1,306
17	안시롱핀	메기	북아메리카	4,500	1,254	1,354	1,385
18	코리하스타투스	메기	북아메리카	4,500	1,345	1,298	1,301
19			북아메리카 최대값		1,345	1,354	1,385
20			북아메리카 평균	4,500			1,343
21			전체 최대값		1,389	1,354	1,385
22			전체 평균	3,520			1,322

≪처리조건≫

▶ 데이터를 '원산지' 기준으로 오름차순 정렬하시오.

▶ 아래 조건에 맞는 부분합을 작성하시오.
　– '원산지'로 그룹화 하여 '단가', '2020년'의 평균을 구하는 부분합을 만드시오.
　– '원산지'로 그룹화 하여 '2018년', '2019년', '2020년'의 최대값을 구하는 부분합을 만드시오.
　　(새로운 값으로 대치하지 말 것)
　– [D3:G22] 영역에 셀 서식의 표시 형식–숫자를 이용하여 1000단위 구분 기호를 표시하시오.

▶ E~F열을 선택하여 그룹을 설정하시오.

▶ 평균과 최대값의 부분합 순서는 ≪출력형태≫와 다를 수 있음

▶ 지시사항이 없는 경우는 기본 값을 적용하시오.

함수식 작성하기

03 "구매실적" 시트를 참조하여 다음 ≪처리조건≫에 맞도록 작업하시오. **(50점)**

* 소스파일 : 정복03_문제03.xlsx * 정답파일 : 정복03_완성03.xlsx

● 출력 형태

	A	B	C	D	E	F	G	H	I
1				2020 회원별 구매실적					
2	성명	고객등급	회사	상반기	하반기	평균	총액	순위	비고
3	장민지	B등급	아소유통	1,320,500	1,505,600	1,413,050	2,826,100원	6등	
4	김주희	C등급	대한상사	1,676,000	1,284,390	1,480,195	2,960,390원	5등	
5	김평석	B등급	대한상사	1,120,640	1,435,230	1,277,935	2,555,870원	7등	
6	이창욱	C등급	아소유통	2,383,130	1,960,800	2,171,965	4,343,930원	2등	우수고객
7	안광준	B등급	대한상사	1,718,870	1,850,830	1,784,850	3,569,700원	4등	우수고객
8	박지현	D등급	민국상사	987,060	1,276,400	1,131,730	2,263,460원	8등	
9	안우열	A등급	아소유통	2,528,430	2,550,600	2,539,515	5,079,030원	1등	우수고객
10	최민식	D등급	민국상사	587,060	748,900	667,980	1,335,960원	9등	
11	박수정	C등급	대한상사	312,730	784,300	548,515	1,097,030원	10등	
12	이가현	A등급	민국상사	2,078,300	1,590,800	1,834,550	3,669,100원	3등	우수고객
13	'고객등급'이 "B등급"인 '총액'의 평균				2,983,890				
14	'하반기'의 최대값-최소값의 차이				1,801,700				
15	'회사'가 "아소유통"인 '총액'의 합계				12,249,060				

RANK(평균 열의 기준 셀, 평균 열의 범위)

IF(총액 열의 값 중 3000000 이상이면, "참","거짓")

● 처리 조건

▶ ① 순위[H3:H12] : '평균'을 기준으로 큰 순으로 순위를 구하시오. (RANK 함수)

▶ ② 비고[I3:I12] : '총액'이 3000000 이상이면 "우수고객", 그렇지 않으면 공백으로 구하시오. (IF 함수)

▶ ③ 평균[E13:G13] : '고객등급'이 "B등급"인 '총액'의 평균을 구하시오. (DAVERAGE 함수)

▶ ④ 최대값-최소값[E14:G14] : '하반기'의 최대값과 최소값의 차이를 구하시오. (MAX, MIN 함수)

▶ ⑤ '총액'의 합계[E15:G15] : '회사'가 "아소유통"인 '총액'의 합계를 구하시오. (SUMIF 함수)

=DAVERAGE
(데이터베이스 전체
범위,총액 열,
고객등급이 B등급)

=SUMIF(회사 열,회사 열에서 특정 회사만 추출할 조건,총액 열)

=MAX(하반기 열)-MIN(하반기 열)

[문제 1] "수입현황" 시트를 참조하여 다음《 처리조건 》에 맞도록 작업하시오.(50점)

≪출력형태≫

이름	종류	원산지	단가	2018년	2019년	2020년	순위	비고
옐로우 구피	구피	남아메리카	2,000원	1,264	1,321	1,378	2위	
바나나	시클리드	말라위	3,000원	1,364	1,265	1,345	5위	
안시롱핀	메기	북아메리카	4,500원	1,254	1,354	1,385	1위	고가
네온블루 구피	구피	동남아시아	2,500원	1,345	1,264	1,368	3위	
블루제브라	시클리드	말라위	3,200원	1,387	1,267	1,298	7위	
진주린	잉어	동남아시아	5,000원	1,389	1,312	1,347	4위	고가
코리하스타투스	메기	북아메리카	4,500원	1,345	1,298	1,301	6위	고가
플라밍고 구피	구피	남아메리카	3,800원	1,245	1,278	1,288	8위	
수마트라	잉어	동남아시아	2,900원	1,269	1,245	1,237	10위	
화이트니그로	시클리드	말라위	3,800원	1,245	1,289	1,274	9위	
'2019년' 중 두 번째로 큰 값				1,321				
'원산지'가 "남아메리카"인 '단가'의 평균				2,900원				
'단가'의 최대값-최소값 차이				3,000원				

제목 도형: 열대어 수입현황

≪처리조건≫

▶ 1행의 행 높이를 '80'으로 설정하고, 2행~15행의 행 높이를 '18'로 설정하시오.
▶ 제목("열대어 수입현황") : 기본 도형의 '원통'을 이용하여 입력하시오.
　　– 도형 : 위치([B1:H1]), 도형 스타일(테마 스타일 – 미세 효과 – '주황, 강조 2')
　　– 글꼴 : 궁서체, 24pt, 기울임꼴
　　– 도형 서식 : 도형 옵션 – 크기 및 속성(텍스트 상자(세로 맞춤 : 정가운데, 텍스트 방향 : 가로))

▶ 셀 서식을 아래 조건에 맞게 작성하시오.
　　– [A2:I15] : 테두리(안쪽, 윤곽선 모두 실선, '검정, 텍스트 1'), 전체 가운데 맞춤
　　– [A13:D13], [A14:D14], [A15:D15] : 각각 병합하고 가운데 맞춤
　　– [A2:I2], [A13:D15] : 채우기 색('파랑, 강조 1, 40% 더 밝게'), 글꼴(굵게)
　　– [E3:G13] : 셀 서식의 표시 형식–숫자를 이용하여 1000단위 구분 기호 표시
　　– [H3:H12] : 셀 서식의 표시 형식–사용자 지정을 이용하여 #"위"자를 추가
　　– [D3:D12], [E14:G15] : 셀 서식의 표시 형식–사용자 지정을 이용하여 #,##0"원"자를 추가
　　– 조건부 서식[A3:I12] : '종류'가 "시클리드"인 경우 레코드 전체에 글꼴(빨강, 굵은 기울임꼴) 적용
　　– 지시사항이 없는 경우는 주어진 문제파일의 서식을 그대로 사용하시오.

▶ ① 순위[H3:H12] : '2020년'을 기준으로 큰 순으로 순위를 구하시오. (RANK 함수)
▶ ② 비고[I3:I12] : '단가'가 4000 이상이면 "고가", 그렇지 않으면 공백으로 구하시오. (IF 함수)
▶ ③ 순위[E13:G13] : '2019년' 중 두 번째로 큰 값을 구하시오. (LARGE 함수)
▶ ④ 평균[E14:G14] : '원산지'가 "남아메리카"인 '단가'의 평균을 구하시오. (DAVERAGE 함수)
▶ ⑤ 최대값–최소값[E15:G15] : '단가'의 최대값과 최소값의 차이를 구하시오. (MAX, MIN 함수)

04 "수입동향" 시트를 참조하여 다음 ≪처리조건≫에 맞도록 작업하시오. (50점)

* 소스파일 : 정복03_문제04.xlsx　　* 정답파일 : 정복03_완성04.xlsx

● 출력 형태

건설장비 해외 수입동향

수입국가	분류	구분	2018년	2019년	2020년	평균	순위	비고
캐나다	항공EDI	북아메리카	4,659,107	5,754,896	5,211,345	5,208,449	1위	수입증가
캐나다	항공EDI	북아메리카	4,753,634	3,639,741	4,132,177	4,175,184	2위	수입감소
필리핀	해상EDI	아시아	99,473	301,098	531,721	310,764	7위	수입증가
필리핀	해상EDI	아시아	115,602	128,554	309,960	184,705	9위	수입증가
영국	항공EDI	유럽	43,523	180,398	347,125	190,348	8위	수입증가
영국	항공EDI	유럽	50,825	54,222	61,219	55,422	10위	수입증가
인도	해상EDI	아시아	120,683	563,096	1,154,280	612,686	4위	수입증가
인도	해상EDI	아시아	1,026,315	219,911	84,496	443,574	5위	수입감소
이탈리아	항공EDI	유럽	120,475	304,539	595,847	340,287	6위	수입증가
이탈리아	항공EDI	유럽	658,993	797,592	9,550,193	3,668,926	3위	수입증가
'평균'의 최대값-최소값 차이				5,153,027				
'수입국가'가 "캐나다"인 '2020년'의 합계				9,343,522				
'구분'이 "아시아"인 개수				4개				

RANK(평균 열의 기준 셀, 평균 열의 범위)

● 처리 조건

▶ ① 순위[H3:H12] : '평균'을 기준으로 큰 순으로 순위를 구하시오. (RANK 함수)

▶ ② 비고[I3:I12] : '2019년'이 '2018년' 보다 이상이면 "수입증가", 그렇지 않으면 "수입감소"로 구하시오. (IF 함수) ──●IF(2019년 셀의 값이 2018년 셀의 값보다 이상이면, "참", "거짓")　┌── =MAX(평균 열)−MIN(평균 열)

▶ ③ 최대값−최소값[E13:G13] : '평균'의 최대값과 최소값의 차이를 구하시오. (MAX, MIN 함수)

▶ ④ 합계[E14:G14] : '수입국가'가 "캐나다"인 '2020년'의 합계를 구하시오. (DSUM 함수) ─┐

▶ ⑤ '아시아' 개수[E15:G15] : '구분'이 "아시아"인 개수를 구하시오. (COUNTIF 함수)

=COUNTIF(구분 열,구분 열에서 특정 지역의 개수만 추출할 조건) ──●

=DSUM(데이터베이스 전체 범위,2020년 열,수입국가가 캐나다)

☑ 시험과목 : 스프레드시트(엑셀)

MS Office 2016 버전용

☑ 시험일자 : 20XX. XX. XX (X)

☑ 응시자 기재사항 및 감독위원 확인

수 검 번 호	DIS - XXXX -	감독위원 확인
성 명		

응시자 유의사항

1. 응시자는 신분증을 지참하여야 시험에 응시할 수 있으며, 시험이 종료될 때까지 신분증을 제시하지 못 할 경우 해당 시험은 0점 처리됩니다.

2. 시스템(PC작동여부, 네트워크 상태 등)의 이상여부를 반드시 확인하여야 하며, 시스템 이상이 있을시 감독위원에게 조치를 받으셔야 합니다.

3. 시험 중 부주의 또는 고의로 시스템을 파손한 경우는 응시자 부담으로 합니다.

4. 답안 전송 프로그램을 통해 다운로드 받은 파일을 이용하여 답안파일을 작성하시기 바랍니다.

5. 작성한 답안 파일은 답안 전송 프로그램을 통하여 전송됩니다. 감독위원의 지시에 따라 주시기 바랍니다.

6. 다음사항의 경우 실격(0점) 혹은 부정행위 처리됩니다.

   1) 답안파일을 저장하지 않았거나, 저장한 파일이 손상되었을 경우

   2) 답안파일을 지정된 폴더(바탕화면 – "KAIT" 폴더)에 저장하지 않았을 경우

      ※ 답안 전송 프로그램 로그인 시 바탕화면에 자동 생성됨

   3) 답안파일을 다른 보조 기억장치(USB) 혹은 네트워크(메신저, 게시판 등)로 전송할 경우

   4) 휴대용 전화기 등 통신기기를 사용할 경우

7. 시험지에 제시된 글꼴이 응시 프로그램에 없는 경우, 반드시 감독위원에게 해당 내용을 통보한 뒤 조치를 받아야 합니다.

8. 시험의 완료는 작성이 완료된 답안을 저장하고, 답안 전송이 완료된 상태를 확인한 것으로 합니다. 답안 전송 확인 후 문제지는 감독위원에게 제출한 후 퇴실하여야 합니다.

9. 답안전송이 완료된 경우에는 수정 또는 정정이 불가능합니다.

10. 시험시행 후 결과는 홈페이지(www.ihd.or.kr)에서 확인하시기 바랍니다.

    1) 문제 및 모법답안 공개 : 20XX. XX. XX.(X)

    2) 합격자 발표 : 20XX. XX. XX.(X)

Korea Association for ICT promotion
한국정보통신진흥협회 KAIT

1 날짜/시간 함수

＊ 소스파일 : 유형03_날짜&시간 함수_문제.xlsx   ＊ 정답파일 : 유형03_날짜&시간 함수_완성.xlsx

DATE
- 기능 : 특정한 날짜를 표시하기 위한 함수
- 형식 : =DATE(년, 월, 일)

TODAY
- 기능 : 현재의 날짜를 표시하기 위한 함수
- 형식 : =TODAY()

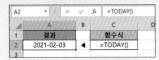

YEAR
- 기능 : 특정 날짜나 날짜 일련번호(숫자)에서 연도만 추출해내는 함수
- 형식 : =YEAR("날짜" or 셀 주소)

MONTH
- 기능 : '날짜'에서 '월'을 구하는 함수
- 형식 : =MONTH("날짜" or 셀 주소)

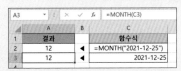

DAY
- 기능 : 특정 날짜나 날짜 일련번호(숫자)에서 일 단위(1~31)의 숫자만 추출하는 함수
- 형식 : =DAY("날짜" or 셀 주소)

TIME
- 기능 : 특정한 시간을 표시하기 위한 함수
- 형식 : =TIME(시, 분, 초)

PART 04

최신유형
기출문제

HOUR	• 기능 : '시간(시/분/초)'에서 '시'에 해당하는 값을 구하는 함수 • 형식 : =HOUR("시간" or 셀 주소) 

MINUTE	• 기능 : '시간(시/분/초)'에서 '분'에 해당하는 값을 구하는 함수 • 형식 : =MINUTE("시간" or 셀 주소) 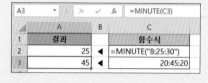

SECOND	• 기능 : '시간(시/분/초)'에서 '초'에 해당하는 값을 구하는 함수 • 형식 : =SECOND("시간" or 셀 주소) 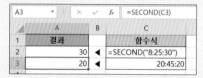

2 수학/삼각 함수

* 소스파일 : 유형03_수학&삼각 함수_문제.xlsx   * 정답파일 : 유형03_수학&삼각 함수_완성.xlsx

ROUND

• 기능 : 수를 지정한 자릿수로 반올림하는 함수
• 형식 : =ROUND(반올림할 수, 반올림할 자릿수)

반올림할 자릿수	의미	함수식
1	소수 둘째 자리에서 반올림하여 소수 첫째 자리를 구함	=ROUND(12345.123,1) = 12345.1
2	소수 셋째 자리에서 반올림하여 소수 둘째 자리를 구함	=ROUND(12345.123,2) = 12345.12
3	소수 넷째 자리에서 반올림하여 소수 셋째 자리를 구함	=ROUND(12345.1234,3) =12345.123
0	소수 첫째 자리에서 반올림하여 일의 자리를 구함	=ROUND(12345.123,0) = 12345
−1	정수 첫째 자리에서 반올림하여 십의 자리를 구함	=ROUND(12345,−1) = 12350
−2	정수 둘째 자리에서 반올림하여 백의 자리를 구함	=ROUND(12345,−2) = 12300
−3	정수 셋째 자리에서 반올림하여 천의 자리를 구함	=ROUND(12345,−3) = 12000

	A 데이터	B 결과	C	D 함수식
2	12345.6789	12345.679	◀	=ROUND(A2,3)
3	12345.6789	12345.7	◀	=ROUND(A3,1)
4	12345.6789	12346	◀	=ROUND(A4,0)
5	12345	12350	◀	=ROUND(A5,-1)

ROUNDUP

- 기능 : 숫자를 지정한 자릿수로 올림하는 함수
- 형식 : =ROUNDUP(올림할 수, 올림할 자릿수)

B5	▼ : × ✓ fx	=ROUNDUP(A5,-1)	

	A	B	C	D
1	데이터	결과		함수식
2	12345.6789	12345.679	◀	=ROUNDUP(A2,3)
3	12345.6789	12345.7	◀	=ROUNDUP(A3,1)
4	12345.6789	12346	◀	=ROUNDUP(A4,0)
5	12345	12350	◀	=ROUNDUP(A5,-1)

ROUNDDOWN

- 기능 : 숫자를 지정한 자릿수로 내림하는 함수
- 형식 : =ROUNDDOWN(내림할 수, 내림할 자릿수)

B5	▼ : × ✓ fx	=ROUNDDOWN(A5,-1)	

	A	B	C	D
1	데이터	결과		함수식
2	12345.6789	12345.678	◀	=ROUNDDOWN(A2,3)
3	12345.6789	12345.6	◀	=ROUNDDOWN(A3,1)
4	12345.6789	12345	◀	=ROUNDDOWN(A4,0)
5	12345	12340	◀	=ROUNDDOWN(A5,-1)

SUM

- 기능 : 특정 범위(인수)의 합계를 구하는 함수
- 형식 : =SUM(셀 범위)
- 사용 예 : 국어, 영어, 수학 점수의 합계를 표시

E2	▼ : × ✓ fx	=SUM(B2:D2)	

	A	B	C	D	E	F	G
1	이름	국어	영어	수학	합계		함수식
2	최자두	85	75	80	240	◀	=SUM(B2:D2)
3	노진구	70	75	60	205	◀	=SUM(B3:D3)
4	홍길동	80	90	100	270	◀	=SUM(B4:D4)
5							

ABS

- 기능 : 주어진 인수의 절댓값을 구하는 함수
- 형식 : =ABS(인수)

※ 플러스(+)와 마이너스(−) 부호에 관계없이 그 수의 크기를 표시한 것으로 +10과 −10은 같은 절댓값(10)을 갖습니다.

B2	▼ : × ✓ fx	=ABS(A2)	

	A	B	C	D
1	데이터	결과		함수식
2	-555	555	◀	=ABS(A2)
3	-777	777	◀	=ABS(A3)

INT

- 기능 : 소수점 아래를 버리고 가장 가까운 정수로 내림하는 함수
- 형식 : =INT(수치)

	A	B	C
1	결과		함수식
2	55	◀	=INT(55.55)
3	-56	◀	=INT(-55.55)
4			

[문제 5] "차트" 시트를 참조하여 다음 ≪처리조건≫에 맞도록 작업하시오. (30점)

≪출력형태≫

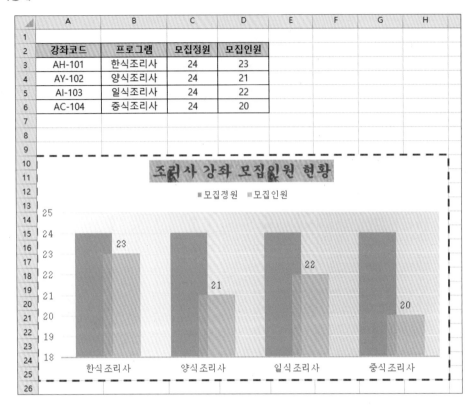

≪처리조건≫

▶ "차트" 시트에 주어진 표를 이용하여 '묶은 세로 막대형' 차트를 작성하시오.
　- 데이터 범위 : 현재 시트 [B2:D6]의 데이터를 이용하여 작성하고, 행/열 전환은 '열'로 지정
　- 차트 제목("조리사 강좌 모집인원 현황")
　- 범례 위치 : 위쪽
　- 차트 스타일 : 색 변경(색상형 – 색 3, 스타일 13)
　- 차트 위치 : 현재 시트에 [A10:H25] 크기에 정확하게 맞추시오.
　- 차트 영역 서식 : 글꼴(바탕, 11pt), 테두리 색(실선, 색 : 자주), 테두리 스타일(너비 : 2.5pt,
　　　　　　　　　　　겹선 종류 : 단순형, 대시 종류 : 파선)
　- 차트 제목 서식 : 글꼴(궁서, 18pt, 굵게), 채우기(그림 또는 질감 채우기, 질감 : 물고기 화석)
　- 그림 영역 서식 : 채우기(그라데이션 채우기, 그라데이션 미리 설정 : 밝은 그라데이션 – 강조 4, 종류 : 선형,
　　　　　　　　　　　방향 : 선형 오른쪽)
　- 데이터 레이블 추가 : '모집인원' 계열에 "값" 표시

▶ 지시사항이 없는 경우는 ≪출력형태≫와 동일하게 작성하시오.

AVERAGE

- 기능 : 특정 범위(인수)의 평균을 구하는 함수
- 형식 : =AVERAGE(셀 범위)
- 사용 예 : 국어, 영어, 수학 점수의 평균을 표시

E2				fx	=AVERAGE(B2:D2)		
	A	B	C	D	E	F	G
1	이름	국어	영어	수학	평균		함수식
2	최자두	85	75	80	80	◄	=AVERAGE(B2:D2)
3	노진구	70	75	60	68.33	◄	=AVERAGE(B3:D3)
4	홍길동	80	90	100	90	◄	=AVERAGE(B4:D4)
5							

COUNT

- 기능 : 지정된 셀 범위에서 숫자(날짜 포함)가 입력된 셀의 개수를 구하는 함수
- 형식 : =COUNT(셀 범위)
- 사용 예 : [B2:E4] 영역에서 숫자가 입력된 셀의 개수를 표시

E5				fx	=COUNT(B2:E4)		
	A	B	C	D	E	F	G
1	이름	국어	영어	수학	과제물		
2	최자두	85	75	80	제출		
3	노진구	70	75	60	미제출		
4	홍길동	80	90	100	제출		함수식
5	숫자가 입력된 셀의 개수				9	◄	=COUNT(B2:E4)
6							

COUNTA

- 기능 : 지정된 셀 범위에서 공백을 제외한 모든(문자, 숫자, 논리값 등) 셀의 개수를 구하는 함수
- 형식 : =COUNTA(셀 범위)
- 사용 예 : [B2:E4] 영역에서 공백을 제외한 모든 셀의 개수를 표시

E5				fx	=COUNTA(B2:E4)		
	A	B	C	D	E	F	G
1	이름	국어	영어	수학	과제물		
2	최자두	85	75	80			
3	노진구				결석		
4	홍길동	80	90	100			함수식
5	숫자가 입력된 셀의 개수				7	◄	=COUNTA(B2:E4)
6							

MEDIAN

- 기능 : 지정된 셀 범위에서 중간에 위치한 값을 구하는 함수
- 형식 : =MEDIAN(셀 범위)
- 사용 예 : 국어, 영어, 수학, 과제물 점수의 중간값을 표시

F4				fx	=MEDIAN(B4:E4)			
	A	B	C	D	E	F	G	H
1	이름	국어	영어	수학	과제물	중간값		함수식
2	최자두	85	75	80	80	80	◄	=MEDIAN(B2:E2)
3	노진구	70	75	60	80	72.5	◄	=MEDIAN(B3:E3)
4	홍길동	80	90	100	60	85	◄	=MEDIAN(B4:E4)
5								

[문제 4] "피벗테이블" 시트를 참조하여 다음 ≪처리조건≫에 맞도록 작업하시오. (30점)

≪출력형태≫

	A	B	C	D
1				
2				
3			강의실 ▼	
4	주당 교육시간 ↓	값	조리실A	조리실C
5	6	평균 : 모집정원	24명	***
6		평균 : 모집인원	22명	***
7	8	평균 : 모집정원	***	25명
8		평균 : 모집인원	***	22명
9	전체 평균 : 모집정원		24명	25명
10	전체 평균 : 모집인원		22명	22명
11				

≪처리조건≫

▶ "피벗테이블" 시트의 [A2:G12]를 이용하여 새로운 시트에 ≪출력형태≫와 같이 피벗테이블을 작성 후 시트명을 "피벗테이블 정답"으로 수정하시오.

▶ 주당 교육시간(행)과 강의실(열)을 기준으로 하여 출력형태와 같이 구하시오.
　– '모집정원', '모집인원'의 평균을 구하시오.
　– 피벗테이블 옵션을 이용하여 레이블이 있는 셀 병합 및 가운데 맞춤하고, 빈 셀을 "***"로 표시한 후, 행의 총합계를 감추기 하시오.
　– 피벗테이블 디자인에서 보고서 레이아웃은 '테이블 형식으로 표시', 피벗테이블 스타일은 '피벗 스타일 보통 5'로 표시하시오.
　– 주당 교육시간(행)은 "6", "8"만 출력되도록 표시하시오.
　– [C5:D10] 데이터는 셀 서식의 표시 형식–사용자 지정을 이용하여 #"명"자를 추가하고, 가운데 맞춤하시오.

▶ 주당 교육시간의 순서는 ≪출력형태≫와 다를 수 있음

▶ 지시사항이 없는 경우는 ≪출력형태≫와 동일하게 작성하시오.

MODE

- 기능 : 가장 많이 나오는(빈도수가 높은) 값을 구하는 함수
- 형식 : =MODE(셀 범위)
- 사용 예 : 국어, 영어, 수학, 과제물 점수의 최빈값 표시

F4			f_x	=MODE(B4:E4)			
	A	B	C	D	E	F	G	H
1	이름	국어	영어	수학	과제물	최빈값		함수식
2	최자두	85	75	80	80	80	◀	=MODE(B2:E2)
3	노진구	60	75	60	80	60	◀	=MODE(B3:E3)
4	홍길동	80	90	100	100	100	◀	=MODE(B4:E4)
5								

4 찾기/참조 함수

* 소스파일 : 유형03_찾기&참조 함수_문제.xlsx   * 정답파일 : 유형03_찾기&참조 함수_완성.xlsx

INDEX

- 기능 : 셀 범위에서 행 번호와 열 번호가 교차하는 값을 구해주는 함수
- 형식 : =INDEX(셀 범위, 행 번호, 열 번호)
- 사용 예 : 학년과 봉사 횟수를 찾아서 해당하는 가산점을 표시

D6			f_x	=INDEX($B$10:$D$12,B6,C6)		
	A	B	C	D	E	F
1	이름	학년	봉사횟수	가산점		함수식
2	최자두	1	2	2점	◀	=INDEX($B$10:$D$12,B2,C2)
3	노진구	2	3	4점	◀	=INDEX($B$10:$D$12,B3,C3)
4	홍길동	3	3	5점	◀	=INDEX($B$10:$D$12,B4,C4)
5	오세현	2	2	3점	◀	=INDEX($B$10:$D$12,B5,C5)
6	정선희	1	1	1점	◀	=INDEX($B$10:$D$12,B6,C6)
7						
8			가산점			
9	구분	1회	2회	3회		
10	1학년	1점	2점	3점		
11	2학년	2점	3점	4점		
12	3학년	3점	4점	5점		
13						

MATCH

- 기능 : 배열에서 지정된 값과 일치하는 항목의 상대 위치를 표시하는 함수
- 형식 : =MATCH(찾을 값, 찾을 범위, 찾을 방법)
- 사용 예 : 점수를 기준으로 상대 위치를 표시

D5			f_x	=MATCH(C5,$B$9:$B$11,0)		
	A	B	C	D	E	F
1	이름	봉사횟수	점수	위치		함수식
2	최자두	1	10점	3	◀	=MATCH(C2,$B$9:$B$11,0)
3	노진구	2	20점	2	◀	=MATCH(C3,$B$9:$B$11,0)
4	홍길동	3	30점	1	◀	=MATCH(C4,$B$9:$B$11,0)
5	오세현	1	10점	3	◀	=MATCH(C5,$B$9:$B$11,0)
6						
7		가산점				
8	구분	점수				
9	3회	30점				
10	2회	20점				
11	1회	10점				
12						

(2) 시나리오

≪출력형태 – 시나리오≫

시나리오 요약		현재 값:	모집인원 5 증가	모집인원 6 감소
변경 셀:				
	$F$8	18	23	12
	$F$9	24	29	18
	$F$10	19	24	13
결과 셀:				
	$G$8	90.0%	115.0%	60.0%
	$G$9	96.0%	116.0%	72.0%
	$G$10	79.2%	100.0%	54.2%

참고: 현재 값 열은 시나리오 요약 보고서가 작성될 때의 변경 셀 값을 나타냅니다. 각 시나리오의 변경 셀들은 회색으로 표시됩니다.

≪처리조건≫

▶ "시나리오" 시트의 [A2:G12]를 이용하여 '강의실'이 "조리실C" 인 경우 '모집인원'이 변동할 때 '모집률'이 변동하는 가상 분석(시나리오)을 작성하시오.
　– 시나리오1 : 시나리오 이름은 "모집인원 5 증가", '모집인원'에 5를 증가시킨 값 설정.
　– 시나리오2 : 시나리오 이름은 "모집인원 6 감소", '모집인원'에 6을 감소시킨 값 설정.
　– "시나리오 요약" 시트를 작성하시오.

▶ 지시사항이 없는 경우는 ≪출력형태 – 시나리오≫와 동일하게 작성하시오.

5 데이터베이스 함수 ＊ 소스파일 : 유형03_데이터베이스 함수_문제.xlsx ＊ 정답파일 : 유형03_데이터베이스 함수_완성.xlsx

DCOUNT

- 기능 : 데이터베이스 필드(열)에서 조건에 만족하는 숫자가 들어있는 셀의 개수를 구하는 함수
- 형식 : =DCOUNT(데이터베이스, 필드(열) 제목, 조건범위)
- 사용 예 : 총점이 '250'점 이상인 학생의 인원을 계산

	A	B	C	D	E	F	G
1	이름	국어	영어	수학	총점		
2	최자두	85	75	80	240		
3	노진구	70	75	60	205		
4	홍길동	80	90	100	270		
5	오세현	90	90	80	260		
6	정선희	75	85	65	225		
7							
8				총점	인원		함수식
9				>=250	2	◀	=DCOUNT(A1:E6,E1,D8:D9)
10							

E9 fx =DCOUNT(A1:E6,E1,D8:D9)

DCOUNTA

- 기능 : 데이터베이스 필드(열)에서 조건에 만족하는 셀 중 공백을 제외한 셀의 개수를 구하는 함수
- 형식 : =DCOUNTA(데이터베이스, 필드(열) 제목, 조건범위)
- 사용 예 : 평가가 '우수'인 학생의 인원수를 계산

E9 fx =DCOUNTA(A1:F6,F1,D8:D9)

	A	B	C	D	E	F	G
1	이름	국어	영어	수학	총점	평가	
2	최자두	85	75	80	240	우수	
3	노진구	70	75	60	205	보통	
4	홍길동	80	90	100	270	우수	
5	오세현	90	90	80	260	우수	
6	정선희	75	85	65	225	보통	
7							
8				평가	인원		함수식
9				우수	3	◀	=DCOUNTA(A1:F6,F1,D8:D9)
10							

DMAX

- 기능 : 데이터베이스 필드(열)에서 조건에 만족하는 값 중 최고값을 구하는 함수
- 형식 : =DMAX(데이터베이스, 필드(열) 제목, 조건범위)
- 사용 예 : 학년이 '4학년'인 학생 중 최고 총점을 표시

F9 fx =DMAX(A1:F6,F1,E8:E9)

	A	B	C	D	E	F	G	H
1	학년	이름	국어	영어	수학	총점		
2	3학년	최자두	85	75	80	240		
3	4학년	노진구	70	75	60	205		
4	3학년	홍길동	80	90	100	270		
5	4학년	오세현	90	90	80	260		
6	4학년	정선희	75	85	65	225		
7								
8					학년	최고 총점		함수식
9					4학년	260	◀	=DMAX(A1:F6,F1,E8:E9)
10								

[문제 3] "필터"와 "시나리오" 시트를 참조하여 다음 ≪처리조건≫에 맞도록 작업하시오. (60점)

(1) 필터

≪출력형태 – 필터≫

	A	B	C	D	E	F	G
1							
2	강좌코드	프로그램	강의실	주당 교육시간	모집정원	모집인원	수강료
3	AH-101	한식조리사	조리실A	6	24	23	60,000
4	AY-102	양식조리사	조리실A	6	24	21	60,000
5	AI-103	일식조리사	조리실A	6	24	22	60,000
6	BG-101	계절 별미요리	조리실B	4	30	25	50,000
7	BK-102	가정식 웰빙요리	조리실B	4	30	24	50,000
8	CW-101	웰빙떡만들기	조리실C	4	20	18	50,000
9	CC-102	커피바리스타	조리실C	8	25	24	80,000
10	CJ-103	제과제빵	조리실C	8	24	19	80,000
11	AC-104	중식조리사	조리실A	6	24	20	60,000
12	BB-103	브런치	조리실B	4	20	16	50,000
13							
14	조건						
15	FALSE						
16							
17							
18	프로그램	강의실	모집정원	모집인원			
19	커피바리스타	조리실C	25	24			
20	제과제빵	조리실C	24	19			
21							

≪처리조건≫

▶ "필터" 시트의 [A2:G12]를 아래 조건에 맞게 고급필터를 사용하여 작성하시오.
  – '강의실'이 "조리실C"이고 '수강료'가 80000 이상인 데이터를 '프로그램', '강의실', '모집정원', '모집인원'의 데이터만 필터링 하시오.
  – 조건 위치 : 조건 함수는 [A15] 한 셀에 작성(AND 함수 이용)
  – 결과 위치 : [A18]부터 출력

▶ 지시사항이 없는 경우는 ≪출력형태 – 필터≫와 동일하게 작성하시오.

DMIN								

DMIN

- 기능 : 데이터베이스 필드(열)에서 조건에 만족하는 값 중 최저값을 구하는 함수
- 형식 : =DMIN(데이터베이스, 필드(열) 제목, 조건범위)
- 사용 예 : 학년이 '4학년'인 학생 중 최저 총점을 표시

F9			× ✓ fx	=DMIN(A1:F6,F1,E8:E9)			
▲	A	B	C	D	E	F	G	H
1	학년	이름	국어	영어	수학	총점		
2	3학년	최자두	85	75	80	240		
3	4학년	노진구	70	75	60	205		
4	3학년	홍길동	80	90	100	270		
5	4학년	오세현	90	90	80	260		
6	4학년	정선희	75	85	65	225		
7								
8					학년	최저 총점		함수식
9					4학년	205	◄	=DMIN(A1:F6,F1,E8:E9)
10								

⑥ 텍스트 함수

* 소스파일 : 유형03_텍스트 함수_문제.xlsx   * 정답파일 : 유형03_텍스트 함수_완성.xlsx

LEFT

- 기능 : 문자열의 왼쪽에서 원하는 수만큼의 문자를 표시해 주는 함수
- 형식 : =LEFT(문자열, 추출할 문자수)
- 사용 예 : 왼쪽부터 3개의 문자열을 추출하여 표시

B2		× ✓ fx	=LEFT(A2,3)	
▲	A	B	C	D
1	데이터	결과		함수식
2	노진구&도라에몽	노진구	◄	=LEFT(A2,3)
3				

RIGHT

- 기능 : 문자열의 오른쪽에서 원하는 수만큼의 문자를 표시해 주는 함수
- 형식 : =RIGHT(문자열, 추출할 문자수)
- 사용 예 : 오른쪽부터 4개의 문자열을 추출하여 표시

B2		× ✓ fx	=RIGHT(A2,4)	
▲	A	B	C	D
1	데이터	결과		함수식
2	노진구&도라에몽	도라에몽	◄	=RIGHT(A2,4)
3				

MID

- 기능 : 문자열의 시작 위치와 추출할 문자의 수를 지정하여 문자를 표시해 주는 함수
- 형식 : =MID(문자열, 시작 위치, 추출할 문자의 수)
- 사용 예 : 왼쪽 4번째부터 1개의 문자를 추출하여 표시

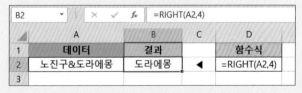

B2		× ✓ fx	=MID(A2,4,1)	
▲	A	B	C	D
1	데이터	결과		함수식
2	노진구&도라에몽	&	◄	=MID(A2,4,1)
3				

[문제 2] "부분합" 시트를 참조하여 다음 ≪처리조건≫에 맞도록 작업하시오. (30점)

≪출력형태≫

강좌코드	프로그램	강의실	주당 교육시간	모집정원	모집인원	수강료
AH-101	한식조리사	조리실A	6	24	23	₩60,000
AY-102	양식조리사	조리실A	6	24	21	₩60,000
AI-103	일식조리사	조리실A	6	24	22	₩60,000
AC-104	중식조리사	조리실A	6	24	20	₩60,000
		조리실A 최소값		24	20	₩60,000
		조리실A 최대값		24	23	₩60,000
BG-101	계절 별미요리	조리실B	4	30	25	₩50,000
BK-102	가정식 웰빙요리	조리실B	4	30	24	₩50,000
BB-103	브런치	조리실B	4	20	16	₩50,000
		조리실B 최소값		20	16	₩50,000
		조리실B 최대값		30	25	₩50,000
CW-101	웰빙떡만들기	조리실C	4	20	18	₩50,000
CC-102	커피바리스타	조리실C	8	25	24	₩80,000
CJ-103	제과제빵	조리실C	8	24	19	₩80,000
		조리실C 최소값		20	18	₩50,000
		조리실C 최대값		25	24	₩80,000
		전체 최소값		20	16	₩50,000
		전체 최대값		30	25	₩80,000

≪처리조건≫

▶ 데이터를 '강의실' 기준으로 오름차순 정렬하시오.

▶ 아래 조건에 맞는 부분합을 작성하시오.
  – '강의실'로 그룹화 하여 '모집정원', '모집인원', '수강료'의 최대값을 구하는 부분합을 만드시오.
  – '강의실'로 그룹화 하여 '모집정원', '모집인원', '수강료'의 최소값을 구하는 부분합을 만드시오.
  (새로운 값으로 대치하지 말 것)
  – [G3:G20] 영역에 셀 서식의 표시 형식–통화를 이용하여 기호(₩)를 표시하시오.

▶ E~F열을 선택하여 그룹을 설정하시오.

▶ 최대값과 최소값의 부분합 순서는 ≪출력형태≫와 다를 수 있음

▶ 지시사항이 없는 경우는 기본 값을 적용하시오.

중첩IF

- 기능 : IF 함수의 조건이 2개 이상일 때 2개 이상의 IF 함수를 사용하여 '참(TRUE)'과 '거짓(FALSE)'의 값을 표시하는 함수
- 형식 : =IF(조건, 참일 때, IF(조건, 참일 때, 거짓일 때)...)
- 사용 예 : 평균이 90 이상이면 '최우수', 80 이상이면 '우수', 나머지는 '보통'으로 표시

F5 ⟶ fx =IF(E5>=90,"최우수",IF(E5>=80,"우수","보통"))

	A	B	C	D	E	F	G	H
1	이름	국어	영어	수학	평균	결과		함수식
2	최자두	85	75	80	80	우수	◀	=IF(E2>=90,"최우수",IF(E2>=80,"우수","보통"))
3	노진구	70	75	60	68	보통	◀	=IF(E3>=90,"최우수",IF(E3>=80,"우수","보통"))
4	홍길동	80	90	100	90	최우수	◀	=IF(E4>=90,"최우수",IF(E4>=80,"우수","보통"))
5	오세현	90	90	80	87	우수	◀	=IF(E5>=90,"최우수",IF(E5>=80,"우수","보통"))
6								

AND

- 기능 : 모든 조건을 만족하면 '참'을 그렇지 않으면 '거짓'을 표시하는 함수
- 형식 : =AND(조건1, 조건2, ... 조건30)
- 사용 예 : 국어, 영어, 수학 점수가 모두 80 이상일 경우 '우수', 그렇지 않을 경우 '노력'으로 표시

F5 ⟶ fx =IF(AND(B5>=80,C5>=80,D5>=80),"우수","보통")

	A	B	C	D	E	F	G	H
1	이름	국어	영어	수학	평균	결과		함수식
2	최자두	85	75	80	80	보통	◀	=IF(AND(B2>=80,C2>=80,D2>=80),"우수","보통")
3	노진구	70	75	60	68	보통	◀	=IF(AND(B3>=80,C3>=80,D3>=80),"우수","보통")
4	홍길동	80	90	100	90	우수	◀	=IF(AND(B4>=80,C4>=80,D4>=80),"우수","보통")
5	오세현	90	90	80	87	우수	◀	=IF(AND(B5>=80,C5>=80,D5>=80),"우수","보통")
6								

OR

- 기능 : 한 개의 조건이라도 만족하면 '참'을 그렇지 않으면 '거짓'을 표시하는 함수
- 형식 : =OR(조건1, 조건2, ... 조건30)
- 사용 예 : 국어, 영어, 수학 점수 중 하나라도 100 이상일 경우 '최우수', 그렇지 않을 경우 '빈칸'으로 표시

F5 ⟶ fx =IF(OR(B5>=100,C5>=100,D5>=100),"최우수","")

	A	B	C	D	E	F	G	H
1	이름	국어	영어	수학	평균	결과		함수식
2	최자두	85	75	80	80		◀	=IF(OR(B2>=100,C2>=100,D2>=100),"최우수","")
3	노진구	70	75	60	68		◀	=IF(OR(B3>=100,C3>=100,D3>=100),"최우수","")
4	홍길동	80	90	100	90	최우수	◀	=IF(OR(B4>=100,C4>=100,D4>=100),"최우수","")
5	오세현	90	90	80	87		◀	=IF(OR(B5>=100,C5>=100,D5>=100),"최우수","")
6								

NOT

- 기능 : 조건식의 결과 값을 반대로 표시하는 함수
- 형식 : =NOT(조건)
- 사용 예 : 평균이 80 이상이면 '합격' 그렇지 않으면 '불합격'으로 표시

F5 ⟶ fx =IF(NOT(E5>=80),"불합격","합격")

	A	B	C	D	E	F	G	H
1	이름	국어	영어	수학	평균	결과		함수식
2	최자두	85	75	80	80	합격	◀	=IF(NOT(E2>=80),"불합격","합격")
3	노진구	70	75	60	68	불합격	◀	=IF(NOT(E3>=80),"불합격","합격")
4	홍길동	80	90	100	90	합격	◀	=IF(NOT(E4>=80),"불합격","합격")
5	오세현	90	90	80	87	합격	◀	=IF(NOT(E5>=80),"불합격","합격")
6								

[문제 1] "한국학원 운영현황" 시트를 참조하여 다음 ≪처리조건≫에 맞도록 작업하시오. (50점)

≪출력형태≫

강좌코드	프로그램	강의실	주당 교육시간	모집정원	모집인원	수강료	순위	비고
			한국학원 조리강좌 운영현황					
AH-101	한식조리사	조리실A	6	24명	23명	60,000	4위	자격증반
AY-102	양식조리사	조리실A	6	24명	21명	60,000	6위	자격증반
AI-103	일식조리사	조리실A	6	24명	22명	60,000	5위	자격증반
BG-101	계절 별미요리	조리실B	4	30명	25명	50,000	1위	
BK-102	가정식 웰빙요리	조리실B	4	30명	24명	50,000	2위	
CW-101	웰빙떡만들기	조리실C	4	20명	18명	50,000	9위	
CC-102	커피바리스타	조리실C	8	25명	24명	80,000	2위	
CJ-103	제과제빵	조리실C	8	24명	19명	80,000	8위	
AC-104	중식조리사	조리실A	6	24명	20명	60,000	7위	자격증반
BB-103	브런치	조리실B	4	20명	16명	50,000	10위	
'수강료'의 최대값-최소값 차이				30,000				
'강의실'이 "조리실A"인 '모집인원'의 평균				22명				
'모집인원'이 네 번째로 작은 값				20				

≪처리조건≫

▶ 1행의 행 높이를 '80'으로 설정하고, 2행~15행의 행 높이를 '18'로 설정하시오.

▶ 제목("한국학원 조리강좌 운영현황") : 기본도형의 '정육면체'를 이용하여 입력하시오.
　　– 도형 : 위치([B1:H1]), 도형 스타일(테마 스타일 – 미세 효과 – '황금색, 강조 4')
　　– 글꼴 : 굴림, 28pt, 기울임꼴
　　– 도형 서식 : 도형 옵션 – 크기 및 속성(텍스트 상자(세로 맞춤 : 정가운데, 텍스트 방향 : 가로))

▶ 셀 서식을 아래 조건에 맞게 작성하시오.
　　– [A2:I15] : 테두리(안쪽, 윤곽선 모두 실선, '검정, 텍스트 1'), 전체 가운데 맞춤
　　– [A13:D13], [A14:D14], [A15:D15] : 각각 병합하고 가운데 맞춤
　　– [A2:I2], [A13:D15] : 채우기 색('황금색, 강조 4, 40% 더 밝게'), 글꼴(굵게)
　　– [E3:F12], [E14:G14] : 셀 서식의 표시 형식–사용자 지정을 이용하여 #"명"자를 추가
　　– [G3:G12], [E13:G13] : 셀 서식의 표시 형식–숫자를 이용하여 1000단위 구분 기호 표시
　　– [H3:H12] : 셀 서식의 표시 형식–사용자 지정을 이용하여 #"위"자를 추가
　　– 조건부 서식[A3:I12] : '모집인원'이 20 미만인 경우 레코드 전체에 글꼴(자주, 굵게) 적용
　　– 지시사항이 없는 경우는 주어진 문제파일의 서식을 그대로 사용하시오.

▶ ① 순위[H3:H12] : '모집인원'을 기준으로 큰 순으로 순위를 구하시오. **(RANK 함수)**
▶ ② 비고[I3:I12] : '강의실'이 "조리실A" 이면 "자격증반", 그렇지 않으면 공백으로 구하시오. **(IF 함수)**
▶ ③ 최대값–최소값[E13:G13] : '수강료'의 최대값과 최소값의 차이를 구하시오. **(MAX, MIN 함수)**
▶ ④ 평균[E14:G14] : '강의실'이 "조리실A"인 '모집인원'의 평균을 구하시오. **(DAVERAGE 함수)**
▶ ⑤ 순위[E15:G15] : '모집인원' 중 네 번째로 작은 값을 구하시오. **(SMALL 함수)**

04 데이터 정렬과 부분합

☑ 데이터 정렬하기
☑ 부분합 및 그룹 설정하기

문제 미리보기

소스파일 : 유형04_문제.xlsx 정답파일 : 유형04_완성.xlsx

● **부분합 작성**

【문제 2】 **"부분합"** 시트를 참조하여 다음 ≪처리조건≫에 맞도록 작업하시오. (30점)

● **출력 형태**

	A	B	C	D	E	F	G
1							
2	제품명	제품종류	판매처	2018년	2019년	2020년	평균
3	시원수	생수	할인점	15,838	13,363	24,401	17,867
4	팡팡톡	탄산음료	할인점	21,670	22,197	11,554	18,474
5	맑은생수	생수	할인점	19,400	22,100	14,559	18,686
6			할인점 최대값				18,686
7			할인점 평균	18,969	19,220	16,838	
8	스마일자몽	과일음료	편의점	20,740	14,224	18,939	17,968
9	천연물	생수	편의점	16,204	18,606	23,119	19,310
10	라임워터	탄산음료	편의점	13,774	25,788	24,957	21,506
11	얼음골생수	생수	편의점	17,771	15,751	10,501	14,674
12			편의점 최대값				21,506
13			편의점 평균	17,122	18,592	19,379	
14	에티오피아	커피음료	통신판매	25,976	18,411	11,754	18,714
15	카페타임	커피음료	통신판매	12,650	12,653	16,377	13,893
16			통신판매 최대값				18,714
17			통신판매 평균	19,313	15,532	14,066	
18	코코넛매니아	탄산음료	백화점	20,038	22,725	15,911	19,558
19			백화점 최대값				19,558
20			백화점 평균	20,038	22,725	15,911	
21			전체 최대값				21,506
22			전체 평균	18,406	18,582	17,207	
23							

● **처리 조건**

▶ 데이터를 '판매처' 기준으로 내림차순 정렬하시오.

▶ 아래 조건에 맞는 부분합을 작성하시오.

  – '판매처'로 그룹화 하여 '2018년', '2019년', '2020년'의 평균을 구하는 부분합을 만드시오.

  – '판매처'로 그룹화 하여 '평균'의 최대값을 구하는 부분합을 만드시오.(새로운 값으로 대치하지 말 것)

  – [D3:G22] 영역에 셀 서식의 표시 형식–숫자를 이용하여 1000단위 구분 기호를 표시하시오.

▶ D~F열을 선택하여 그룹을 설정하시오.

▶ 평균과 최대값의 부분합 순서는 ≪출력형태≫와 다를 수 있음

▶ 지시사항이 없는 경우는 기본 값을 적용하시오.

제 **10** 회 ▶ 디지털정보활용능력 출제예상 모의고사

☑ 시험과목 : 스프레드시트(엑셀)
☑ 시험일자 : 20XX. XX. XX (X)
☑ 응시자 기재사항 및 감독위원 확인

MS Office 2016 버전용

수검번호	DIS - XXXX -	감독위원 확인
성 명		

응시자 유의사항

1. 응시자는 신분증을 지참하여야 시험에 응시할 수 있으며, 시험이 종료될 때까지 신분증을 제시하지 못 할 경우 해당 시험은 0점 처리됩니다.

2. 시스템(PC작동여부, 네트워크 상태 등)의 이상여부를 반드시 확인하여야 하며, 시스템 이상이 있을시 감독위원에게 조치를 받으셔야 합니다.

3. 시험 중 부주의 또는 고의로 시스템을 파손한 경우는 응시자 부담으로 합니다.

4. 답안 전송 프로그램을 통해 다운로드 받은 파일을 이용하여 답안파일을 작성하시기 바랍니다.

5. 작성한 답안 파일은 답안 전송 프로그램을 통하여 전송됩니다. 감독위원의 지시에 따라 주시기 바랍니다.

6. 다음사항의 경우 실격(0점) 혹은 부정행위 처리됩니다.

    1) 답안파일을 저장하지 않았거나, 저장한 파일이 손상되었을 경우

    2) 답안파일을 지정된 폴더(바탕화면 – "KAIT" 폴더)에 저장하지 않았을 경우

        ※ 답안 전송 프로그램 로그인 시 바탕화면에 자동 생성됨

    3) 답안파일을 다른 보조 기억장치(USB) 혹은 네트워크(메신저, 게시판 등)로 전송할 경우

    4) 휴대용 전화기 등 통신기기를 사용할 경우

7. 시험지에 제시된 글꼴이 응시 프로그램에 없는 경우, 반드시 감독위원에게 해당 내용을 통보한 뒤 조치를 받아야 합니다.

8. 시험의 완료는 작성이 완료된 답안을 저장하고, 답안 전송이 완료된 상태를 확인한 것으로 합니다. 답안 전송 확인 후 문제지는 감독위원에게 제출한 후 퇴실하여야 합니다.

9. 답안전송이 완료된 경우에는 수정 또는 정정이 불가능합니다.

10. 시험시행 후 결과는 홈페이지(www.ihd.or.kr)에서 확인하시기 바랍니다.

    1) 문제 및 모법답안 공개 : 20XX. XX. XX.(X)

    2) 합격자 발표 : 20XX. XX. XX.(X)

Korea Association for ICT promotion
한국정보통신진흥협회 KAIT

01 데이터 정렬하기

❶ [파일]-[열기]([Ctrl]+[O])를 클릭한 후, [찾아보기]를 클릭합니다. [열기] 대화상자가 나오면 '유형 04_문제.xlsx' 파일을 불러와 [부분합] 시트를 선택합니다.

❷ [C2] 셀을 클릭한 후 [데이터] 탭의 [정렬 및 필터] 그룹에서 '텍스트 내림차순 정렬(흭↓)'을 클릭합니다.

	A	B	C	D	E	F	G
2	제품명	제품종류	판매처	2018년	2019년	2020년	평균
3	시원수	생수	할인점	15838	13363	24401	17867
4	팡팡톡	탄산음료	할인점	21670	22197	11554	18474
5	스마일자몽	과일음료	편의점	20740	14224	18939	17968
6	코코넛매니아	탄산음료	백화점	20038	22725	15911	19558
7	에티오피아	커피음료	통신판매	25976	18411	11754	18714
8	맑은생수	생수	할인점	19400	22100	14559	18686
9	천연물	생수	편의점	16204	18606	23119	19310
10	라임워터	탄산음료	편의점	13774	25788	24957	21506
11	카페타임	커피음료	통신판매	12650	12653	16377	13893
12	얼음골생수	생수	편의점	17771	15751	10501	14674

	A	B	C	D	E	F	G
2	제품명	제품종류	판매처	2018년	2019년	2020년	평균
3	시원수	생수	할인점	15838	13363	24401	17867
4	팡팡톡	탄산음료	할인점	21670	22197	11554	18474
5	맑은생수	생수	할인점	19400	22100	14559	18686
6	스마일자몽	과일음료	편의점	20740	14224	18939	17968
7	천연물	생수	편의점		18606	23119	19310
8	라임워터	탄산음료	편의점		25788	24957	21506
9	얼음골생수	생수	편의점	17771	15751	10501	14674
10	에티오피아	커피음료	통신판매	25976	18411	11754	18714
11	카페타임	커피음료	통신판매	12650	12653	16377	13893
12	코코넛매니아	탄산음료	백화점	20038	22725	15911	19558

TIP

오름차순 정렬과 내림차순 정렬

오름차순 정렬 순서(내림차순은 반대)

• 오름차순 정렬 : 숫자(1,2,3...순) → 특수문자 → 영문(A→Z순) → 한글(ㄱ→ㅎ순) → 논리값 → 오류값 → 공백 셀(빈 셀)

• 공백 셀(빈 셀)은 오름/내림차순에 상관없이 항상 마지막에 정렬

정렬 기준이 하나인 경우(긝↓, 흭↓)

정렬 기준이 하나인 경우 셀 포인터를 정렬하고자 하는 셀에 위치시키고 [데이터] 탭-[정렬 및 필터] 그룹에서 '텍스트 오름차순 정렬(긝↓)'과 '텍스트 내림차순 정렬(흭↓)'을 이용합니다.

정렬 기준이 하나 이상인 경우(긝흭)

정렬 기준이 하나 이상인 경우 [데이터] 탭의 [정렬 및 필터] 그룹에서 '정렬'을 이용합니다.

[문제 5] "차트" 시트를 참조하여 다음 ≪처리조건≫에 맞도록 작업하시오. (30점)

≪출력형태≫

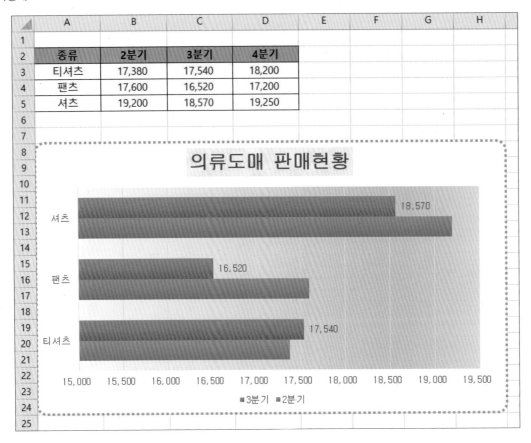

≪처리조건≫

▶ "차트" 시트에 주어진 표를 이용하여 '묶은 가로 막대형' 차트를 작성하시오.
　– 데이터 범위 : 현재 시트 [A2:C5]의 데이터를 이용하여 작성하고, 행/열 전환은 '열'로 지정
　– 차트 제목("의류도매 판매현황")
　– 범례 위치 : 아래쪽
　– 차트 스타일 : 색 변경(색상형 – 색 1, 스타일 5)
　– 차트 위치 : 현재 시트에 [A8:H24] 크기에 정확하게 맞추시오.
　– 차트 영역 서식 : 글꼴(돋움체, 10pt), 테두리 색(실선, 색 : 연한 파랑), 테두리 스타일 (너비 : 2.75pt,
　　　　　　　　　 겹선 종류 : 단순형, 대시 종류 : 둥근 점선, 둥근 모서리)
　– 차트 제목 서식 : 글꼴(굴림체, 20pt, 굵게), 채우기(그림 또는 질감 채우기, 질감 : 양피지)
　– 그림 영역 서식 : 채우기(그라데이션 채우기, 그라데이션 미리 설정 : 밝은 그라데이션 – 강조 1, 종류 : 선형,
　　　　　　　　　 방향 : 선형 오른쪽)
　– 데이터 레이블 추가 : '3분기' 계열에 "값" 표시

▶ 지시사항이 없는 경우는 ≪출력형태≫와 동일하게 작성하시오.

02 부분합 만들기

❶ [C6] 셀을 선택한 후 [데이터] 탭의 [윤곽선] 그룹에서 '부분합(圖)'을 클릭합니다.

※ 부분합 작성 시 데이터 범위([A2:G12])를 드래그하거나, [A2:G12] 영역 안에 한 개의 셀만 선택한 후 작업해야 합니다.

❷ [부분합] 대화상자가 나오면 《처리조건》을 참고하여 그룹화할 항목에 '판매처', 사용할 함수에 '평균', 부분합 계산 항목에 '2018년, 2019년, 2020년'을 지정한 후 〈확인〉 단추를 클릭합니다.

※ 만약, '부분합 계산 항목'에 이미 선택된 계산 항목(예 : 평균)이 있을 경우 처리조건에 상관없이 불필요하다면 반드시 체크(✓) 표시를 해제합니다.

TIP

[부분합] 대화상자

❶ **그룹화할 항목** : 데이터를 그룹화할 항목을 선택

❷ **사용할 함수** : 그룹화된 데이터의 계산 방법을 선택

❸ **부분합 계산 항목** : 그룹화된 데이터에서 계산할 항목(필드)을 선택

❹ **새로운 값으로 대치** : 이전 부분합을 지우고 새롭게 계산된 부분합으로 바꾸어 표시

❺ **그룹 사이에 페이지 나누기** : 부분합이 계산된 그룹을 각 페이지 별로 분리

❻ **데이터 아래에 요약 표시** : 그룹별로 부분합이 구해져 그 결과값이 해당 그룹 아래에 표시

❼ **〈모두 제거〉 단추** : 부분합 결과를 모두 제거

[문제 4] "피벗테이블" 시트를 참조하여 다음 ≪처리조건≫에 맞도록 작업하시오. (30점)

≪출력형태≫

	A	B	C	D	E	F
1						
2						
3			모델명 🔽			
4	종류 🔽	값	P-L002	S-L001	S-L002	T-L002
5	셔츠	평균 : 2분기	***	19,200	20,270	***
6		평균 : 3분기	***	18,570	19,250	***
7		평균 : 4분기	***	19,250	20,420	***
8	티셔츠	평균 : 2분기	***	***	***	18,250
9		평균 : 3분기	***	***	***	19,200
10		평균 : 4분기	***	***	***	18,800
11	팬츠	평균 : 2분기	15,100	***	***	***
12		평균 : 3분기	16,320	***	***	***
13		평균 : 4분기	15,250	***	***	***
14	전체 평균 : 2분기		15,100	19,200	20,270	18,250
15	전체 평균 : 3분기		16,320	18,570	19,250	19,200
16	전체 평균 : 4분기		15,250	19,250	20,420	18,800
17						

≪처리조건≫

▶ "피벗테이블" 시트의 [A2:G12]를 이용하여 새로운 시트에 ≪출력형태≫와 같이 피벗테이블을 작성 후 시트명을 "피벗테이블 정답"으로 수정하시오.

▶ 종류(행)와 모델명(열)을 기준으로 하여 출력형태와 같이 구하시오.
 – '2분기', '3분기', '4분기'의 평균을 구하시오.
 – 피벗테이블 옵션을 이용하여 레이블이 있는 셀 병합 및 가운데 맞춤하고, 빈 셀을 "***"로 표시한 후, 행의 총합계를 감추기 하시오.
 – 피벗테이블 디자인에서 보고서 레이아웃은 '테이블 형식으로 표시', 피벗테이블 스타일은 '피벗 스타일 보통 13'으로 표시하시오.
 – 모델명(열)은 "P-L002", "S-L001", "S-L002", "T-L002"만 출력되도록 표시하시오.
 – [C5:F16] 데이터는 셀 서식의 표시 형식–숫자를 이용하여 1000단위 구분 기호를 표시하고, 오른쪽 맞춤하시오.

▶ 종류의 순서는 ≪출력형태≫와 다를 수 있음

▶ 지시사항이 없는 경우는 ≪출력형태≫와 동일하게 작성하시오.

❸ 이어서, 2차 부분합을 생성하기 위해 다시 [데이터] 탭의 [윤곽선] 그룹에서 '부분합(📊)'을 클릭합니다.

❹ [부분합] 대화상자가 나오면 그룹화할 항목에 '판매처', 사용할 함수에 '최대값', 부분합 계산 항목에 '평균'을 지정한 후 '새로운 값으로 대치' 항목의 체크 표시(✓)를 반드시 해제하고 〈확인〉 단추를 클릭합니다.

※ 부분합을 잘 못 만들었을 경우 [부분합] 대화상자의 〈모두 제거〉를 클릭한 후 처음부터 다시 작업합니다. 부분합을 처음부터 다시 만들 때는 '정렬 확인 → 1차 부분합 → 2차 부분합' 순서로 작업합니다.

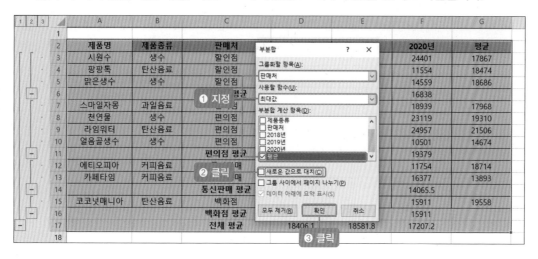

TIP

중첩 부분합 작성시 알아두기

중첩 부분합(2차 부분합 생성시) : 중첩 부분합(2차 부분합)을 생성하기 위해서는 1차 부분합 범위 내에서 임의의 셀을 하나만 선택한 후 작업해야 하며, 반드시 '새로운 값으로 대치' 항목의 체크 표시(✓)를 해제해 주어야 합니다. 만일, 해제하지 않을 경우 1차 부분합 결과는 사라지고 2차 부분합 결과만 표시됩니다.

❺ 2차 부분합이 완성되면 [D3:G22] 영역을 드래그한 후 영역으로 지정된 셀 범위 위에서 마우스 오른쪽 버튼을 눌러 바로 가기 메뉴가 나오면 [셀 서식]을 클릭합니다.
(셀 서식 바로 가기 키 : Ctrl + 1)

※ 부분합의 순서(최대값→평균 / 평균→최대값)는 ≪출력형태≫와 다를 수 있습니다.

(2) 시나리오

≪출력형태 – 시나리오≫

	현재 값:	4분기 1200 증가	4분기 1000 감소
시나리오 요약			
변경 셀:			
$F$4	17,200	18,400	16,200
$F$7	15,250	16,450	14,250
$F$8	16,050	17,250	15,050
결과 셀:			
$G$4	17,106.67	17,506.67	16,773.33
$G$7	15,556.67	15,956.67	15,223.33
$G$8	15,596.67	15,996.67	15,263.33

참고: 현재 값 열은 시나리오 요약 보고서가 작성될 때의
변경 셀 값을 나타냅니다. 각 시나리오의 변경 셀들은
회색으로 표시됩니다.

≪처리조건≫

▶ "시나리오" 시트의 [A2:G12]를 이용하여 '종류'가 "팬츠"인 경우, '4분기'가 변동할 때 '평균'이 변동하는 가상분석 (시나리오)을 작성하시오.

　– 시나리오1 : 시나리오 이름은 "4분기 1200 증가", '4분기'에 1200을 증가시킨 값 설정.

　– 시나리오2 : 시나리오 이름은 "4분기 1000 감소", '4분기'에 1000을 감소시킨 값 설정.

　– "시나리오 요약" 시트를 작성하시오.

▶ 지시사항이 없는 경우는 ≪출력형태 – 시나리오≫와 동일하게 작성하시오.

❻ [셀 서식] 대화상자가 나오면 [표시 형식] 탭의 범주에서 '숫자'를 선택합니다. 이어서, '1000 단위 구분 기호(,) 사용'에 체크 표시(✓)를 지정한 후 〈확인〉 단추를 클릭합니다.

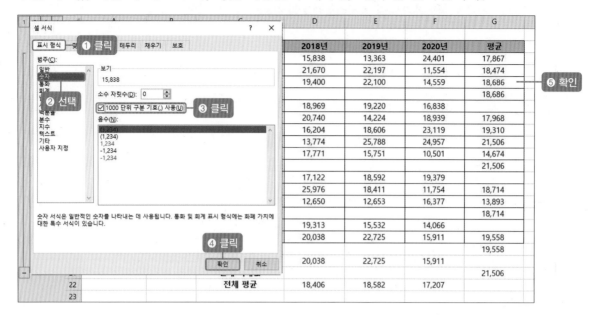

03 그룹 설정하기

❶ ≪처리조건≫을 참고하여 D열 머리글에서부터 F열 머리글까지 드래그하여 범위를 지정합니다.

❷ [데이터] 탭의 [윤곽선] 그룹에서 '그룹'을 클릭합니다.

❸ 임의의 셀을 클릭하여 그룹이 설정된 것을 확인합니다.

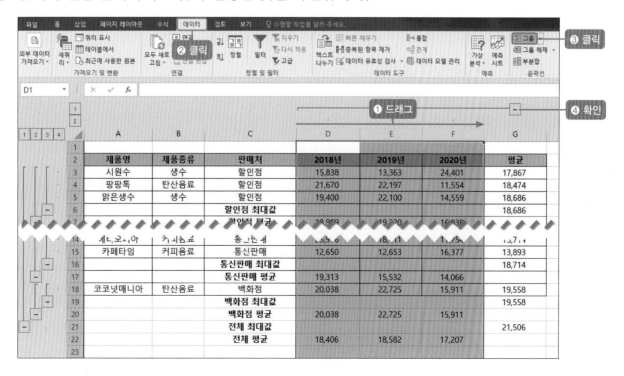

[문제 3] "필터"와 "시나리오" 시트를 참조하여 다음 ≪처리조건≫에 맞도록 작업하시오. (60점)

(1) 필터

≪출력형태 – 필터≫

	A	B	C	D	E	F	G
1							
2	모델명	종류	구분	2분기	3분기	4분기	평균
3	T-S001	티셔츠	여성용	17,380	17,540	18,200	17,706.67
4	P-S001	팬츠	여성용	17,600	16,520	17,200	17,106.67
5	S-L001	셔츠	남성용	19,200	18,570	19,250	19,006.67
6	T-L002	티셔츠	남성용	18,250	19,200	18,800	18,750.00
7	P-L002	팬츠	남성용	15,100	16,320	15,250	15,556.67
8	P-S003	팬츠	여성용	15,500	15,240	16,050	15,596.67
9	S-L002	셔츠	남성용	20,270	19,250	20,420	19,980.00
10	S-S003	셔츠	여성용	19,320	18,210	19,300	18,943.33
11	T-S003	티셔츠	여성용	21,200	18,200	20,240	19,880.00
12	S-S004	셔츠	여성용	19,300	20,200	20,380	19,960.00
13							
14	조건						
15	FALSE						
16							
17							
18	모델명	구분	2분기	3분기	4분기		
19	S-L002	남성용	20,270	19,250	20,420		
20	S-S004	여성용	19,300	20,200	20,380		
21							

≪처리조건≫

▶ "필터" 시트의 [A2:G12]를 아래 조건에 맞게 고급필터를 사용하여 작성하시오.
　– '종류'가 "셔츠"이고 '4분기'가 20000 이상인 데이터를 '모델명', '구분', '2분기', '3분기', '4분기'의 데이터만 필터링 하시오.
　– 조건 위치 : 조건 함수는 [A15] 한 셀에 작성(AND 함수 이용)
　– 결과 위치 : [A18]부터 출력

▶ 지시사항이 없는 경우는 ≪출력형태 – 필터≫와 동일하게 작성하시오.

④ 부분합이 완성되면 ≪출력형태≫와 동일한지 확인합니다.

　　※ 평균과 최대값 부분합의 순서는 ≪출력형태≫와 다를 수 있습니다.

제품명	제품종류	판매처	2018년	2019년	2020년	평균
시원수	생수	할인점	15,838	13,363	24,401	17,867
팡팡톡	탄산음료	할인점	21,670	22,197	11,554	18,474
맑은생수	생수	할인점	19,400	22,100	14,559	18,686
		할인점 최대값				18,686
		할인점 평균	18,969	19,220	16,838	
스마일자몽	과일음료	편의점	20,740	14,224	18,939	17,968
천연물	생수	편의점	16,204	18,606	23,119	19,310
라임워터	탄산음료	편의점	13,774	25,788	24,957	21,506
얼음골생수	생수	편의점	17,771	15,751	10,501	14,674
		편의점 최대값				21,506
		편의점 평균	17,122	18,592	19,379	
에티오피아	커피음료	통신판매	25,976	18,411	11,754	18,714
카페타임	커피음료	통신판매	12,650	12,653	16,377	13,893
		통신판매 최대값				18,714
		통신판매 평균	19,313	15,532	14,066	
코코넛매니아	탄산음료	백화점	20,038	22,725	15,911	19,558
		백화점 최대값				19,558
		백화점 평균	20,038	22,725	15,911	
		전체 최대값				21,506
		전체 평균	18,406	18,582	17,207	

⑤ 부분합 작업이 끝나면 [파일]-[저장]([Ctrl]+[S]) 또는 [빠른 실행 도구 모음]에서 '저장( )'을 클릭합니다.

　　※ 실제 시험을 볼 때 작업 도중에 수시로(10분에 한 번 정도) 저장을 하는 것이 좋습니다.

TIP

입력 값이 잘리거나 '###'인 경우

부분합을 작성한 후 글자가 잘리거나, '###'으로 나올 경우에는 ≪출력형태≫를 참고하여 모든 글자와 숫자가 보이도록 열과 열 사이를 더블클릭합니다.

제품명	제품종류	판매처	2018년	2019년	2020년	평균
시원수	생수	할인점	15,838	13,363	24,401	#####
팡팡톡	탄산음료	할인점	21,670	22,197	11,554	#####
맑은생수	생수	할인점	19,400	22,100	14,559	#####
		할인점 최대값				#####
		할인점 평	18,969	19,220	16,838	
스마일자몽	과일음료	편의점	20,740	14,224	18,939	#####

[문제 2] "부분합" 시트를 참조하여 다음 ≪처리조건≫에 맞도록 작업하시오. (30점)

≪출력형태≫

	모델명	종류	구분	2분기	3분기	4분기	평균
3	S-L001	셔츠	남성용	19,200	18,570	19,250	19,006
4	S-L002	셔츠	남성용	20,270	19,250	20,420	19,980
5	S-S003	셔츠	여성용	19,320	18,210	19,300	18,943
6	S-S004	셔츠	여성용	19,300	20,200	20,380	19,960
7		셔츠 최대값					19,980
8		셔츠 요약		78,090	76,230	79,350	
9	T-S001	티셔츠	여성용	17,380	17,540	18,200	17,706
10	T-L002	티셔츠	남성용	18,250	19,200	18,800	18,750
11	T-S003	티셔츠	여성용	21,200	18,200	20,240	19,880
12		티셔츠 최대값					19,880
13		티셔츠 요약		56,830	54,940	57,240	
14	P-S001	팬츠	여성용	17,600	16,520	17,200	17,106
15	P-L002	팬츠	남성용	15,100	16,320	15,250	15,556
16	P-S003	팬츠	여성용	15,500	15,240	16,050	15,596
17		팬츠 최대값					17,106
18		팬츠 요약		48,200	48,080	48,500	
19		전체 최대값					19,980
20		총합계		183,120	179,250	185,090	

≪처리조건≫

▶ 데이터를 '종류' 기준으로 오름차순 정렬하시오.

▶ 아래 조건에 맞는 부분합을 작성하시오.
　－ '종류'로 그룹화 하여 '2분기', '3분기', '4분기'의 합계(요약)를 구하는 부분합을 만드시오.
　－ '종류'로 그룹화 하여 '평균'의 최대값을 구하는 부분합을 만드시오.
　　(새로운 값으로 대치하지 말 것)
　－ [D3:G20] 영역에 셀 서식의 표시 형식－숫자를 이용하여 1000단위 구분 기호를 표시하시오.

▶ D~F열을 선택하여 그룹을 설정하시오.

▶ 합계(요약)와 최대값의 부분합 순서는 ≪출력형태≫와 다를 수 있음

▶ 지시사항이 없는 경우는 기본 값을 적용하시오.

데이터 정렬과 부분합

01 "부분합" 시트를 참조하여 다음 ≪처리조건≫에 맞도록 작업하시오. (30점)

＊ 소스파일 : 정복04_문제01.xlsx　＊ 정답파일 : 정복04_완성01.xlsx

● 출력 형태

→ 장르 열과 작가 열 사이를 마우스로 더블 클릭(열 간격은 ≪출력형태≫를 참고하여 조절)

	도서명	장르	작가	10월	11월	12월	평균
3	91층 나무 집	동화	해외작가	47,530	56,657	27,788	43,992
4	마당을 나온 암탉	동화	국내작가	61,764	76,421	61,139	66,441
5	78층 나무 집	동화	해외작가	38,725	28,888	21,302	29,638
6	한밤중 달빛 식당	동화	국내작가	57,691	67,451	53,816	59,653
7	4	동화 개수					
8		동화 평균		51,428	57,354	41,011	
9	우리 화가 우리 그림	예술	국내작가	40,401	41,951	23,185	35,179
10	1	예술 개수					
11		예술 평균		40,401	41,951	23,185	
12	빛나는 아이	위인	해외작가	24,472	6,151	3,721	11,448
13	세계를 빛낸 50명의 위인	위인	국내작가	56,452	67,424	41,325	55,067
14	2	위인 개수					
15		위인 평균		40,462	36,788	22,523	
16	어린이를 위한 그릿	자기계발	국내작가	58,172	76,209	60,146	64,842
17	미움받아도 괜찮아	자기계발	해외작가	37,899	24,153	6,742	22,931
18	빨강 연필	자기계발	국내작가	72,400	76,520	63,905	70,942
19	3	자기계발 개수					
20		자기계발 평균		56,157	58,961	43,598	
21	10	전체 개수					
22		전체 평균		49,551	52,183	36,307	

● 처리 조건

▶ 데이터를 '장르' 기준으로 오름차순 정렬하시오. —→ 장르 열–[데이터]–[정렬 및 필터]–[텍스트 오름차순 정렬]
▶ 아래 조건에 맞는 부분합을 작성하시오. ┌── 그룹화할 항목(장르), 함수(평균), 부분합 계산 항목(10월, 11월, 12월)
  – '장르'로 그룹화 하여 '10월', '11월', '12월'의 평균을 구하는 부분합을 만드시오.
  – '장르'로 그룹화 하여 '도서명'의 개수를 구하는 부분합을 만드시오.
    (새로운 값으로 대치하지 말 것) └── 그룹화할 항목(장르), 함수(개수), 부분합 계산 항목(도서명), 새로운 값으로 대치 체크 해제
  – [D3:G22] 영역에 셀 서식의 표시 형식–숫자를 이용하여 1000단위 구분 기호를 표시하시오.
▶ D~F열을 선택하여 그룹을 설정하시오. —→ 범위 지정–[데이터]–[윤곽선]–[그룹]
▶ 평균과 개수의 부분합 순서는 ≪출력형태≫와 다를 수 있음
▶ 지시사항이 없는 경우는 기본 값을 적용하시오.

[문제 1] "판매현황" 시트를 참조하여 다음 《처리조건》에 맞도록 작업하시오. (50점)

《출력형태》

모델명	종류	구분	2분기	3분기	4분기	평균	순위	비고
T-S001	티셔츠	여성용	17,380	17,540	18,200	17,706.67	7	
P-S001	팬츠	여성용	17,600	16,520	17,200	17,106.67	8	
S-L001	셔츠	남성용	19,200	18,570	19,250	19,006.67	4	
T-L002	티셔츠	남성용	18,250	19,200	18,800	18,750.00	6	판매감소
P-L002	팬츠	남성용	15,100	16,320	15,250	15,556.67	10	판매감소
P-S003	팬츠	여성용	15,500	15,240	16,050	15,596.67	9	
S-L002	셔츠	남성용	20,270	19,250	20,420	19,980.00	1	
S-S003	셔츠	여성용	19,320	18,210	19,300	18,943.33	5	
T-S003	티셔츠	여성용	21,200	18,200	20,240	19,880.00	3	
S-S004	셔츠	여성용	19,300	20,200	20,380	19,960.00	2	
'2분기'의 최대값-최소값 차이				6,100				
'종류'가 "티셔츠"인 '4분기'의 평균				19,080				
'종류'가 "셔츠"인 개수				4				

《처리조건》

▶ 1행의 행 높이를 '70'으로 설정하고, 2행~15행의 행 높이를 '18'로 설정하시오.
▶ 제목("의류도매 판매현황") : 사각형의 '한쪽 모서리가 잘린 사각형'을 이용하여 입력하시오.
 – 도형 : 위치([B1:H1]), 도형 스타일(테마 스타일 – 미세 효과 – '파랑, 강조 5')
 – 글꼴 : 궁서체, 24pt, 기울임꼴
 – 도형 서식 : 도형 옵션 – 크기 및 속성(텍스트 상자(세로 맞춤 : 정가운데, 텍스트 방향 : 가로))

▶ 셀 서식을 아래 조건에 맞게 작성하시오.
 – [A2:I15] : 테두리(안쪽, 윤곽선 모두 실선, '검정, 텍스트 1'), 전체 가운데 맞춤
 – [A13:D13], [A14:D14], [A15:D15] : 각각 병합하고 가운데 맞춤
 – [A2:I2], [A13:D15] : 채우기 색('파랑, 강조 5, 40% 더 밝게'), 글꼴(굵게)
 – [C3:C12] : 셀 서식의 표시 형식–사용자 지정을 이용하여 @"용"자를 추가
 – [D3:G12], [E13:G14] : 셀 서식의 표시 형식–숫자를 이용하여 1000단위 구분 기호 표시
 – [G3:G12] : 셀 서식의 표시 형식–숫자를 이용하여 소수 자릿수 2로 표시
 – 조건부 서식[A3:I12] : '종류'가 "티셔츠"인 경우 레코드 전체에 글꼴('파랑, 강조 5', 굵은 기울임꼴) 적용
 – 지시사항이 없는 경우는 주어진 문제파일의 서식을 그대로 사용하시오.

▶ ① 순위[H3:H12] : '평균'을 기준으로 큰 순으로 순위를 구하시오. **(RANK 함수)**
▶ ② 비고[I3:I12] : '4분기'가 '3분기'보다 작거나 같으면 "판매감소", 그렇지 않으면 공백으로 구하시오. **(IF 함수)**
▶ ③ 최대값–최소값[E13:G13] : '2분기'의 최대값과 최소값의 차이를 구하시오. **(MAX, MIN 함수)**
▶ ④ 평균[E14:G14] : '종류'가 "티셔츠"인 '4분기'의 평균을 구하시오. **(DAVERAGE 함수)**
▶ ⑤ 셔츠 개수[E15:G15] : '종류'가 "셔츠"인 개수를 구하시오. **(COUNTIF 함수)**

데이터 정렬과 부분합

02 "부분합" 시트를 참조하여 다음 《처리조건》에 맞도록 작업하시오. (30점)

* 소스파일 : 정복04_문제02.xlsx   * 정답파일 : 정복04_완성02.xlsx

● 출력 형태

	광역시	지점	담당자	판매액	수금액	미수금액	수금달성율(%)
3	인천광역시	연수구	윤훈	2701500	1814800	886700	72.30
4	인천광역시	남동구	김대철	2386050	1493000	893050	69.10
5	인천광역시 최대값					893050	72.30
6	인천광역시 평균			2543775	1653900		
7	부산광역시	남구	장준문	1602300	1243400	358900	82.90
8	부산광역시	동래구	윤한기	3795800	3043090	752710	82.50
9	부산광역시	사상구	강문철	956010	956010	0	100.00
10	부산광역시 최대값					752710	100.00
11	부산광역시 평균			2118036.67	1747500		
12	대전광역시	대덕구	이대성	1487500	800400	687100	65.40
13	대전광역시 최대값					687100	65.40
14	대전광역시 평균			1487500	800400		
15	대구광역시	수성구	권명준	714399	714399	0	100.00
16	대구광역시	달서구	성기수	1342359	1202820	139539	92.40
17	대구광역시 최대값					139539	100.00
18	대구광역시 평균			1028379	958609.5		
19	광주광역시	북구	이동욱	1227500	1060830	166670	90.40
20	광주광역시	광산구	김주희	2840600	2840600	0	100.00
21	광주광역시 최대값					166670	100.00
22	광주광역시 평균			2034050	1950715		
23	전체 최대값					893050	100.00
24	전체 평균			1905401.8	1516934.9		

● 처리 조건

▶ 데이터를 '광역시' 기준으로 내림차순 정렬하시오. ──→ 광역시 열-[데이터]-[정렬 및 필터]-[텍스트 내림차순 정렬]
▶ 아래 조건에 맞는 부분합을 작성하시오. ┌─ 그룹화할 항목(광역시), 함수(평균), 부분합 계산 항목(판매액, 수금액)
  – '광역시'로 그룹화 하여 '판매액', '수금액'의 평균을 구하는 부분합을 만드시오.
  – '광역시'로 그룹화 하여 '미수금액', '수금달성율(%)'의 최대값을 구하는 부분합을 만드시오.
    (새로운 값으로 대치하지 말 것) └─ 그룹화할 항목(광역시), 함수(최대값), 부분합 계산 항목(미수금액, 수금달성율),
                                      새로운 값으로 대치 체크 해제
  – [G3:G24] 영역에 셀 서식의 표시 형식-숫자를 이용하여 소수 자릿수 2로 표시하시오.
▶ D∼F열을 선택하여 그룹을 설정하시오. 범위 지정 후 Ctrl+1-[셀 서식] 대화상자-[표시 형식]-[숫자]-소수 자릿수(2)
▶ 평균과 최대값의 부분합 순서는 《출력형태》와 다를 수 있음
▶ 지시사항이 없는 경우는 기본 값을 적용하시오.

디지털정보활용능력 출제예상 모의고사

☑ 시험과목 : 스프레드시트(엑셀)

☑ 시험일자 : 20XX. XX. XX (X)

☑ 응시자 기재사항 및 감독위원 확인

MS Office 2016 버전용

수 검 번 호	DIS - XXXX -	감독위원 확인
성 명		

응시자 유의사항

1. 응시자는 신분증을 지참하여야 시험에 응시할 수 있으며, 시험이 종료될 때까지 신분증을 제시하지 못 할 경우 해당 시험은 0점 처리됩니다.

2. 시스템(PC작동여부, 네트워크 상태 등)의 이상여부를 반드시 확인하여야 하며, 시스템 이상이 있을시 감독위원에게 조치를 받으셔야 합니다.

3. 시험 중 부주의 또는 고의로 시스템을 파손한 경우는 응시자 부담으로 합니다.

4. 답안 전송 프로그램을 통해 다운로드 받은 파일을 이용하여 답안파일을 작성하시기 바랍니다.

5. 작성한 답안 파일은 답안 전송 프로그램을 통하여 전송됩니다. 감독위원의 지시에 따라 주시기 바랍니다.

6. 다음사항의 경우 실격(0점) 혹은 부정행위 처리됩니다.

   1) 답안파일을 저장하지 않았거나, 저장한 파일이 손상되었을 경우

   2) 답안파일을 지정된 폴더(바탕화면 – "KAIT" 폴더)에 저장하지 않았을 경우

      ※ 답안 전송 프로그램 로그인 시 바탕화면에 자동 생성됨

   3) 답안파일을 다른 보조 기억장치(USB) 혹은 네트워크(메신저, 게시판 등)로 전송할 경우

   4) 휴대용 전화기 등 통신기기를 사용할 경우

7. 시험지에 제시된 글꼴이 응시 프로그램에 없는 경우, 반드시 감독위원에게 해당 내용을 통보한 뒤 조치를 받아야 합니다.

8. 시험의 완료는 작성이 완료된 답안을 저장하고, 답안 전송이 완료된 상태를 확인한 것으로 합니다. 답안 전송 확인 후 문제지는 감독위원에게 제출한 후 퇴실하여야 합니다.

9. 답안전송이 완료된 경우에는 수정 또는 정정이 불가능합니다.

10. 시험시행 후 결과는 홈페이지(www.ihd.or.kr)에서 확인하시기 바랍니다.

    1) 문제 및 모법답안 공개 : 20XX. XX. XX.(X)

    2) 합격자 발표 : 20XX. XX. XX.(X)

Korea Association for ICT promotion
한국정보통신진흥협회 KAIT

데이터 정렬과 부분합

03 "부분합" 시트를 참조하여 다음 ≪처리조건≫에 맞도록 작업하시오. (30점)

* 소스파일 : 정복04_문제03.xlsx　　* 정답파일 : 정복04_완성03.xlsx

● 출력 형태

	성명	고객등급	회사	상반기	하반기	평균	총액
3	김주희	C등급	대한상사	1,676,000	1,284,390	1,480,195	2,960,390
4	김평석	B등급	대한상사	1,120,640	1,435,230	1,277,935	2,555,870
5	안광준	B등급	대한상사	1,718,870	1,850,830	1,784,850	3,569,700
6	박수정	C등급	대한상사	312,730	784,300	548,515	1,097,030
7			대한상사 평균				2,545,748
8			대한상사 최대값	1,718,870	1,850,830		3,569,700
9	박지현	D등급	민국상사	987,060	1,276,400	1,131,730	2,263,460
10	최민식	D등급	민국상사	587,060	748,900	667,980	1,335,960
11	이가현	A등급	민국상사	2,078,300	1,590,800	1,834,550	3,669,100
12			민국상사 평균				2,422,840
13			민국상사 최대값	2,078,300	1,590,800		3,669,100
14	장민지	B등급	아소유통	1,320,500	1,505,600	1,413,050	2,826,100
15	이창욱	C등급	아소유통	2,383,130	1,960,800	2,171,965	4,343,930
16	안우열	A등급	아소유통	2,528,430	2,550,600	2,539,515	5,079,030
17			아소유통 평균				4,083,020
18			아소유통 최대값	2,528,430	2,550,600		5,079,030
19			전체 평균				2,970,057
20			전체 최대값	2,528,430	2,550,600		5,079,030

● 처리 조건

▶ 데이터를 '회사' 기준으로 오름차순 정렬하시오.
▶ 아래 조건에 맞는 부분합을 작성하시오.
  – '회사'로 그룹화 하여 '상반기', '하반기', '총액'의 최대값을 구하는 부분합을 만드시오.
  – '회사'로 그룹화 하여 '총액'의 평균을 구하는 부분합을 만드시오.
    (새로운 값으로 대치하지 말 것)
  – [D3:G20] 영역에 셀 서식의 표시 형식–숫자를 이용하여 1000단위 구분 기호를 표시하시오.
▶ D~E열을 선택하여 그룹을 설정하시오.
▶ 최대값과 평균의 부분합 순서는 ≪출력형태≫와 다를 수 있음
▶ 지시사항이 없는 경우는 기본 값을 적용하시오.

[문제 5] "차트" 시트를 참조하여 다음 ≪처리조건≫에 맞도록 작업하시오. (30점)

≪출력형태≫

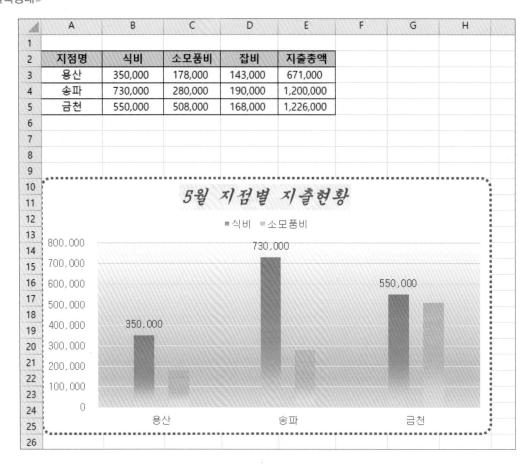

지점명	식비	소모품비	잡비	지출총액
용산	350,000	178,000	143,000	671,000
송파	730,000	280,000	190,000	1,200,000
금천	550,000	508,000	168,000	1,226,000

≪처리조건≫

▶ "차트" 시트에 주어진 표를 이용하여 '묶은 세로 막대형' 차트를 작성하시오.
  – 데이터 범위 : 현재 시트 [A2:C5]의 데이터를 이용하여 작성하고, 행/열 전환은 '열'로 지정
  – 차트 제목("5월 지점별 지출현황")
  – 범례 위치 : 위쪽
  – 차트 스타일 : 색 변경(색상형 – 색 3, 스타일 9)
  – 차트 위치 : 현재 시트에 [A10:H25] 크기에 정확하게 맞추시오.
  – 차트 영역 서식 : 글꼴(굴림체, 11pt), 테두리 색(실선, 색 : 빨강), 테두리 스타일(너비 : 2.5pt,
 　　　　　　　　　겹선 종류 : 단순형, 대시 종류 : 둥근 점선, 둥근 모서리)
  – 차트 제목 서식 : 글꼴(궁서체, 18pt, 기울임꼴), 채우기(그림 또는 질감 채우기, 질감 : 양피지)
  – 그림 영역 서식 : 채우기(그라데이션 채우기, 그라데이션 미리 설정 : 밝은 그라데이션 – 강조 2, 종류 : 선형,
 　　　　　　　　　방향 : 선형 아래쪽)
  – 데이터 레이블 추가 : '식비' 계열에 "값" 표시

▶ 지시사항이 없는 경우는 ≪출력형태≫와 동일하게 작성하시오.

데이터 정렬과 부분합

04 "부분합" 시트를 참조하여 다음 ≪처리조건≫에 맞도록 작업하시오. (30점)

＊ 소스파일 : 정복04_문제04.xlsx　　＊ 정답파일 : 정복04_완성04.xlsx

● 출력 형태

	수입국가	분류	구분	2018년	2019년	2020년	평균
3	캐나다	항공EDI	북아메리카	₩4,659,107	₩5,754,896	₩5,211,345	₩5,208,449
4	캐나다	항공EDI	북아메리카	₩4,753,634	₩3,639,741	₩4,132,177	₩4,175,184
5			북아메리카 최소값				₩4,175,184
6			북아메리카 평균	₩4,706,371	₩4,697,319	₩4,671,761	
7	필리핀	해상EDI	아시아	₩99,473	₩301,098	₩531,721	₩310,764
8	필리핀	해상EDI	아시아	₩115,602	₩128,554	₩309,960	₩184,705
9	인도	해상EDI	아시아	₩120,683	₩563,096	₩1,154,280	₩612,686
10	인도	해상EDI	아시아	₩1,026,315	₩219,911	₩84,496	₩443,574
11			아시아 최소값				₩184,705
12			아시아 평균	₩340,518	₩303,165	₩520,114	
13	영국	항공EDI	유럽	₩43,523	₩180,398	₩347,125	₩190,348
14	영국	항공EDI	유럽	₩50,825	₩54,222	₩61,219	₩55,422
15	이탈리아	항공EDI	유럽	₩120,475	₩304,539	₩595,847	₩340,287
16	이탈리아	항공EDI	유럽	₩658,993	₩797,592	₩9,550,193	₩3,668,926
17			유럽 최소값				₩55,422
18			유럽 평균	₩218,454	₩334,188	₩2,638,596	
19			전체 최소값				₩55,422
20			전체 평균	₩1,164,863	₩1,194,405	₩2,197,836	

● 처리 조건

▶ 데이터를 '구분' 기준으로 오름차순 정렬하시오.

▶ 아래 조건에 맞는 부분합을 작성하시오.
　－ '구분'으로 그룹화 하여 '2018년', '2019년', '2020년'의 평균을 구하는 부분합을 만드시오.
　－ '구분'으로 그룹화 하여 '평균'의 최소값을 구하는 부분합을 만드시오.
　　(새로운 값으로 대치하지 말 것)
　－ [D3:G20] 영역에 셀 서식의 표시 형식–통화를 이용하여 기호(₩)를 표시하시오.

▶ D~F열을 선택하여 그룹을 설정하시오.

▶ 평균과 최소값의 부분합 순서는 ≪출력형태≫와 다를 수 있음

▶ 지시사항이 없는 경우는 기본 값을 적용하시오.

　　└→ 범위 지정 후 Ctrl + 1 –[셀 서식] 대화상자–
　　　　[표시 형식]–[통화]–기호(₩)

[문제 4] "피벗테이블" 시트를 참조하여 다음 ≪처리조건≫에 맞도록 작업하시오. (30점)

≪출력형태≫

	A	B	C	D
1				
2				
3			비용과목 ▼	
4	지점명 ▼	값	식비	잡비
5	금천	평균 : 현금	***	***
6		평균 : 카드	***	168,000
7	송파	평균 : 현금	200,000	***
8		평균 : 카드	265,000	***
9	용산	평균 : 현금	***	90,000
10		평균 : 카드	350,000	93,000
11	전체 평균 : 현금		200,000	90,000
12	전체 평균 : 카드		293,333	130,500
13				

≪처리조건≫

▶ "피벗테이블" 시트의 [A2:G12]를 이용하여 새로운 시트에 ≪출력형태≫와 같이 피벗테이블을 작성 후 시트명을 "피벗테이블 정답"으로 수정하시오.

▶ 지점명(행)과 비용과목(열)을 기준으로 하여 출력형태와 같이 구하시오.
　– '현금', '카드'의 평균을 구하시오.
　– 피벗테이블 옵션을 이용하여 레이블이 있는 셀 병합 및 가운데 맞춤하고, 빈 셀을 "***"로 표시한 후, 행의 총합계를 감추기 하시오.
　– 피벗테이블 디자인에서 보고서 레이아웃은 '테이블 형식으로 표시', 피벗테이블 스타일은 '피벗 스타일 어둡게 5'로 표시하시오.
　– 비용과목(열)은 "식비", "잡비"만 출력되도록 표시하시오.
　– [C5:D12] 데이터는 셀 서식의 표시 형식–숫자를 이용하여 1000단위 구분 기호를 표시하고, 가운데 맞춤하시오.

▶ 지점명의 순서는 ≪출력형태≫와 다를 수 있음

▶ 지시사항이 없는 경우는 ≪출력형태≫와 동일하게 작성하시오.

고급 필터

☑ 조건식 작성과 필드명 복사하기
☑ 고급 필터 지정하기

문제 미리보기

소스파일 : 유형05_문제.xlsx   정답파일 : 유형05_완성.xlsx

● **필터 작성**

【문제 3】 "필터"와 "시나리오" 시트를 참조하여 다음 ≪처리조건≫에 맞도록 작업하시오.   (60점)

● **출력 형태 - 필터**

	A	B	C	D	E	F	G
1							
2	제품명	제품종류	판매처	2018년	2019년	2020년	평균
3	시원수	생수	할인점	15,838	13,363	24,401	17,867
4	팡팡톡	탄산음료	할인점	21,670	22,197	11,554	18,474
5	스마일자몽	과일음료	편의점	20,740	14,224	18,939	17,968
6	코코넛매니아	탄산음료	백화점	20,038	22,725	15,911	19,558
7	에티오피아	커피음료	통신판매	25,976	18,411	11,754	18,714
8	맑은생수	생수	할인점	19,400	22,100	14,559	18,686
9	천연물	생수	편의점	16,204	18,606	23,119	19,310
10	라임워터	탄산음료	편의점	13,774	25,788	24,957	21,506
11	카페타임	커피음료	통신판매	12,650	12,653	16,377	13,893
12	얼음골생수	생수	편의점	17,771	15,751	10,501	14,674
13							
14	조건						
15	FALSE						
16							
17							
18	제품명	제품종류	2018년	2019년	2020년	평균	
19	팡팡톡	탄산음료	21,670	22,197	11,554	18,474	
20	맑은생수	생수	19,400	22,100	14,559	18,686	
21							

● **처리 조건**

▶ "필터" 시트의 [A2:G12]를 아래 조건에 맞게 고급필터를 사용하여 작성하시오.

– '판매처'가 "할인점"이고 '평균'이 18000 이상인 데이터를 '제품명', '제품종류', '2018년', '2019년', '2020년', '평균'의 데이터만 필터링 하시오.

– 조건 위치 : 조건 함수는 [A15] 한 셀에 작성(AND함수 이용)

– 결과 위치 : [A18]부터 출력

▶ 지시사항이 없는 경우는 ≪출력형태 – 필터≫와 동일하게 작성하시오.

(2) 매크로

≪출력형태 – 매크로≫

	A	B	C	D	E	F	G
1							
2	지출코드	일자	지점명	비용과목	현금	카드	지출총액
3	YP-05-001	2020-05-05	용산	식비		350,000	350,000
4	SP-05-001	2020-05-10	송파	식비		280,000	280,000
5	KS-05-001	2020-05-10	금천	소모품비	158,000	120,000	278,000
6	YS-05-002	2020-05-13	용산	소모품비	178,000		178,000
7	KJ-05-002	2020-05-18	금천	잡비		168,000	168,000
8	SP-05-003	2020-05-18	송파	식비	200,000		200,000
9	YJ-05-004	2020-05-24	용산	잡비	130,000		130,000
10	YJ-05-003	2020-05-25	용산	잡비	50,000	93,000	143,000
11	SP-05-004	2020-05-27	송파	식비		250,000	250,000
12	KS-05-003	2020-05-28	금천	소모품비	98,000	132,000	230,000
13							
14							
15				매크로			
16							
17							
18							

≪처리조건≫

▶ "매크로" 시트의 [A2:G12] 영역에 가운데 맞춤, 테두리(안쪽, 윤곽선 모두 실선, '검정, 텍스트 1'), [A2:G2] 영역에 채우기 색('주황, 강조 2, 60% 더 밝게'), 글꼴(굵게), [E3:G12] 영역에 셀 서식의 표시 형식–숫자를 이용하여 1000단위 구분 기호를 표시하는 매크로를 기록하고 작성한 도형에 매크로를 지정하시오.
  – 도형 : 기본 도형의 "사다리꼴"을 [C14:D17]에 위치
  – 도형 서식 : 도형 채우기('황금색, 강조 4'), 선 색(실선, 색 : 파랑),
    선 스타일(너비 : 2.5pt, 겹선 종류 : 단순형, 대시 종류 : 파선),
    텍스트 상자(세로 맞춤 : 정가운데, 텍스트 방향 : 가로)
  – 크기 및 속성 : 크기(높이 : 2.06cm, 너비 : 4.52cm)
  – 도형 글꼴 : 텍스트 입력("매크로"), 글꼴(HY견고딕, 22pt, 기울임꼴)
  – 매크로 이름 : "매크로"

▶ 지시사항이 없는 경우는 ≪출력형태 – 매크로≫와 동일하게 작성하시오.

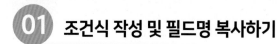

01 조건식 작성 및 필드명 복사하기

❶ [파일]-[열기]([Ctrl]+[O])를 클릭한 후, [찾아보기]를 클릭합니다. [열기] 대화상자가 나오면 '유형 05_문제.xlsx' 파일을 불러와 [필터] 시트를 선택합니다.

❷ [A15] 셀에 ≪처리조건≫을 참고하여 조건식 '=AND(C3="할인점",G3>=18000)'을 입력한 후 [Enter] 키를 누릅니다.

A15	▼	:	×	✓	fx	=AND(C3="할인점",G3>=18000)	

	A	B	C	D	E	F	G
1							
2	제품명	제품종류	판매처	2018년	2019년	2020년	평균
3	시원수	생수	할인점	15,838	13,363	24,401	17,867
4	팡팡톡	탄산음료	할인점	21,670	22,197	11,554	18,474
5	스마일자몽	과일음료	편의점	20,740	14,224	18,939	17,968
6	코코넛매니아	탄산음료	백화점	20,038	22,725	15,911	19,558
7	에티오피아	커피음료	통신판매	25,976	18,411	11,754	18,714
8	맑은생수	생수	할인점	19,400	22,100	14,559	18,686
9	천연물	생수	편의점	16,204	18,606	23,119	19,310
10	라임워터	탄산음료	편의점	13,774	25,788	24,957	21,506
11	카페타임	커피음료	통신판매	12,650	12,653	16,377	13,893
12	얼음골생수	생수	편의점	17,771	15,751	10,501	14,674
13							
14	조건						
15	FALSE	◀ 조건식 입력					
16							

TIP

AND / OR 함수를 이용한 조건식의 지정

AND 함수
- 기능 : 모든 조건을 만족하면 '참(TRUE)'을 그렇지 않으면 '거짓(FALSE)'을 표시하는 함수
- 형식 : =AND(조건1, 조건2, ... 조건30)

OR 함수
- 기능 : 한 개의 조건이라도 만족하면 '참(TRUE)'을 그렇지 않으면 '거짓(FALSE)'을 표시하는 함수
- 형식 : =OR(조건1, 조건2, ... 조건30)

❸ 고급 필터를 적용할 필드명을 복사하기 위해 [A2:B2] 영역을 드래그한 후 [Ctrl] 키를 누른 상태에서 [D2:G2] 영역을 범위로 지정합니다. 이어서, 영역으로 지정된 범위 위에서 마우스 오른쪽 버튼을 눌러 바로 가기 메뉴가 나오면 [복사]를 클릭합니다.(복사 바로 가기 키 : [Ctrl]+[C])

[문제 3] "필터"와 "매크로" 시트를 참조하여 다음 ≪처리조건≫에 맞도록 작업하시오. (60점)

⑴ **필터**

≪출력형태 – 필터≫

	A	B	C	D	E	F	G
1							
2	지출코드	일자	지점명	비용과목	현금	카드	지출총액
3	YP-05-001	2020-05-05	용산	식비		350,000	350,000
4	SP-05-001	2020-05-10	송파	식비		280,000	280,000
5	KS-05-001	2020-05-10	금천	소모품비	158,000	120,000	278,000
6	YS-05-002	2020-05-13	용산	소모품비	178,000		178,000
7	KJ-05-002	2020-05-18	금천	잡비		168,000	168,000
8	SP-05-003	2020-05-18	송파	식비	200,000		200,000
9	YJ-05-004	2020-05-24	용산	잡비	130,000		130,000
10	YJ-05-003	2020-05-25	용산	잡비	50,000	93,000	143,000
11	SP-05-004	2020-05-27	송파	식비		250,000	250,000
12	KS-05-003	2020-05-28	금천	소모품비	98,000	132,000	230,000
13							
14	조건						
15	FALSE						
16							
17							
18	지출코드	지점명	비용과목	지출총액			
19	KS-05-001	금천	소모품비	278,000			
20	KJ-05-002	금천	잡비	168,000			
21	YJ-05-004	용산	잡비	130,000			
22	YJ-05-003	용산	잡비	143,000			
23	KS-05-003	금천	소모품비	230,000			
24							

≪처리조건≫

▶ "필터" 시트의 [A2:G12]를 아래 조건에 맞게 고급필터를 사용하여 작성하시오.
  – '지점명'이 "금천"이거나 '지출총액'이 150000 이하인 데이터를 '지출코드', '지점명', '비용과목', '지출총액'의
   데이터만 필터링 하시오.
  – 조건 위치 : 조건 함수는 [A15] 한 셀에 작성(OR 함수 이용)
  – 결과 위치 : [A18]부터 출력

▶ 지시사항이 없는 경우는 ≪출력형태 – 필터≫와 동일하게 작성하시오.

④ [A18] 셀을 클릭한 후 마우스 오른쪽 버튼을 눌러 바로 가기 메뉴가 나오면 [붙여넣기(📋)]를 클릭합니다.(붙여넣기 바로 가기 키 : Ctrl + V)

※ 붙여넣기가 완료되면 Esc 키를 눌러 셀 범위 지정을 해제합니다.

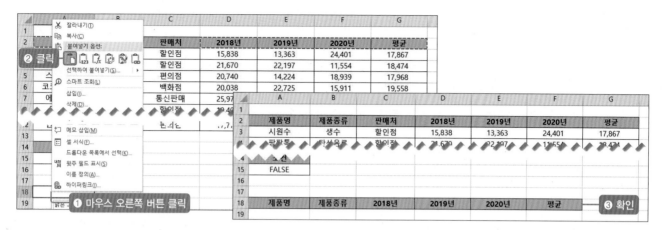

TIP 리본 메뉴를 이용하여 복사 및 붙여넣기

- 복사 : [홈]탭의 [클립보드] 그룹에서 '복사(📋)'를 클릭합니다.
- 붙여넣기 : [홈]탭의 [클립보드] 그룹에서 '붙여넣기(📋)'를 클릭합니다.

02 고급 필터 지정하기

① [A2] 셀을 클릭한 후 [데이터] 탭의 [정렬 및 필터] 그룹에서 '고급(🔽고급)'을 클릭합니다.

② [고급 필터] 대화상자가 나오면 다음과 같이 각각의 범위를 지정한 후 〈확인〉 단추를 클릭합니다.

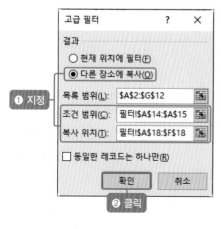

– 결과를 '다른 장소에 복사'로 선택
– 자동으로 지정된 목록 범위($A$2:$G$12) 확인
– 조건 범위 입력 칸을 클릭한 후 [A14:A15] 영역 지정
– 복사 위치 입력 칸을 클릭한 후 [A18:F18] 영역 지정

[문제 2] "부분합" 시트를 참조하여 다음 ≪처리조건≫에 맞도록 작업하시오. (30점)

≪출력형태≫

지출코드	일자	지점명	비용과목	현금	카드	지출총액
YP-05-001	2020-05-05	용산	식비		350,000	350,000
YS-05-002	2020-05-13	용산	소모품비	178,000		178,000
YJ-05-004	2020-05-24	용산	잡비	130,000		130,000
YJ-05-003	2020-05-25	용산	잡비	50,000	93,000	143,000
		용산 평균				200,250
		용산 요약		358,000	443,000	
SP-05-001	2020-05-10	송파	식비		280,000	280,000
SP-05-003	2020-05-18	송파	식비	200,000		200,000
SP-05-004	2020-05-27	송파	식비		250,000	250,000
		송파 평균				243,333
		송파 요약		200,000	530,000	
KS-05-001	2020-05-10	금천	소모품비	158,000	120,000	278,000
KJ-05-002	2020-05-18	금천	잡비		168,000	168,000
KS-05-003	2020-05-28	금천	소모품비	98,000	132,000	230,000
		금천 평균				225,333
		금천 요약		256,000	420,000	
		전체 평균				220,700
		총합계		814,000	1,393,000	

≪처리조건≫

▶ 데이터를 '지점명' 기준으로 내림차순 정렬하시오.

▶ 아래 조건에 맞는 부분합을 작성하시오.
  – '지점명'으로 그룹화 하여 '현금', '카드'의 합계(요약)를 구하는 부분합을 만드시오.
  – '지점명'으로 그룹화 하여 '지출총액'의 평균을 구하는 부분합을 만드시오.
  　(새로운 값으로 대치하지 말 것)
  – [E3:G20] 영역에 셀 서식의 표시 형식–숫자를 이용하여 1000단위 구분 기호를 표시하시오.

▶ E~F열을 선택하여 그룹을 설정하시오.

▶ 합계(요약)와 평균의 부분합 순서는 ≪출력형태≫와 다를 수 있음

▶ 지시사항이 없는 경우는 기본 값을 적용하시오.

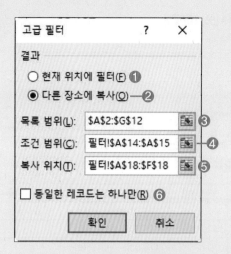

① 현재 위치에 필터 : 원본 데이터 목록에 직접 필터 결과를 표시
② 다른 장소에 복사 : 다른 셀 범위에 필터 결과를 표시
③ 목록 범위 : 원본 데이터 목록에서 필터링할 범위를 지정
④ 조건 범위 : 필터 조건(조건식)이 위치한 범위를 지정
⑤ 복사 위치 : '다른 장소에 복사'를 선택했을 경우 필터 결과를 표시할 위치를 지정
 － 만약, 추출할 결과가 전체가 아닌 특정 자료만 추출하고자 할 때는 추출할 자료의 필드명을 입력한 후 해당
  필드명을 복사 위치로 지정
⑥ 동일한 레코드는 하나만 : 필터링한 결과 중 같은 레코드가 있을 경우 하나만 표시

❸ 고급 필터 결과를 확인한 후 [파일]-[저장](**Ctrl**+**S**) 또는 [빠른 실행 도구 모음]에서 '저장(💾)'을
클릭합니다.

※ 실제 시험을 볼 때 작업 도중에 수시로(10분에 한 번 정도) 저장을 하는 것이 좋습니다.

	A	B	C	D	E	F	G
1							
2	제품명	제품종류	판매처	2018년	2019년	2020년	평균
3	시원수	생수	할인점	15,838	13,363	24,401	17,867
4	팡팡톡	탄산음료	할인점	21,670	22,197	11,554	18,474
5	스마일자몽	과일음료	편의점	20,740	14,224	18,939	17,968
6	코코넛매니아	탄산음료	백화점	20,038	22,725	15,911	19,558
7	에티오피아	커피음료	통신판매	25,976	18,411	11,754	18,714
8	맑은생수	생수	할인점	19,400	22,100	14,559	18,686
9	천연물	생수	편의점	16,204	18,606	23,119	19,310
10	라임워터	탄산음료	편의점	13,774	25,788	24,957	21,506
11	카페타임	커피음료	통신판매	12,650	12,653	16,377	13,893
12	얼음골생수	생수	편의점	17,771	15,751	10,501	14,674
13							
14	조건						
15	FALSE						
16							
17							
18	제품명	제품종류	2018년	2019년	2020년	평균	
19	팡팡톡	탄산음료	21,670	22,197	11,554	18,474	
20	맑은생수	생수	19,400	22,100	14,559	18,686	
21							

[문제 1] "지출현황" 시트를 참조하여 다음 ≪처리조건≫에 맞도록 작업하시오. (50점)

≪출력형태≫

지출코드	일자	지점명	비용과목	현금	카드	지출총액	순위	비고
				5월 지점별 지출현황				
YP-05-001	2020-05-05	용산지점	식비		350,000	350,000	1위	초과지출
SP-05-001	2020-05-10	송파지점	식비		280,000	280,000	2위	초과지출
KS-05-001	2020-05-10	금천지점	소모품비	158,000	120,000	278,000	3위	
YS-05-002	2020-05-13	용산지점	소모품비	178,000		178,000	7위	
KJ-05-002	2020-05-18	금천지점	잡비		168,000	168,000	8위	
SP-05-003	2020-05-18	송파지점	식비	200,000		200,000	6위	
YJ-05-004	2020-05-24	용산지점	잡비	130,000		130,000	10위	
YJ-05-003	2020-05-25	용산지점	잡비	50,000	93,000	143,000	9위	
SP-05-004	2020-05-27	송파지점	식비		250,000	250,000	4위	
KS-05-003	2020-05-28	금천지점	소모품비	98,000	132,000	230,000	5위	
'비용과목'이 "식비"인 '지출총액'의 평균					270,000			
'카드'의 최대값-최소값 차이					257,000			
'현금' 중 두 번째로 큰 값					178,000			

≪처리조건≫

▶ 1행의 행 높이를 '70'으로 설정하고, 2행~15행의 행 높이를 '18'로 설정하시오.
▶ 제목("5월 지점별 지출현황") : WordArt를 이용하여 입력하시오.
　– WordArt 스타일(채우기 – '황금색, 강조4 부드러운 입체'),
　　위치([B1:H1]), 글꼴 : HY헤드라인M, 44pt, 굵게

▶ 셀 서식을 아래 조건에 맞게 작성하시오.
　– [A2:I15] : 테두리(안쪽, 윤곽선 모두 실선, '검정, 텍스트 1'), 전체 가운데 맞춤
　– [A13:D13], [A14:D14], [A15:D15] : 각각 병합하고 가운데 맞춤
　– [A2:I2], [A13:D15] : 채우기 색('주황, 강조 2, 60% 더 밝게'), 글꼴(굵게)
　– [C3:C12] : 셀 서식의 표시 형식–사용자 지정을 이용하여 @"지점"자를 추가
　– [E3:G15] : 셀 서식의 표시 형식–숫자를 이용하여 1000단위 구분 기호 표시
　– [H3:H12] : 셀 서식의 표시 형식–사용자 지정을 이용하여 #"위"자를 추가
　– 조건부 서식[A3:I12] : '지점명'이 "송파"인 경우 레코드 전체에 글꼴('주황, 강조 2', 굵게) 적용
　– 지시사항이 없는 경우는 주어진 문제파일의 서식을 그대로 사용하시오.

▶ ① 순위[H3:H12] : '지출총액'을 기준으로 큰 순으로 순위를 구하시오. **(RANK 함수)**
▶ ② 비고[I3:I12] : '지출총액'이 280000 이상이면 "초과지출", 그렇지 않으면 공백으로 구하시오. **(IF 함수)**
▶ ③ 평균[E13:G13] : '비용과목'이 "식비"인 '지출총액'의 평균을 구하시오. **(DAVERAGE 함수)**
▶ ④ 최대값-최소값[E14:G14] : '카드'의 최대값과 최소값의 차이를 구하시오. **(MAX, MIN 함수)**
▶ ⑤ 순위[E15:G15] : '현금' 중 두 번째로 큰 값을 구하시오. **(LARGE 함수)**

고급 필터

01 "필터"와 "시나리오" 시트를 참조하여 다음 ≪처리조건≫에 맞도록 작업하시오. (60점)

* 소스파일 : 정복05_문제01.xlsx * 정답파일 : 정복05_완성01.xlsx

● 출력 형태 – 필터

	A	B	C	D	E	F	G
1							
2	도서명	장르	작가	10월	11월	12월	평균
3	어린이를 위한 그릿	자기계발	국내작가	58,172	76,209	60,146	64,842
4	빛나는 아이	위인	해외작가	24,472	6,151	3,721	11,448
5	91층 나무 집	동화	해외작가	47,530	56,657	27,788	43,992
6	미움받아도 괜찮아	자기계발	해외작가	37,899	24,153	6,742	22,931
7	우리 화가 우리 그림	예술	국내작가	40,401	41,951	23,185	35,179
8	빨강 연필	자기계발	국내작가	72,400	76,520	63,905	70,942
9	마당을 나온 암탉	동화	국내작가	61,764	76,421	61,139	66,441
10	78층 나무 집	동화	해외작가	38,725	28,888	21,302	29,638
11	한밤중 달빛 식당	동화	국내작가	57,691	67,451	53,816	59,653
12	세계를 빛낸 50명의 위인	위인	국내작가	56,452	67,424	41,325	55,067
13							
14	조건						목록 범위(A2:G12)
15	TRUE				조건 범위(A14:A15)		
16							
17							
18	도서명	장르	작가	평균	복사 위치(A18:D18)		
19	어린이를 위한 그릿	자기계발	국내작가	64,842			
20	빛나는 아이	위인	해외작가	11,448			
21	빨강 연필	자기계발	국내작가	70,942			
22	마당을 나온 암탉	동화	국내작가	66,441			
23	세계를 빛낸 50명의 위인	위인	국내작가	55,067			
24							

[데이터]–[정렬 및 필터]–[고급]

● 처리 조건

▶ "필터" 시트의 [A2:G12]를 아래 조건에 맞게 고급필터를 사용하여 작성하시오.
 – '장르'가 "위인"이거나 '평균'이 60000 이상인 데이터를 '도서명', '장르', '작가', '평균'의 데이터만
 필터링 하시오. ── =OR(장르가 위인,평균이 60000 이상)
 – 조건 위치 : 조건 함수는 [A15] 한 셀에 작성(OR함수 이용)
 – 결과 위치 : [A18]부터 출력

▶ 지시사항이 없는 경우는 ≪출력형태 – 필터≫와 동일하게 작성하시오.

☑ 시험과목 : 스프레드시트(엑셀)
☑ 시험일자 : 20XX. XX. XX (X)
☑ 응시자 기재사항 및 감독위원 확인

MS Office 2016 버전용

수 검 번 호	DIS - XXXX -	감독위원 확인
성 명		

응시자 유의사항

1. 응시자는 신분증을 지참하여야 시험에 응시할 수 있으며, 시험이 종료될 때까지 신분증을 제시하지 못 할 경우 해당 시험은 0점 처리됩니다.

2. 시스템(PC작동여부, 네트워크 상태 등)의 이상여부를 반드시 확인하여야 하며, 시스템 이상이 있을시 감독위원에게 조치를 받으셔야 합니다.

3. 시험 중 부주의 또는 고의로 시스템을 파손한 경우는 응시자 부담으로 합니다.

4. 답안 전송 프로그램을 통해 다운로드 받은 파일을 이용하여 답안파일을 작성하시기 바랍니다.

5. 작성한 답안 파일은 답안 전송 프로그램을 통하여 전송됩니다. 감독위원의 지시에 따라 주시기 바랍니다.

6. 다음사항의 경우 실격(0점) 혹은 부정행위 처리됩니다.

   1) 답안파일을 저장하지 않았거나, 저장한 파일이 손상되었을 경우

   2) 답안파일을 지정된 폴더(바탕화면 – "KAIT" 폴더)에 저장하지 않았을 경우

      ※ 답안 전송 프로그램 로그인 시 바탕화면에 자동 생성됨

   3) 답안파일을 다른 보조 기억장치(USB) 혹은 네트워크(메신저, 게시판 등)로 전송할 경우

   4) 휴대용 전화기 등 통신기기를 사용할 경우

7. 시험지에 제시된 글꼴이 응시 프로그램에 없는 경우, 반드시 감독위원에게 해당 내용을 통보한 뒤 조치를 받아야 합니다.

8. 시험의 완료는 작성이 완료된 답안을 저장하고, 답안 전송이 완료된 상태를 확인한 것으로 합니다. 답안 전송 확인 후 문제지는 감독위원에게 제출한 후 퇴실하여야 합니다.

9. 답안전송이 완료된 경우에는 수정 또는 정정이 불가능합니다.

10. 시험시행 후 결과는 홈페이지(www.ihd.or.kr)에서 확인하시기 바랍니다.

    1) 문제 및 모법답안 공개 : 20XX. XX. XX.(X)

    2) 합격자 발표 : 20XX. XX. XX.(X)

고급 필터

"필터"와 "시나리오" 시트를 참조하여 다음 ≪처리조건≫에 맞도록 작업하시오. (60점)

＊ 소스파일 : 정복05_문제02.xlsx　＊ 정답파일 : 정복05_완성02.xlsx

● 출력 형태 – 필터

	A	B	C	D	E	F	G
1							
2	광역시	지점	담당자	판매액	수금액	미수금액	수금달성율(%)
3	부산광역시	남구	장준문	1,602,300	1,243,400	358,900	82.9
4	광주광역시	북구	이동욱	1,227,500	1,060,830	166,670	90.4
5	부산광역시	동래구	윤한기	3,795,800	3,043,090	752,710	82.5
6	광주광역시	광산구	김주희	2,840,600	2,840,600	0	100
7	인천광역시	연수구	윤훈	2,701,500	1,814,800	886,700	72.3
8	부산광역시	사상구	강문철	956,010	956,010	0	100
9	대구광역시	수성구	권명준	714,399	714,399	0	100
10	대전광역시	대덕구	이대성	1,487,500	800,400	687,100	65.4
11	대구광역시	달서구	성기수	1,342,359	1,202,820	139,539	92.4
12	인천광역시	남동구	김대철	2,386,050	1,493,000	893,050	69.1
13							
14	조건						
15	TRUE						
16							
17	광역시	지점	담당자	판매액	수금달성율(%)		
18	부산광역시	남구	장준문	1,602,300	82.9		
19	부산광역시	동래구	윤한기	3,795,800	82.5		
20	광주광역시	광산구	김주희	2,840,600	100		
21	인천광역시	연수구	윤훈	2,701,500	72.3		
22	부산광역시	사상구	강문철	956,010	100		
23							

● 처리 조건

▶ "필터" 시트의 [A2:G12]를 아래 조건에 맞게 고급필터를 사용하여 작성하시오.

　－ '광역시'가 "부산광역시"이거나 '판매액'이 2500000 이상인 데이터를 '광역시', '지점', '담당자', '판매액', '수금달성율(%)'의 데이터만 필터링 하시오.─▶ =OR(광역시가 부산광역시,판매액이 2500000 이상)

　－ 조건 위치 : 조건 함수는 [A15] 한 셀에 작성(OR함수 이용)

　－ 결과 위치 : [A17]부터 출력

▶ 지시사항이 없는 경우는 ≪출력형태 – 필터≫와 동일하게 작성하시오.

[문제 5] "차트" 시트를 참조하여 다음 ≪처리조건≫에 맞도록 작업하시오. (30점)

≪출력형태≫

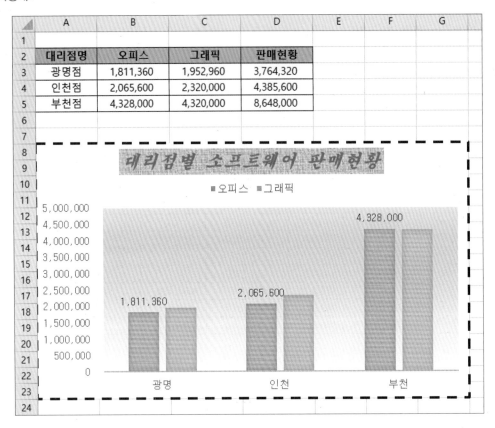

≪처리조건≫

▶ "차트" 시트에 주어진 표를 이용하여 '묶은 세로 막대형' 차트를 작성하시오.

　　– 데이터 범위 : 현재 시트 [A2:C5]의 데이터를 이용하여 작성하고, 행/열 전환은 '열'로 지정

　　– 차트 제목("대리점별 소프트웨어 판매현황")

　　– 범례 위치 : 위쪽

　　– 차트 스타일 : 색 변경(색상형 – 색 2, 스타일 3)

　　– 차트 위치 : 현재 시트에 [A8:G23] 크기에 정확하게 맞추시오.

　　– 차트 영역 서식 : 글꼴(돋움체, 11pt), 테두리 색(실선, 색 : 진한 파랑), 테두리 스타일(너비 : 2.5pt,
　　　　　　　　　　　　겹선 종류 : 단순형, 대시 종류 : 파선)

　　– 차트 제목 서식 : 글꼴(궁서체, 18pt, 기울임꼴), 채우기(그림 또는 질감 채우기, 질감 : 캔버스)

　　– 그림 영역 서식 : 채우기(그라데이션 채우기, 그라데이션 미리 설정 : 밝은 그라데이션 – 강조 3, 종류 : 선형,
　　　　　　　　　　　　방향 : 선형 위쪽)

　　– 데이터 레이블 추가 : '오피스' 계열에 "값" 표시

▶ 지시사항이 없는 경우는 ≪출력형태≫와 동일하게 작성하시오.

고급 필터

03 "필터"와 "시나리오" 시트를 참조하여 다음 ≪처리조건≫에 맞도록 작업하시오. (60점)

* 소스파일 : 정복05_문제03.xlsx   * 정답파일 : 정복05_완성03.xlsx

● 출력 형태 – 필터

	A	B	C	D	E	F	G
1							
2	성명	고객등급	회사	상반기	하반기	평균	총액
3	장민지	B등급	아소유통	1,320,500	1,505,600	1,413,050	2,826,100
4	김주희	C등급	대한상사	1,676,000	1,284,390	1,480,195	2,960,390
5	김평석	B등급	대한상사	1,120,640	1,435,230	1,277,935	2,555,870
6	이창욱	C등급	아소유통	2,383,130	1,960,800	2,171,965	4,343,930
7	안광준	B등급	대한상사	1,718,870	1,850,830	1,784,850	3,569,700
8	박지현	D등급	민국상사	987,060	1,276,400	1,131,730	2,263,460
9	안우열	A등급	아소유통	2,528,430	2,550,600	2,539,515	5,079,030
10	최민식	D등급	민국상사	587,060	748,900	667,980	1,335,960
11	박수정	C등급	대한상사	312,730	784,300	548,515	1,097,030
12	이가현	A등급	민국상사	2,078,300	1,590,800	1,834,550	3,669,100
13							
14	조건						
15	FALSE						
16							
17							
18	성명	고객등급	회사	총액			
19	이창욱	C등급	아소유통	4,343,930			
20	안광준	B등급	대한상사	3,569,700			
21	안우열	A등급	아소유통	5,079,030			
22	이가현	A등급	민국상사	3,669,100			
23							

● 처리 조건

▶ "필터" 시트의 [A2:G12]를 아래 조건에 맞게 고급필터를 사용하여 작성하시오.

– '고객등급'이 "A등급"이거나 '총액'이 3000000 이상인 데이터를 '성명', '고객등급', '회사', '총액' 의 데이터만 필터링 하시오. ⟶ =OR(고객등급이 A등급,총액이 3000000 이상)

– 조건 위치 : 조건 함수는 [A15] 한 셀에 작성(OR 함수 이용)

– 결과 위치 : [A18]부터 출력

▶ 지시사항이 없는 경우는 ≪출력형태 – 필터≫와 동일하게 작성하시오.

[문제 4] "피벗테이블" 시트를 참조하여 다음 ≪처리조건≫에 맞도록 작업하시오. (30점)

≪출력형태≫

	A	B	C	D	E
1					
2					
3			대리점명 ▼		
4	직위 ⊤	값	광명	부천	인천
5	과장	평균 : 오피스	₩5,480,000	***	₩4,672,000
6		평균 : 그래픽	₩4,978,000	***	₩3,894,400
7	대리	평균 : 오피스	***	₩3,834,720	₩3,184,000
8		평균 : 그래픽	***	₩3,970,400	₩3,034,450
9	전체 평균 : 오피스		₩5,480,000	₩3,834,720	₩3,928,000
10	전체 평균 : 그래픽		₩4,978,000	₩3,970,400	₩3,464,425
11					

≪처리조건≫

▶ "피벗테이블" 시트의 [A2:G12]를 이용하여 새로운 시트에 ≪출력형태≫와 같이 피벗테이블을 작성 후 시트명을 "피벗테이블 정답"으로 수정하시오.

▶ 직위(행)와 대리점명(열)을 기준으로 하여 출력형태와 같이 구하시오.
  – '오피스', '그래픽'의 평균을 구하시오.
  – 피벗테이블 옵션을 이용하여 레이블이 있는 셀 병합 및 가운데 맞춤하고, 빈 셀을 "***"로 표시한 후, 행의
    총 합계를 감추기 하시오.
  – 피벗테이블 디자인에서 보고서 레이아웃은 '테이블 형식으로 표시', 피벗테이블 스타일은 '피벗 스타일 보통 9'로
    표시하시오.
  – 직위(행)는 "과장", "대리"만 출력되도록 표시하시오.
  – [C5:E10] 데이터는 셀 서식의 표시 형식–통화를 이용하여 기호(₩)를 표시하고, 가운데 맞춤하시오.

▶ 직위의 순서는 ≪출력형태≫와 다를 수 있음

▶ 지시사항이 없는 경우는 ≪출력형태≫와 동일하게 작성하시오.

고급 필터

04 "필터"와 "시나리오" 시트를 참조하여 다음 ≪처리조건≫에 맞도록 작업하시오.　　　(60점)

＊ 소스파일 : 정복05_문제04.xlsx　＊ 정답파일 : 정복05_완성04.xlsx

● 출력 형태 – 필터

	A	B	C	D	E	F	G
1							
2	수입국가	분류	구분	2018년	2019년	2020년	평균
3	캐나다	항공EDI	북아메리카	4,659,107	5,754,896	5,211,345	5,208,449
4	캐나다	항공EDI	북아메리카	4,753,634	3,639,741	4,132,177	4,175,184
5	필리핀	해상EDI	아시아	99,473	301,098	531,721	310,764
6	필리핀	해상EDI	아시아	115,602	128,554	309,960	184,705
7	영국	항공EDI	유럽	43,523	180,398	347,125	190,348
8	영국	항공EDI	유럽	50,825	54,222	61,219	55,422
9	인도	해상EDI	아시아	120,683	563,096	1,154,280	612,686
10	인도	해상EDI	아시아	1,026,315	219,911	84,496	443,574
11	이탈리아	항공EDI	유럽	120,475	304,539	595,847	340,287
12	이탈리아	항공EDI	유럽	658,993	797,592	9,550,193	3,668,926
13							
14	조건						
15	FALSE						
16							
17	수입국가	분류	2018년	2019년			
18	이탈리아	항공EDI	658,993	797,592			
19							

● 처리 조건

▶ "필터" 시트의 [A2:G12]를 아래 조건에 맞게 고급필터를 사용하여 작성하시오.

– '구분'이 "유럽"이고 '평균'이 3000000 이상인 데이터를 '수입국가', '분류', '2018년', '2019년'의 데이터만 필터링 하시오. ──→ =AND(구분이 유럽,평균이 3000000 이상)

– 조건 위치 : 조건 함수는 [A15] 한 셀에 작성(AND함수 이용)

– 결과 위치 : [A17]부터 출력

▶ 지시사항이 없는 경우는 ≪출력형태 – 필터≫와 동일하게 작성하시오.

(2) 시나리오

≪출력형태 – 시나리오≫

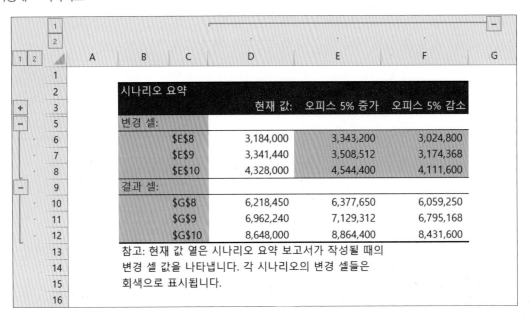

≪처리조건≫

▶ "시나리오" 시트의 [A2:G12]를 이용하여 '직위'가 "대리"인 경우, '오피스'가 변동할 때 '판매현황'이 변동하는 가상분석(시나리오)을 작성하시오.
- 시나리오1 : 시나리오 이름은 "오피스 5% 증가", '오피스'에 5%를 증가시킨 값 설정.
- 시나리오2 : 시나리오 이름은 "오피스 5% 감소", '오피스'에 5%를 감소시킨 값 설정.
- "시나리오 요약" 시트를 작성하시오.

▶ 지시사항이 없는 경우는 ≪출력형태 – 시나리오≫와 동일하게 작성하시오.

시나리오 작성

☑ 시나리오 작성하기
☑ '시나리오 요약' 시트 작성하기

문제 미리보기

소스파일 : 유형06_문제.xlsx   정답파일 : 유형06_완성.xlsx

● **시나리오 작성**

【문제 3】 "필터"와 "시나리오" 시트를 참조하여 다음 ≪처리조건≫에 맞도록 작업하시오.   (60점)

● **출력 형태 - 시나리오**

	현재 값:	2020년 5348 증가	2020년 4387 감소
시나리오 요약			
변경 셀:			
$F$7	11,754	17,102	7,367
$F$11	16,377	21,725	11,990
결과 셀:			
$G$7	18,714	20,496	17,251
$G$11	13,893	15,676	12,431

참고: 현재 값 열은 시나리오 요약 보고서가 작성될 때의
변경 셀 값을 나타냅니다. 각 시나리오의 변경 셀들은
회색으로 표시됩니다.

● **처리 조건**

▶ "시나리오" 시트의 [A2:G12]를 이용하여 '판매처'가 "통신판매"인 경우, '2020년'이 변동할 때 '평균'이 변동하는 가상분석(시나리오)을 작성하시오.

– 시나리오1 : 시나리오 이름은 "2020년 5348 증가", '2020년'에 5348을 증가시킨 값 설정.

– 시나리오2 : 시나리오 이름은 "2020년 4387 감소", '2020년'에 4387을 감소시킨 값 설정.

– "시나리오 요약" 시트를 작성하시오.

▶ 지시사항이 없는 경우는 ≪출력형태 – 시나리오≫와 동일하게 작성하시오.

[문제 3] "필터"와 "시나리오" 시트를 참조하여 다음 ≪처리조건≫에 맞도록 작업하시오. (60점)

(1) 필터

≪출력형태 – 필터≫

	A	B	C	D	E	F	G
1							
2	사번	이름	대리점명	직위	오피스	그래픽	판매현황
3	G16-0504	곽민상	광명점	사원	1,811,360	1,952,960	3,764,320
4	I14-0301	안정안	인천점	사원	2,065,600	2,320,000	4,385,600
5	G10-0721	박태진	광명점	과장	5,480,000	4,978,000	10,458,000
6	I10-1014	박은진	인천점	과장	4,672,000	3,894,400	8,566,400
7	G15-0131	송승진	광명점	사원	1,075,600	906,400	1,982,000
8	I13-0105	최승복	인천점	대리	3,184,000	3,034,450	6,218,450
9	B13-1004	주민호	부천점	대리	3,341,440	3,620,800	6,962,240
10	B13-1125	강현승	부천점	대리	4,328,000	4,320,000	8,648,000
11	I16-1114	최민지	인천점	사원	2,689,600	2,732,800	5,422,400
12	B17-0131	이태정	부천점	사원	772,000	881,700	1,653,700
13							
14	조건						
15	FALSE						
16							
17							
18	사번	이름	직위	오피스	그래픽		
19	I10-1014	박은진	과장	4,672,000	3,894,400		
20	I13-0105	최승복	대리	3,184,000	3,034,450		
21							

≪처리조건≫

▶ "필터" 시트의 [A2:G12]를 아래 조건에 맞게 고급필터를 사용하여 작성하시오.
　– '대리점명'이 "인천"이고 '판매현황'이 6000000 이상인 데이터를 '사번', '이름', '직위', '오피스', '그래픽'의 데이터만 필터링 하시오.
　– 조건 위치 : 조건 함수는 [A15] 한 셀에 작성(AND 함수 이용)
　– 결과 위치 : [A18]부터 출력

▶ 지시사항이 없는 경우는 ≪출력형태 – 필터≫와 동일하게 작성하시오.

01 '시나리오1' 작성하기

❶ [파일]-[열기]([Ctrl]+[O])를 클릭한 후, [찾아보기]를 클릭합니다. [열기] 대화상자가 나오면 '유형 06_문제.xlsx' 파일을 불러와 [시나리오] 시트를 선택합니다.

❷ [데이터] 탭의 [예측] 그룹에서 [가상 분석]-'시나리오 관리자'를 클릭합니다.

❸ [시나리오 관리자] 대화상자가 나오면 〈추가〉 단추를 클릭합니다.

❹ [시나리오 추가] 대화상자가 나오면 '시나리오 이름' 입력 칸에 '2020년 5348 증가'를 입력합니다. 이어서, '변경 셀' 입력 칸에 'F7,F11'을 입력한 후 〈확인〉 단추를 클릭합니다.

※ 변경 셀은 [F7] 셀을 클릭한 후 [Ctrl] 키를 누른 상태에서 [F11] 셀을 클릭해도 됩니다.

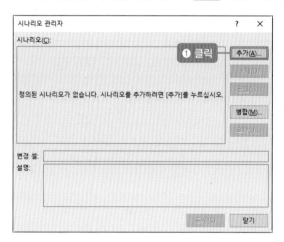
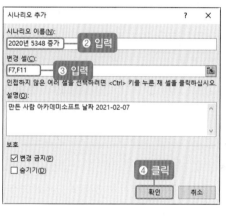

> **TIP** 시나리오 추가
> 《출력형태》와 《처리조건》을 참고하여 판매처가 '통신판매'인 2020년의 데이터([F7],[F11])를 이용하여 시나리오를 작성합니다.

❺ [시나리오 값] 대화상자가 나오면 '$F$7' 입력 칸에 '17102'를 입력합니다. 이어서, '$F$11' 입력 칸을 클릭하여 '21725'를 입력한 후 〈추가〉 단추를 클릭합니다.

※ 《처리조건》을 보면 추가할 '감소' 시나리오가 있기 때문에 〈추가〉 단추를 클릭합니다. 만약 추가할 시나리오가 없다면 〈확인〉 단추를 클릭합니다.

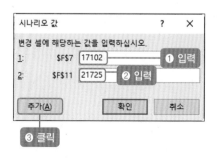

[문제 2] "부분합" 시트를 참조하여 다음 ≪처리조건≫에 맞도록 작업하시오. (30점)

≪출력형태≫

사번	이름	대리점명	직위	오피스	그래픽	판매현황
G10-0721	박태진	광명점	과장	5,480,000	4,978,000	10,458,000
I10-1014	박은진	인천점	과장	4,672,000	3,894,400	8,566,400
	2		과장 개수			
			과장 최대값	5,480,000	4,978,000	10,458,000
I13-0105	최승복	인천점	대리	3,184,000	3,034,450	6,218,450
B13-1004	주민호	부천점	대리	3,341,440	3,620,800	6,962,240
B13-1125	강현승	부천점	대리	4,328,000	4,320,000	8,648,000
	3		대리 개수			
			대리 최대값	4,328,000	4,320,000	8,648,000
G16-0504	곽민상	광명점	사원	1,811,360	1,952,960	3,764,320
I14-0301	안정안	인천점	사원	2,065,600	2,320,000	4,385,600
G15-0131	송승진	광명점	사원	1,075,600	906,400	1,982,000
I16-1114	최민지	인천점	사원	2,689,600	2,732,800	5,422,400
B17-0131	이태정	부천점	사원	772,000	881,700	1,653,700
	5		사원 개수			
			사원 최대값	2,689,600	2,732,800	5,422,400
	10		전체 개수			
			전체 최대값	5,480,000	4,978,000	10,458,000

≪처리조건≫

▶ 데이터를 '직위' 기준으로 오름차순 정렬하시오.

▶ 아래 조건에 맞는 부분합을 작성하시오.
 – '직위'로 그룹화 하여 '오피스', '그래픽', '판매현황'의 최대값을 구하는 부분합을 만드시오.
 – '직위'로 그룹화 하여 '이름'의 개수를 구하는 부분합을 만드시오.
  (새로운 값으로 대치하지 말 것)
 – [E3:G20] 영역에 셀 서식의 표시 형식–숫자를 이용하여 1000단위 구분 기호를 표시하시오.

▶ E~F열을 선택하여 그룹을 설정하시오.

▶ 최대값과 개수의 부분합 순서는 ≪출력형태≫와 다를 수 있음

▶ 지시사항이 없는 경우는 기본 값을 적용하시오.

TIP 시나리오 값 계산

- 증가 시나리오를 만들기 위해 [F7] 셀의 기본 값(11,754)에 '5348'을 더한 값을 입력하고, [F11] 셀의 기본 값 (16,377)에 '5348'을 더한 값을 입력합니다.
- ≪출력형태≫를 참고하여 변경 셀([$F$7],[$F$11])에 따른 '증가 및 감소' 값을 확인한 후 [시나리오 값] 대화상 자에 '증가 및 감소' 값을 입력하면 보다 쉽게 작업할 수 있습니다.

≪출력형태-시나리오≫

시나리오 요약			
	현재 값:	2020년 5348 증가	2020년 4387 감소
변경 셀:			
$F$7	11,754	17,102	7,367
$F$11	16,377	21,725	11,990
결과 셀:			
$G$7	18,714	20,496	17,251
$G$11	13,893	15,676	12,431

증가 및 감소 값 확인

02 '시나리오2' 작성하기

① [시나리오 추가] 대화상자가 나오면 '시나리오 이름' 입력 칸을 클릭하여 '2020년 4387 감소'를 입력 합니다. 이어서, 변경 셀(F7,F11)을 확인한 후 〈확인〉 단추를 클릭합니다.

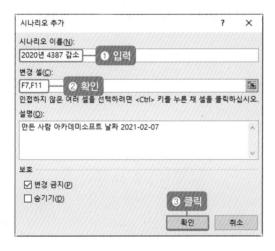

② [시나리오 값] 대화상자가 나오면 '$F$7' 입력 칸에 '7367'을 입력합니다. 이어서, '$F$11' 입력 칸을 클릭하여 '11990'를 입력한 후 〈확인〉 단추를 클릭합니다.

※ 감소 시나리오를 만들기 위해 [F7] 셀의 기본 값(11,754)에 '4387'을 뺀 값을 입력하고, [F11] 셀의 기본 값(16,377) 에 '4387'을 뺀 값을 입력합니다. 계산이 어려울 경우 ≪출력형태≫의 '감소 값'을 확인한 후 바로 입력합니다.

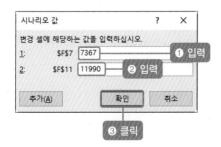

[문제 1] "판매현황" 시트를 참조하여 다음 ≪처리조건≫에 맞도록 작업하시오. (50점)

≪출력형태≫

	사번	이름	대리점명	직위	오피스	그래픽	판매현황	순위	비고
			사원별 소프트웨어 판매현황						
3	G16-0504	곽민상	광명점	사원	1,811,360	1,952,960	3,764,320	8등	
4	I14-0301	안정안	인천점	사원	2,065,600	2,320,000	4,385,600	7등	
5	G10-0721	박태진	광명점	과장	5,480,000	4,978,000	10,458,000	1등	
6	I10-1014	박은진	인천점	과장	4,672,000	3,894,400	8,566,400	3등	
7	G15-0131	송승진	광명점	사원	1,075,600	906,400	1,982,000	9등	판매저조
8	I13-0105	최승복	인천점	대리	3,184,000	3,034,450	6,218,450	5등	
9	B13-1004	주민호	부천점	대리	3,341,440	3,620,800	6,962,240	4등	
10	B13-1125	강현승	부천점	대리	4,328,000	4,320,000	8,648,000	2등	
11	I16-1114	최민지	인천점	사원	2,689,600	2,732,800	5,422,400	6등	
12	B17-0131	이태정	부천점	사원	772,000	881,700	1,653,700	10등	판매저조
13	'직위'가 "사원"인 '판매현황'의 평균						3,441,604		
14	'그래픽'의 최대값-최소값 차이						4,096,300		
15	'직위'가 "과장"인 '판매현황'의 합계						19,024,400		

≪처리조건≫

▶ 1행의 행 높이를 '77'로 설정하고, 2행~15행의 행 높이를 '18'로 설정하시오.

▶ 제목("사원별 소프트웨어 판매현황") : 기본 도형의 '십자형'을 이용하여 입력하시오.
　– 도형 : 위치([B1:H1]), 도형 스타일(테마 스타일 – 강한 효과 – '파랑, 강조 1')
　– 글꼴 : 궁서체, 24pt, 기울임꼴
　– 도형 서식 : 도형 옵션 – 크기 및 속성(텍스트 상자(세로 맞춤 : 정가운데, 텍스트 방향 : 가로))

▶ 셀 서식을 아래 조건에 맞게 작성하시오.
　– [A2:I15] : 테두리(안쪽, 윤곽선 모두 실선, '검정, 텍스트 1'), 전체 가운데 맞춤
　– [A13:D13], [A14:D14], [A15:D15] : 각각 병합하고 가운데 맞춤
　– [A2:I2], [A13:D15] : 채우기 색('파랑, 강조 1, 40% 더 밝게'), 글꼴(굵게)
　– [C3:C12] : 셀 서식의 표시 형식–사용자 지정을 이용하여 @"점"자를 추가
　– [E3:G15] : 셀 서식의 표시 형식–숫자를 이용하여 1000단위 구분 기호 표시
　– [H3:H12] : 셀 서식의 표시 형식–사용자 지정을 이용하여 #"등"자를 추가
　– 조건부 서식[A3:I12] : '대리점명'이 "부천"인 경우 레코드 전체에 글꼴(파랑, 굵게) 적용
　– 지시사항이 없는 경우는 주어진 문제파일의 서식을 그대로 사용하시오.

▶ ① 순위[H3:H12] : '판매현황'을 기준으로 큰 순으로 순위를 구하시오. **(RANK 함수)**
▶ ② 비고[I3:I12] : '판매현황'이 2000000 이하이면 "판매저조", 그렇지 않으면 공백으로 구하시오. **(IF 함수)**
▶ ③ 평균[E13:G13] : '직위'가 "사원"인 '판매현황'의 평균을 구하시오. **(DAVERAGE 함수)**
▶ ④ 최대값–최소값[E14:G14] : '그래픽'의 최대값과 최소값의 차이를 구하시오. **(MAX, MIN 함수)**
▶ ⑤ 과장의 합계[E15:G15] : '직위'가 "과장"인 '판매현황'의 합계를 구하시오. **(SUMIF 함수)**

❶ [시나리오 관리자] 대화상자가 나오면 〈요약〉 단추를 클릭합니다.

❷ [시나리오 요약] 대화상자가 나오면 보고서 종류를 '**시나리오 요약**'으로 선택합니다. 이어서, '결과 셀' 입력 칸에 'G7,G11'을 입력한 후 〈확인〉 단추를 클릭합니다.

※ 결과 셀은 [G7] 셀을 클릭한 후 Ctrl 키를 누른 상태에서 [G11] 셀을 클릭해도 됩니다.

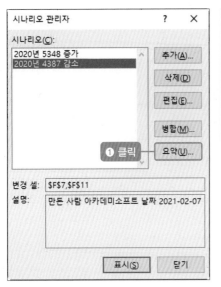
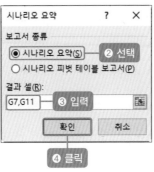

TIP
결과 셀
《출력형태》와 《처리조건》을 참고하여 '2020년'이 변동할 때 '평균(G열)'이 변동하는 시나리오를 작성하기 때문에 결과 셀은 판매처가 '통신판매'인 평균 열(G)의 셀 주소를 지정합니다.

❸ [시나리오 요약] 시트가 만들어지면 《출력형태》와 같은지 확인합니다.

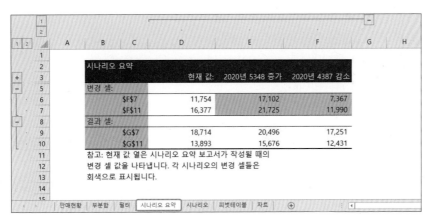

❹ [파일]-[저장](Ctrl + S) 또는 [빠른 실행 도구 모음]에서 '저장(🖫)'을 클릭합니다.

※ 실제 시험을 볼 때 작업 도중에 수시로(10분에 한 번 정도) 저장을 하는 것이 좋습니다.

디지털정보활용능력 출제예상 모의고사

제**07**회

☑ 시험과목 : 스프레드시트(엑셀)
☑ 시험일자 : 20XX. XX. XX (X)
☑ 응시자 기재사항 및 감독위원 확인

MS Office 2016 버전용

수 검 번 호	DIS - XXXX -	감독위원 확인
성 명		

응시자 유의사항

1. 응시자는 신분증을 지참하여야 시험에 응시할 수 있으며, 시험이 종료될 때까지 신분증을 제시하지 못 할 경우 해당 시험은 0점 처리됩니다.

2. 시스템(PC작동여부, 네트워크 상태 등)의 이상여부를 반드시 확인하여야 하며, 시스템 이상이 있을시 감독위원에게 조치를 받으셔야 합니다.

3. 시험 중 부주의 또는 고의로 시스템을 파손한 경우는 응시자 부담으로 합니다.

4. 답안 전송 프로그램을 통해 다운로드 받은 파일을 이용하여 답안파일을 작성하시기 바랍니다.

5. 작성한 답안 파일은 답안 전송 프로그램을 통하여 전송됩니다. 감독위원의 지시에 따라 주시기 바랍니다.

6. 다음사항의 경우 실격(0점) 혹은 부정행위 처리됩니다.

   1) 답안파일을 저장하지 않았거나, 저장한 파일이 손상되었을 경우

   2) 답안파일을 지정된 폴더(바탕화면 – "KAIT" 폴더)에 저장하지 않았을 경우

      ※ 답안 전송 프로그램 로그인 시 바탕화면에 자동 생성됨

   3) 답안파일을 다른 보조 기억장치(USB) 혹은 네트워크(메신저, 게시판 등)로 전송할 경우

   4) 휴대용 전화기 등 통신기기를 사용할 경우

7. 시험지에 제시된 글꼴이 응시 프로그램에 없는 경우, 반드시 감독위원에게 해당 내용을 통보한 뒤 조치를 받아야 합니다.

8. 시험의 완료는 작성이 완료된 답안을 저장하고, 답안 전송이 완료된 상태를 확인한 것으로 합니다. 답안 전송 확인 후 문제지는 감독위원에게 제출한 후 퇴실하여야 합니다.

9. 답안전송이 완료된 경우에는 수정 또는 정정이 불가능합니다.

10. 시험시행 후 결과는 홈페이지(www.ihd.or.kr)에서 확인하시기 바랍니다.

    1) 문제 및 모범답안 공개 : 20XX. XX. XX.(X)

    2) 합격자 발표 : 20XX. XX. XX.(X)

부록

매크로

최근 3년간 매크로 문제가 출제되지는 않았지만 전체적인 작업 방법은 알고 있어야 하기 때문에 학습에 참고하시기 바랍니다. 전체적인 작업 과정은 간략화 하여 설명하였기 때문에 한 번에 이해가 되지 않을 경우 다시 한 번 확인하시기 바랍니다.

문제 미리보기

소스파일 : 매크로_문제.xlsm   **정답파일** : 매크로_완성.xlsm

● **매크로 작성**

"매크로" 시트를 참조하여 다음 ≪처리조건≫에 맞도록 작업하시오.

● **출력 형태 - 매크로**

	A	B	C	D	E	F	G
1							
2	국가	대륙	여행유형	2017년	2018년	2019년	2020년
3	중국	아시아	패키지	12,580	11,580	10,540	9,980
4	영국	유럽	배낭	9,850	10,250	9,980	10,030
5	스위스	유럽	개인	8,750	8,850	9,540	9,870
6	브라질	남아메리카	배낭	6,540	6,780	7,850	9,760
7	독일	유럽	개인	7,850	7,540	7,740	7,960
8	아르헨티나	남아메리카	패키지	5,980	6,250	6,540	6,850
9	인도	아시아	개인	7,560	6,840	6,210	6,350
10	칠레	남아메리카	배낭	5,870	6,590	6,570	6,840
11	라오스	아시아	패키지	5,240	6,540	6,730	6,930
12	스웨덴	유럽	패키지	6,870	6,970	6,750	6,820
13							
14			*매크로*				
15							
16							
17							
18							

● **처리 조건**

▶ "매크로" 시트의 [A2:G12] 영역에 가운데 맞춤, 테두리(안쪽, 윤곽선 모두 실선, '검정, 텍스트 1'), [A2:G2] 영역에 채우기 색('주황, 강조 2, 40% 더 밝게'), 글꼴(굵게), [D3:G12] 영역에 셀 서식의 표시 형식-숫자를 이용하여 1000 단위 구분 기호를 표시하는 매크로를 기록하고 작성한 도형에 매크로를 지정하시오.

　– 도형 : 기본 도형의 "배지"를 [C14:D17]에 위치

　– 도형 서식 : 도형 채우기(파랑), 선 색(실선, 색 : 자주), 선 스타일(너비 : 3pt, 겹선 종류 : 단순형,
　　　　　　　대시 종류 : 사각 점선), 텍스트 상자(세로 맞춤 : 정가운데, 텍스트 방향 : 가로)

　– 크기 및 속성 : 크기(높이 : 2.04cm, 너비 : 4.9cm)

　– 도형 글꼴 : 텍스트 입력("매크로"), 글꼴(HY견고딕, 22pt, 기울임꼴)

　– 매크로 이름 : "매크로"

▶ 지시사항이 없는 경우는 ≪출력형태 – 매크로≫와 동일하게 작성하시오.

[문제 5] "차트" 시트를 참조하여 다음 ≪처리조건≫에 맞도록 작업하시오. (30점)

≪출력형태≫

≪처리조건≫

▶ "차트" 시트에 주어진 표를 이용하여 '묶은 가로 막대형' 차트를 작성하시오.
  – 데이터 범위 : 현재 시트 [A2:D6]의 데이터를 이용하여 작성하고, 행/열 전환은 '열'로 지정
  – 차트 제목("한국 리조트 객실 수입 현황")
  – 범례 위치 : 아래쪽
  – 차트 스타일 : 색 변경(색상형 – 색 3, 스타일 5)
  – 차트 위치 : 현재 시트에 [A10:H27] 크기에 정확하게 맞추시오.
  – 차트 영역 서식 : 글꼴(굴림체, 11pt), 테두리 색(실선, 색 : 연한 파랑), 테두리 스타일(너비 : 2.25pt,
                    겹선 종류 : 단순형, 대시 종류 : 사각 점선)
  – 차트 제목 서식 : 글꼴(돋움체, 18pt, 굵게), 채우기(그림 또는 질감 채우기, 질감 : 꽃다발)
  – 그림 영역 서식 : 채우기(그라데이션 채우기, 그라데이션 미리 설정 : 밝은 그라데이션 – 강조 6, 종류 : 선형,
                    방향 : 선형 왼쪽)
  – 데이터 레이블 추가 : '2020년' 계열에 "값" 표시

▶ 지시사항이 없는 경우는 ≪출력형태≫와 동일하게 작성하시오.

01 도형 삽입하기

❶ [파일]-[열기] → '매크로_문제.xlsm' → [삽입]-[일러스트레이션]-[도형]-'기본 도형'-'배지(⬭)' → [C14:D17] 영역에 드래그 → 도형 삽입 확인

※ 도형의 크기를 변경하는 ≪처리조건≫이 있기 때문에 [C14:D17] 영역 안에 들어가도록 도형을 드래그 합니다.

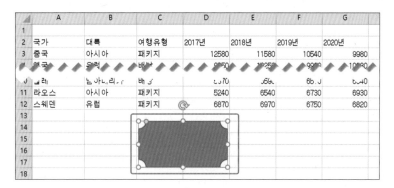

02 도형 서식 지정하기

❶ 도형 위에서 마우스 오른쪽 버튼 클릭 → [도형 서식] → [도형 서식] 작업창

❷ [채우기]-단색 채우기 → 색(◇▾)-파랑(■)

❸ [선]-실선 → 색(◇▾)-자주(■)

❹ 너비(3) → 겹선 종류(단순형 ▬▬) → 대시 종류(사각 점선 ┅┅┅┅)

❺ [크기 및 속성]-[텍스트 상자] → 세로 맞춤(정가운데, ▤) → 텍스트 방향(가로, 文字ABC)

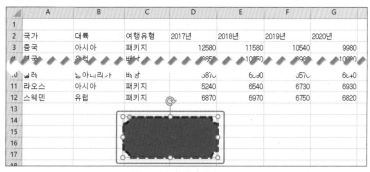

[문제 4] "피벗테이블" 시트를 참조하여 다음 ≪처리조건≫에 맞도록 작업하시오. (30점)

≪출력형태≫

	A	B	C	D	E
1					
2					
3			분류 ▼		
4	지역 ▼	값	별장형	콘도형	통나무형
5		평균 : 2018년	9,867,220원	9,687,500원	8,027,600원
6	강원도	평균 : 2019년	7,767,320원	10,523,000원	7,087,630원
7		평균 : 2020년	8,193,200원	9,623,900원	6,078,920원
8		평균 : 2018년	***	8,802,150원	5,399,400원
9	경기도	평균 : 2019년	***	10,321,700원	8,823,700원
10		평균 : 2020년	***	9,998,300원	6,329,400원
11	전체 평균 : 2018년		9,867,220원	9,244,825원	6,713,500원
12	전체 평균 : 2019년		7,767,320원	10,422,350원	7,955,665원
13	전체 평균 : 2020년		8,193,200원	9,811,100원	6,204,160원
14					

≪처리조건≫

▶ "피벗테이블" 시트의 [A2:G12]를 이용하여 새로운 시트에 ≪출력형태≫와 같이 피벗테이블을 작성 후 시트명을 "피벗테이블 정답"으로 수정하시오.

▶ 지역(행)과 분류(열)를 기준으로 하여 출력형태와 같이 구하시오.
　– '2018년', '2019년', '2020년'의 평균을 구하시오.
　– 피벗테이블 옵션을 이용하여 레이블이 있는 셀 병합 및 가운데 맞춤하고, 빈 셀을 "***"로 표시한 후, 행의 총합계를 감추기 하시오.
　– 피벗테이블 디자인에서 보고서 레이아웃은 '테이블 형식으로 표시', 피벗테이블 스타일은 '피벗 스타일 보통 11'로 표시하시오.
　– 지역(행)은 "강원도", "경기도"만 출력되도록 표시하시오.
　– [C5:E13] 데이터는 셀 서식의 표시 형식–사용자 지정을 이용하여 #,##0"원"자를 추가하고, 가운데 맞춤하시오.

▶ 지역의 순서는 ≪출력형태≫와 다를 수 있음

▶ 지시사항이 없는 경우는 ≪출력형태≫와 동일하게 작성하시오.

03 도형 크기 지정하기

❶ 도형 위에서 마우스 오른쪽 버튼 클릭 → [크기 및 속성] → [도형 서식] 작업창

❷ [크기] → 높이(2.04)–너비(4.9)

❸ 방향키(←→↑↓)키를 이용하여 [C14:D17] 영역 안으로 이동

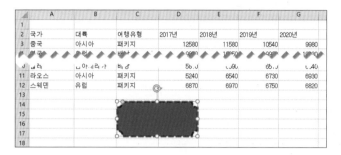

04 도형에 텍스트 입력 및 글꼴 서식 지정하기

❶ 도형이 선택된 상태에서 '매크로'를 입력 → 도형 클릭(글자가 없는 부분)

❷ [홈]–[글꼴] → 글꼴(HY견고딕) → 글꼴 크기(22) →
   기울임꼴(가)

05 매크로 지정 및 기록하기

❶ 도형 위에서 마우스 오른쪽 버튼 클릭 → [매크로 지정] → [매크로 지정] 대화상자 → 매크로 이름(매크로) 입력 → 〈기록〉 → [매크로 기록] 대화상자 → 〈확인〉

※ [보기]–[매크로]–매크로 목록 단추–'매크로 기록'을 클릭하여 매크로를 기록할 수도 있습니다. 매크로 기록 작업을 먼저 하였을 경우 도형에 매크로를 별도로 지정해 주어야 합니다.

(2) 시나리오

《출력형태 – 시나리오》

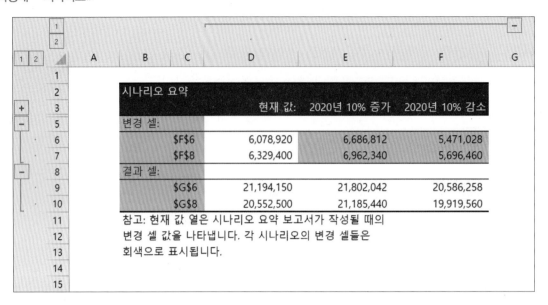

《처리조건》

▶ "시나리오" 시트의 [A2:G12]를 이용하여 '분류'가 "통나무형"인 경우, '2020년'이 변동할 때 '객실수입'이 변동하는 가상분석(시나리오)을 작성하시오.
　　– 시나리오1 : 시나리오 이름은 "2020년 10% 증가", '2020년'에 10%를 증가시킨 값 설정.
　　– 시나리오2 : 시나리오 이름은 "2020년 10% 감소", '2020년'에 10%를 감소시킨 값 설정.
　　– "시나리오 요약" 시트를 작성하시오.

▶ 지시사항이 없는 경우는 《출력형태 – 시나리오》와 동일하게 작성하시오.

❷ [A2:G12] 영역 지정 → [홈]-[맞춤]-'가운데 맞춤(≡)' → 영역으로 지정된 셀 범위 위에서 마우스 오른쪽 버튼 클릭 → [셀 서식] → [셀 서식] 대화상자

❸ [테두리]-선 스타일 → 실선(────) → 색(검정, 텍스트1 ■) → 미리 설정-윤곽선(⊞), 안쪽(⊞) → 〈확인〉

❹ [A2:G2] 영역 지정 → [홈]-[글꼴]-'굵게(가)' → '채우기 색(🖌▾)'의 목록 단추(▾) → 주황, 강조 2, 40% 더 밝게(■)

❺ [D3:G12] 영역 지정 → 영역으로 지정된 셀 범위 위에서 마우스 오른쪽 버튼 클릭 → [셀 서식] → [셀 서식] 대화상자

❻ [표시 형식]-범주-숫자 → '1000 단위 구분 기호(,) 사용'에 체크 표시(✔) → 〈확인〉

❼ [A1] 셀을 클릭하여 범위 지정을 해제 → 워크시트 하단의 기록 중지(■) 단추 클릭 → 저장

※ 매크로 기록 중지 : [보기]-[매크로]-매크로 목록 단추-'기록 중지'

[문제 3] "필터"와 "시나리오" 시트를 참조하여 다음 ≪처리조건≫에 맞도록 작업하시오. (60점)

(1) 필터

≪출력형태 – 필터≫

	A	B	C	D	E	F	G
1							
2	지역	객실명	분류	2018년	2019년	2020년	객실수입
3	강원도	오솔길	콘도형	9,687,500	10,523,000	9,623,900	29,834,400
4	경상도	해님	콘도형	8,723,090	10,511,080	9,250,800	28,484,970
5	경기도	모아	콘도형	8,802,150	10,321,700	9,998,300	29,122,150
6	강원도	바닷속	통나무형	8,027,600	7,087,630	6,078,920	21,194,150
7	전라도	대나무	별장형	7,258,000	9,321,700	7,523,800	24,103,500
8	경기도	하나	통나무형	5,399,400	8,823,700	6,329,400	20,552,500
9	강원도	계곡옆	별장형	9,867,220	7,767,320	8,193,200	25,827,740
10	경상도	달님	별장형	9,100,030	8,834,907	9,100,030	27,034,967
11	경상도	동화	별장형	8,486,004	7,357,620	7,905,030	23,748,654
12	전라도	꽃잎	콘도형	8,212,500	8,963,900	8,120,700	25,297,100
13							
14	조건						
15	FALSE						
16							
17	지역	2018년	2019년	2020년			
18	전라도	7,258,000	9,321,700	7,523,800			
19	경상도	9,100,030	8,834,907	9,100,030			
20							

≪처리조건≫

▶ "필터" 시트의 [A2:G12]를 아래 조건에 맞게 고급필터를 사용하여 작성하시오.
   – '분류'가 "별장형"이고 '2019년'이 8000000 이상인 데이터를 '지역', '2018년', '2019년', '2020년'의 데이터만 필터링
   하시오.
   – 조건 위치 : 조건 함수는 [A15] 한 셀에 작성(AND 함수 이용)
   – 결과 위치 : [A17]부터 출력

▶ 지시사항이 없는 경우는 ≪출력형태 – 필터≫와 동일하게 작성하시오.

01 "필터"와 "시나리오" 시트를 참조하여 다음 《처리조건》에 맞도록 작업하시오. (60점)

＊ 소스파일 : 정복06_문제01.xlsx ＊ 정답파일 : 정복06_완성01.xlsx

● 출력 형태 – 시나리오

	A	B	C	D	E	F	G
1							
2		시나리오 요약					
3				현재 값:	10월 3117 증가	10월 2140 감소	← 시나리오 이름
5		변경 셀:					
6			$D$4	24,472	27,589	22,332	
7			$D$5	47,530	50,647	45,390	
8		변경 셀 목록	$D$6	37,899	41,016	35,759	
9			$D$10	38,725	41,842	36,585	
10		결과 셀:		시나리오 값(증가) ←	→ 시나리오 값(감소)		
11			$G$4	11,448	12,487	10,735	
12			$G$5	43,992	45,031	43,278	
13		결과 셀 목록 ←	$G$6	22,931	23,970	22,218	
14			$G$10	29,638	30,677	28,925	
15		참고: 현재 값 열은 시나리오 요약 보고서가 작성될 때의					
16		변경 셀 값을 나타냅니다. 각 시나리오의 변경 셀들은					
17		회색으로 표시됩니다.					
18							

● 처리 조건 ┌─ [데이터]-[예측]-[가상분석]-[시나리오 관리자]

▶ "시나리오" 시트의 [A2:G12]를 이용하여 '작가'가 "해외작가"인 경우, '10월'이 변동할 때 '평균'이 변동하는 가상분석(시나리오)을 작성하시오.

– 시나리오1 : 시나리오 이름은 "10월 3117 증가", '10월'에 3117을 증가시킨 값 설정.

– 시나리오2 : 시나리오 이름은 "10월 2140 감소", '10월'에 2140을 감소시킨 값 설정.

– "시나리오 요약" 시트를 작성하시오.

▶ 지시사항이 없는 경우는 《출력형태 – 시나리오》와 동일하게 작성하시오.

[문제 2] "부분합" 시트를 참조하여 다음 ≪처리조건≫에 맞도록 작업하시오. (30점)

≪출력형태≫

	지역	객실명	분류	2018년	2019년	2020년	객실수입
3	전라도	대나무	별장형	7,258,000	9,321,700	7,523,800	24,103,500
4	강원도	계곡옆	별장형	9,867,220	7,767,320	8,193,200	25,827,740
5	경상도	달님	별장형	9,100,030	8,834,907	9,100,030	27,034,967
6	경상도	동화	별장형	8,486,004	7,357,620	7,905,030	23,748,654
7			별장형 최대값				27,034,967
8			별장형 평균	8,677,814	8,320,387	8,180,515	
9	강원도	오솔길	콘도형	9,687,500	10,523,000	9,623,900	29,834,400
10	경상도	해님	콘도형	8,723,090	10,511,080	9,250,800	28,484,970
11	경기도	모아	콘도형	8,802,150	10,321,700	9,998,300	29,122,150
12	전라도	꽃잎	콘도형	8,212,500	8,963,900	8,120,700	25,297,100
13			콘도형 최대값				29,834,400
14			콘도형 평균	8,856,310	10,079,920	9,248,425	
15	강원도	바닷속	통나무형	8,027,600	7,087,630	6,078,920	21,194,150
16	경기도	하나	통나무형	5,399,400	8,823,700	6,329,400	20,552,500
17			통나무형 최대값				21,194,150
18			통나무형 평균	6,713,500	7,955,665	6,204,160	
19			전체 최대값				29,834,400
20			전체 평균	8,356,349	8,951,256	8,212,408	

≪처리조건≫

▶ 데이터를 '분류' 기준으로 오름차순 정렬하시오.

▶ 아래 조건에 맞는 부분합을 작성하시오.
 – '분류'로 그룹화 하여 '2018년', '2019년', '2020년'의 평균을 구하는 부분합을 만드시오.
 – '분류'로 그룹화 하여 '객실수입'의 최대값을 구하는 부분합을 만드시오.
  (새로운 값으로 대치하지 말 것)
 – [D3:G20] 영역에 셀 서식의 표시 형식–숫자를 이용하여 1000단위 구분 기호를 표시하시오.

▶ D~F열을 선택하여 그룹을 설정하시오.

▶ 평균과 최대값의 부분합 순서는 ≪출력형태≫와 다를 수 있음

▶ 지시사항이 없는 경우는 기본 값을 적용하시오.

시나리오 및 매크로

02 **"필터"와 "매크로" 시트를 참조하여 다음 ≪처리조건≫에 맞도록 작업하시오.** (60점)

* 소스파일 : 정복06_문제02.xlsm * 정답파일 : 정복06_완성02.xlsm

● 출력 형태 – 매크로

	A	B	C	D	E	F	G
1							
2	광역시	지점	담당자	판매액	수금액	미수금액	수금달성율(%)
3	부산광역시	남구	장준문	1,602,300원	1,243,400원	358,900원	82.9
4	광주광역시	북구	이동욱	1,227,500원	1,060,830원	166,670원	90.4
5	부산광역시	동래구	윤한기	3,795,800원	3,043,090원	752,710원	82.5
6	광주광역시	광산구	김주희	2,840,600원	2,840,600원	0원	100
7	인천광역시	연수구	윤훈	2,701,500원	1,814,800원	886,700원	72.3
8	부산광역시	사상구	강문철	956,010원	956,010원	0원	100
9	대구광역시	수성구	권명준	714,399원	714,399원	0원	100
10	대전광역시	대덕구	이대성	1,487,500원	800,400원	687,100원	65.4
11	대구광역시	달서구	성기수	1,342,359원	1,202,820원	139,539원	92.4
12	인천광역시	남동구	김대철	2,386,050원	1,493,000원	893,050원	69.1
13							
14					매크로		
15							
16							
17							
18							
19					→ [삽입]–[일러스트레이션]–[도형]		

● 처리 조건

▶ "매크로" 시트의 [A2:G12] 영역에 가운데 맞춤, 테두리(안쪽, 윤곽선 모두 실선, '검정, 텍스트 1'), [A2:G2] 영역에 채우기 색('주황, 강조 2, 40% 더 밝게'), 글꼴(굵게), [D3:F12] 영역에 셀 서식의 표시 형식–사용자 지정을 이용하여 #,##0"원"으로 표시하는 매크로를 기록하고 작성한 도형에 매크로를 지정하시오.

  – 도형 : 기본 도형의 "모서리가 접힌 도형"을 [E14:F17]에 위치

  – 도형 서식 : 도형 채우기('주황, 강조 2, 60% 더 밝게'), 선 색(실선, 색 : 진한 파랑), 선 스타일(너비 : 2pt, 겹선 종류 : 단순형, 대시 종류 : 사각 점선), 텍스트 상사(세로 맞춤 : 정가운데, 텍스트 방향 : 가로) ── [도형 서식] 작업창–[채우기] → [선 색] → [선 스타일] → [텍스트 상자]

  – 크기 및 속성 : 크기(높이 : 2.1cm, 너비 : 5.2cm)

  – 도형 글꼴 : 텍스트 입력("매크로"), 글꼴(궁서체, 24pt, 굵게, '검정, 텍스트 1')

  – 매크로 이름 : "매크로" ── 도형 위에서 마우스 오른쪽 버튼 클릭–[매크로 지정]–매크로 이름 입력–〈기록〉–〈확인〉

▶ 지시사항이 없는 경우는 ≪출력형태 – 매크로≫와 동일하게 작성하시오.

[문제 1] "객실수입현황" 시트를 참조하여 다음 ≪처리조건≫에 맞도록 작업하시오. (50점)

≪출력형태≫

지역	객실명	분류	2018년	2019년	2020년	객실수입	순위	비고
					한국 리조트 객실 수입 현황			
강원도	오솔길	콘도형	9,687,500	10,523,000	9,623,900	29,834,400원	1위	
경상도	해님	콘도형	8,723,090	10,511,080	9,250,800	28,484,970원	3위	
경기도	모아	콘도형	8,802,150	10,321,700	9,998,300	29,122,150원	2위	
강원도	바닷속	통나무형	8,027,600	7,087,630	6,078,920	21,194,150원	9위	서비스 개선
전라도	대나무	별장형	7,258,000	9,321,700	7,523,800	24,103,500원	7위	
경기도	하나	통나무형	5,399,400	8,823,700	6,329,400	20,552,500원	10위	서비스 개선
강원도	계곡옆	별장형	9,867,220	7,767,320	8,193,200	25,827,740원	5위	
경상도	달님	별장형	9,100,030	8,834,907	9,100,030	27,034,967원	4위	
경상도	동화	별장형	8,486,004	7,357,620	7,905,030	23,748,654원	8위	
전라도	꽃잎	콘도형	8,212,500	8,963,900	8,120,700	25,297,100원	6위	
'분류'가 "콘도형"인 '객실수입'의 평균				28,184,655				
'2020년'의 최대값-최소값 차이				3,919,380				
'2018년' 중 세 번째로 작은 값				8,027,600				

≪처리조건≫

▶ 1행의 행 높이를 '78'로 설정하고, 2행~15행의 행 높이를 '18'로 설정하시오.
▶ 제목("한국 리조트 객실 수입 현황") : 기본 도형의 '육각형'을 이용하여 입력하시오.
　– 도형 : 위치([B1:H1]), 도형 스타일(테마 스타일 – 색 채우기 – '녹색, 강조 6')
　– 글꼴 : 돋움체, 28pt, 굵게
　– 도형 서식 : 도형 옵션 – 크기 및 속성(텍스트 상자(세로 맞춤 : 정가운데, 텍스트 방향 : 가로))

▶ 셀 서식을 아래 조건에 맞게 작성하시오.
　– [A2:I15] : 테두리(안쪽, 윤곽선 모두 실선, '검정, 텍스트 1'), 전체 가운데 맞춤
　– [A13:D13], [A14:D14], [A15:D15] : 각각 병합하고 가운데 맞춤
　– [A2:I2], [A13:D15] : 채우기 색('녹색, 강조 6, 60% 더 밝게'), 글꼴(굵게)
　– [D3:F12], [E13:G15] : 셀 서식의 표시 형식–숫자를 이용하여 1000단위 구분 기호 표시
　– [G3:G12] : 셀 서식의 표시 형식–사용자 지정을 이용하여 #,##0"원"자를 추가
　– [H3:H12] : 셀 서식의 표시 형식–사용자 지정을 이용하여 #"위"자를 추가
　– 조건부 서식[A3:I12] : '객실수입'이 27000000 이상인 경우 레코드 전체에 글꼴(녹색, 굵게) 적용
　– 지시사항이 없는 경우는 주어진 문제파일의 서식을 그대로 사용하시오.

▶ ① 순위[H3:H12] : '객실수입'을 기준으로 큰 순으로 순위를 구하시오. **(RANK 함수)**
▶ ② 비고[I3:I12] : '객실수입'이 22000000 이하이면 "서비스 개선", 그렇지 않으면 공백으로 구하시오. **(IF 함수)**
▶ ③ 평균[E13:G13] : '분류'가 "콘도형"인 '객실수입'의 평균을 구하시오. **(DAVERAGE 함수)**
▶ ④ 최대값-최소값[E14:G14] : '2020년'의 최대값과 최소값의 차이를 구하시오. **(MAX, MIN 함수)**
▶ ⑤ 순위[E15:G15] : '2018년' 중 세 번째로 작은 값을 구하시오. **(SMALL 함수)**

03 "필터"와 "시나리오" 시트를 참조하여 다음 ≪처리조건≫에 맞도록 작업하시오. (60점)

∗ 소스파일 : 정복06_문제03.xlsx   ∗ 정답파일 : 정복06_완성03.xlsx

● 출력 형태 – 시나리오

	A	B	C	D	E	F	G
1							
2		시나리오 요약					
3				현재 값:	하반기 187600 증가	하반기 214800 감소	
5		변경 셀:					
6		$E$4		1,284,390	1,471,990	1,069,590	
7		$E$6		1,960,800	2,148,400	1,746,000	
8		$E$11		784,300	971,900	569,500	
9		결과 셀:					
10		$F$4		1,480,195	1,573,995	1,372,795	
11		$F$6		2,171,965	2,265,765	2,064,565	
12		$F$11		548,515	642,315	441,115	
13		참고: 현재 값 열은 시나리오 요약 보고서가 작성될 때의					
14		변경 셀 값을 나타냅니다. 각 시나리오의 변경 셀들은					
15		회색으로 표시됩니다.					
16							

● 처리 조건

▶ "시나리오" 시트의 [A2:G12]를 이용하여 '고객등급'이 "C등급"인 경우, '하반기'가 변동할 때 '평균'
이 변동하는 가상분석(시나리오)을 작성하시오.
    – 시나리오1 : 시나리오 이름은 "하반기 187600 증가", '하반기'에 187600을 증가시킨 값 설정.
    – 시나리오2 : 시나리오 이름은 "하반기 214800 감소", '하반기'에 214800을 감소시킨 값 설정.
    – "시나리오 요약" 시트를 작성하시오.
▶ 지시사항이 없는 경우는 ≪출력형태 – 시나리오≫와 동일하게 작성하시오.

제 06 회 ▶ 디지털정보활용능력 출제예상 모의고사

☑ 시험과목 : 스프레드시트(엑셀)
☑ 시험일자 : 20XX. XX. XX (X)
☑ 응시자 기재사항 및 감독위원 확인

MS Office 2016 버전용

수 검 번 호	DIS - XXXX -	감독위원 확인
성 명		

응시자 유의사항

1. 응시자는 신분증을 지참하여야 시험에 응시할 수 있으며, 시험이 종료될 때까지 신분증을 제시하지 못 할 경우 해당 시험은 0점 처리됩니다.

2. 시스템(PC작동여부, 네트워크 상태 등)의 이상여부를 반드시 확인하여야 하며, 시스템 이상이 있을시 감독위원에 게 조치를 받으셔야 합니다.

3. 시험 중 부주의 또는 고의로 시스템을 파손한 경우는 응시자 부담으로 합니다.

4. 답안 전송 프로그램을 통해 다운로드 받은 파일을 이용하여 답안파일을 작성하시기 바랍니다.

5. 작성한 답안 파일은 답안 전송 프로그램을 통하여 전송됩니다. 감독위원의 지시에 따라 주시기 바랍니다.

6. 다음사항의 경우 실격(0점) 혹은 부정행위 처리됩니다.

   1) 답안파일을 저장하지 않았거나, 저장한 파일이 손상되었을 경우

   2) 답안파일을 지정된 폴더(바탕화면 – "KAIT" 폴더)에 저장하지 않았을 경우

      ※ 답안 전송 프로그램 로그인 시 바탕화면에 자동 생성됨

   3) 답안파일을 다른 보조 기억장치(USB) 혹은 네트워크(메신저, 게시판 등)로 전송할 경우

   4) 휴대용 전화기 등 통신기기를 사용할 경우

7. 시험지에 제시된 글꼴이 응시 프로그램에 없는 경우, 반드시 감독위원에게 해당 내용을 통보한 뒤 조치를 받아야 합니다.

8. 시험의 완료는 작성이 완료된 답안을 저장하고, 답안 전송이 완료된 상태를 확인한 것으로 합니다. 답안 전송 확인 후 문제지는 감독위원에게 제출한 후 퇴실하여야 합니다.

9. 답안전송이 완료된 경우에는 수정 또는 정정이 불가능합니다.

10. 시험시행 후 결과는 홈페이지(www.ihd.or.kr)에서 확인하시기 바랍니다.

    1) 문제 및 모범답안 공개 : 20XX. XX. XX.(X)

    2) 합격자 발표 : 20XX. XX. XX.(X)

Korea Association for ICT promotion
한국정보통신진흥협회 **KAIT**

시나리오 및 매크로

04 "필터"와 "시나리오" 시트를 참조하여 다음 ≪처리조건≫에 맞도록 작업하시오. **(60점)**

＊ 소스파일 : 정복06_문제04.xlsx ＊ 정답파일 : 정복06_완성04.xlsx

● 출력 형태 – 시나리오

	A	B	C	D	E	F	G
2		시나리오 요약						
3					현재 값:	2020년 수입 40000 증가	2020년 수입 20000 감소	
5		변경 셀:						
6			$F$5	531,721	571,721	511,721	
7			$F$6	309,960	349,960	289,960	
8			$F$9	1,154,280	1,194,280	1,134,280	
9			$F$10	84,496	124,496	64,496	
10		결과 셀:						
11			$G$5	310,764	324,097	304,097	
12			$G$6	184,705	198,039	178,039	
13			$G$9	612,686	626,020	606,020	
14			$G$10	443,574	456,907	436,907	
15		참고: 현재 값 열은 시나리오 요약 보고서가 작성될 때의						
16		변경 셀 값을 나타냅니다. 각 시나리오의 변경 셀들은						
17		회색으로 표시됩니다.						

● 처리 조건

▶ "시나리오" 시트의 [A2:G12]를 이용하여 '구분'이 "아시아"인 경우, '2020년'이 변동할 때 '평균'이 변동하는 가상분석(시나리오)을 작성하시오.

– 시나리오1 : 시나리오 이름은 "2020년 수입 40000 증가", '2020년'에 40000을 증가시킨 값 설정.

– 시나리오2 : 시나리오 이름은 "2020년 수입 20000 감소", '2020년'에 20000을 감소시킨 값 설정.

– "시나리오 요약" 시트를 작성하시오.

▶ 지시사항이 없는 경우는 ≪출력형태 – 시나리오≫와 동일하게 작성하시오.

[문제 5] "차트" 시트를 참조하여 다음 ≪처리조건≫에 맞도록 작업하시오. (30점)

≪출력형태≫

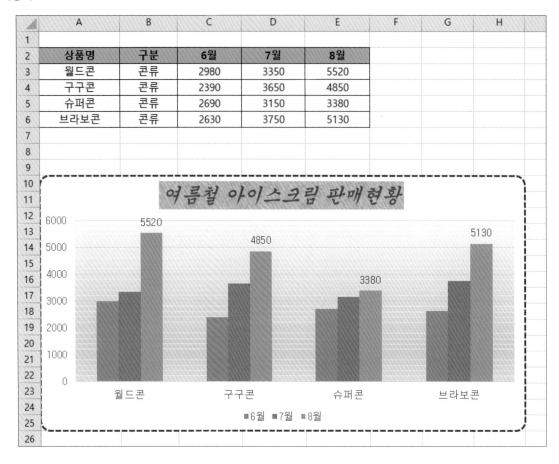

≪처리조건≫

▶ "차트" 시트에 주어진 표를 이용하여 '묶은 세로 막대형' 차트를 작성하시오.
- 데이터 범위 : 현재 시트 [A2:A6], [C2:E6]의 데이터를 이용하여 작성하고, 행/열 전환은 '열'로 지정
- 차트 제목("여름철 아이스크림 판매현황")
- 범례 위치 : 아래쪽
- 차트 스타일 : 색 변경(색상형 – 색 1, 스타일 11)
- 차트 위치 : 현재 시트에 [A10:H25] 크기에 정확하게 맞추시오.
- 차트 영역 서식 : 글꼴(돋움체, 11pt), 테두리 색(실선, 색 : 진한 빨강), 테두리 스타일(너비 : 2pt,
　　　　　　　　겹선 종류 : 단순형, 대시 종류 : 사각 점선, 둥근 모서리)
- 차트 제목 서식 : 글꼴(궁서, 20pt, 기울임꼴), 채우기(그림 또는 질감 채우기, 질감 : 분홍 박엽지)
- 그림 영역 서식 : 채우기(그라데이션 채우기, 그라데이션 미리 설정 : 밝은 그라데이션 – 강조 3, 종류 : 선형,
　　　　　　　　방향 : 선형 아래쪽)
- 데이터 계열 서식 : '8월' 계열에 "값" 표시

▶ 지시사항이 없는 경우는 ≪출력형태≫와 동일하게 작성하시오.

출제유형

07

피벗 테이블

☑ 피벗 테이블 작성하기
☑ 피벗 테이블 보고서 레이아웃 및 서식 지정하기

문제 미리보기

소스파일 : 유형07_문제.xlsx   정답파일 : 유형07_완성.xlsx

● 피벗 테이블 작성

【문제 4】 "피벗테이블" 시트를 참조하여 다음 ≪처리조건≫에 맞도록 작업하시오.   (30점)

● 출력 형태

	제품종류	값	판매처 ▼			
			백화점	통신판매	편의점	할인점
	생수	평균 : 2018년	***	***	16,988	17,619
		평균 : 2019년	***	***	17,179	17,732
		평균 : 2020년	***	***	16,810	19,480
	커피음료	평균 : 2018년	***	19,313	***	***
		평균 : 2019년	***	15,532	***	***
		평균 : 2020년	***	14,066	***	***
	탄산음료	평균 : 2018년	20,038	***	13,774	21,670
		평균 : 2019년	22,725	***	25,788	22,197
		평균 : 2020년	15,911	***	24,957	11,554
	전체 평균 : 2018년		20,038	19,313	15,916	18,969
	전체 평균 : 2019년		22,725	15,532	20,048	19,220
	전체 평균 : 2020년		15,911	14,066	19,526	16,838

● 처리 조건

▶ "피벗테이블" 시트의 [A2:G12]를 이용하여 새로운 시트에 ≪출력형태≫와 같이 피벗테이블을 작성 후 시트명을 "피벗테이블 정답"으로 수정하시오.

▶ 제품종류(행)와 판매처(열)를 기준으로 하여 출력형태와 같이 구하시오.

　– '2018년', '2019년', '2020년'의 평균을 구하시오.

　– 피벗 테이블 옵션을 이용하여 레이블이 있는 셀 병합 및 가운데 맞춤하고, 빈 셀을 "***"로 표시한 후, 행의 총 합계를 감추기 하시오.

　– 피벗 테이블 디자인에서 보고서 레이아웃은 '테이블 형식으로 표시', 피벗 테이블 스타일은 '피벗 스타일 보통 13'으로 표시하시오.

　– 제품종류(행)는 "생수", "커피음료", "탄산음료"만 출력되도록 표시하시오.

　– [C5:F16] 데이터는 셀 서식의 표시 형식-숫자를 이용하여 1000단위 구분 기호를 표시하고, 오른쪽 맞춤하시오.

▶ 제품종류의 순서는 ≪출력형태≫와 다를 수 있음

▶ 지시사항이 없는 경우는 ≪출력형태≫와 동일하게 작성하시오.

[문제 4] "피벗테이블" 시트를 참조하여 다음 ≪처리조건≫에 맞도록 작업하시오. (30점)

≪출력형태≫

	A	B	C	D	E
1					
2					
3			구분		
4	제조사	값	바	샌드	콘
5		평균 : 6월	3,930	3,690	2,690
6	빙그레	평균 : 7월	4,380	4,032	3,150
7		평균 : 8월	5,310	5,190	3,380
8		평균 : 6월	2,960	***	2,630
9	해태	평균 : 7월	3,560	***	3,750
10		평균 : 8월	3,870	***	5,130
11	전체 평균 : 6월		3,445	3,690	2,660
12	전체 평균 : 7월		3,970	4,032	3,450
13	전체 평균 : 8월		4,590	5,190	4,255
14					

≪처리조건≫

▶ "피벗테이블" 시트의 [A2:F12]를 이용하여 새로운 시트에 ≪출력형태≫와 같이 피벗테이블을 작성 후 시트명을 "피벗테이블 정답"으로 수정하시오.

▶ 제조사(행)와 구분(열)을 기준으로 하여 출력형태와 같이 구하시오.
　– '6월', '7월', '8월'의 평균을 구하시오.
　– 피벗테이블 옵션을 이용하여 레이블이 있는 셀 병합 및 가운데 맞춤하고, 빈 셀을 '***'로 표시 한 후, 행의
　　총 합계를 감추기 하시오.
　– 피벗테이블 디자인에서 보고서 레이아웃은 '테이블 형식으로 표시', 피벗테이블 스타일은 '피벗 스타일 보통 10'으로
　　표시하시오.
　– 제조사(행)은 "빙그레", "해태"만 출력되도록 표시하시오.
　– [C5:E13] 데이터는 셀 서식의 표시 형식–숫자를 이용하여 1000단위 구분 기호를 표시하고, 가운데 맞춤하시오.

▶ 제조사 항목의 순서는 ≪출력형태≫와 다를 수 있음

▶ 지시사항이 없는 경우는 ≪출력형태≫와 동일하게 작성하시오.

❶ [파일]-[열기]($Ctrl$+O)를 클릭한 후, [찾아보기]를 클릭합니다. [열기] 대화상자가 나오면 '유형 07_문제.xlsx' 파일을 불러와 [피벗테이블] 시트를 선택합니다.

❷ [A2] 셀을 클릭한 후 [삽입] 탭의 [표] 그룹에서 '피벗 테이블'을 클릭합니다.

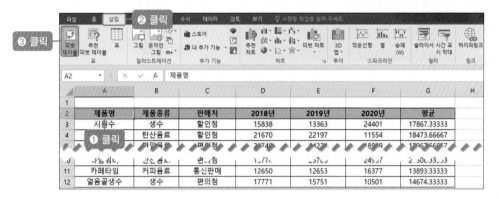

❸ [피벗 테이블 만들기] 대화상자가 나오면 '표/범위(피벗테이블!$A$2:$G$12)'를 확인합니다. 이어서, 피벗 테이블 보고서를 넣을 위치에서 '새 워크시트'를 선택한 후 〈확인〉 단추를 클릭합니다.

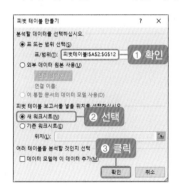

❹ 새로운 워크시트가 삽입되면 오른쪽의 [피벗 테이블 필드]에서 '보고서에 추가할 필드 선택:' 항목 중 '제품종류' 필드를 '행' 위치로 드래그 합니다.

※ '제품종류' 필드 위에서 마우스 오른쪽 버튼을 눌러 [행 레이블에 추가]를 클릭해도 됩니다.

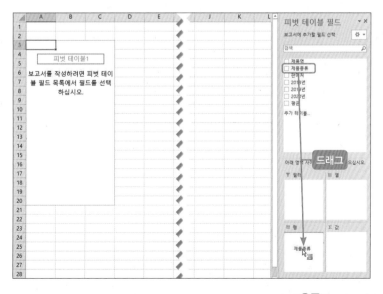

TIP
[피벗 테이블 필드 목록]이 사라졌을 경우

[피벗 테이블 도구]-[분석] 탭의 [표시] 그룹에서 '필드목록(▤)'을 클릭하면 다시 활성화됩니다.

(2) 시나리오

≪출력형태 – 시나리오≫

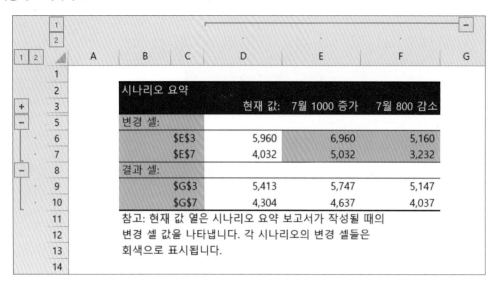

≪처리조건≫

▶ "시나리오"시트의 [A2:G12]를 이용하여 '구분'이 "샌드류"인 경우, '7월'이 변동할 때 '평균'이 변동하는 가상분석 (시나리오)을 작성하시오.
　– 시나리오1 : 시나리오 이름은 "7월 1000 증가", 7월에 1000을 증가시킨 값 설정.
　– 시나리오2 : 시나리오 이름은 "7월 800 감소", 7월에 800을 감소시킨 값 설정.
　– "시나리오 요약" 시트를 작성하시오.

▶ 지시사항이 없는 경우는 ≪출력형태 – 시나리오≫와 동일하게 작성하시오.

❺ 똑같은 방법으로 '판매처' 필드를 '열' 위치로 드래그 합니다. 이어서, '2018년', '2019년', '2020년' 필드를 'Σ 값' 위치로 각각 드래그 합니다.

※ 2018년, 2019년, 2020년 필드를 'Σ 값' 위치로 드래그할 때 반드시 《처리조건》과 동일한 순서(2018년 → 2019년 → 2020년)로 드래그 해야 합니다.

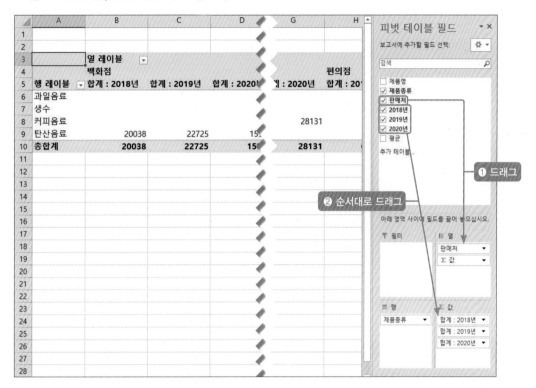

TIP 피벗 테이블

• 《출력형태》를 참고하여 '행, 열, Σ 값' 위치에 들어갈 필드를 확인할 수 있습니다.

• 필드 삭제 : 삭제할 필드를 워크시트 쪽으로 드래그하거나, 필드를 클릭한 후 [필드 제거]를 선택합니다.

[문제 3] "필터"와 "시나리오" 시트를 참조하여 다음 ≪처리조건≫에 맞도록 작업하시오. (60점)

(1) 필터

≪출력형태 – 필터≫

	A	B	C	D	E	F	G
1							
2	상품명	구분	제조사	6월	7월	8월	평균
3	국화빵	샌드류	롯데	4,250	5,960	6,030	5,413
4	메로나	바류	빙그레	3,930	4,380	5,310	4,540
5	쌍쌍바	바류	해태	2,960	3,560	3,870	3,463
6	월드콘	콘류	롯데	2,980	3,350	5,520	3,950
7	붕어싸만코	샌드류	빙그레	3,690	4,032	5,190	4,304
8	보석바	바류	롯데	2,360	3,390	4,910	3,553
9	죠스바	바류	롯데	2,630	3,960	5,120	3,903
10	구구콘	콘류	롯데	2,390	3,650	4,850	3,630
11	슈퍼콘	콘류	빙그레	2,690	3,150	3,380	3,073
12	브라보콘	콘류	해태	2,630	3,750	5,130	3,837
13							
14	조건						
15	FALSE						
16							
17							
18	상품명	제조사	6월	7월	8월		
19	월드콘	롯데	2,980	3,350	5,520		
20	구구콘	롯데	2,390	3,650	4,850		
21	브라보콘	해태	2,630	3,750	5,130		
22							

≪처리조건≫

▶ "필터" 시트의 [A2:G12]를 아래 조건에 맞게 고급필터를 사용하여 작성하시오.
　　– '구분'이 "콘류"이고 '평균'이 3500 이상인 데이터를 '상품명', '제조사', '6월', '7월', '8월'의 데이터만 필터링 하시오.
　　– 조건 위치 : 조건 함수는 [A15] 한 셀에 작성(AND 함수 이용)
　　– 결과 위치 : [A18]부터 출력

▶ 지시사항이 없는 경우는 ≪출력형태 – 필터≫와 동일하게 작성하시오.

❻ 'Σ 값'에서 합계 : 2018년 ▼ 을 클릭한 후 [값 필드 설정]을 선택합니다.

❼ [값 필드 설정] 대화상자가 나오면 [값 요약 기준] 탭에서 계산 유형을 '평균'으로 선택한 후 〈확인〉 단추를 클릭합니다.

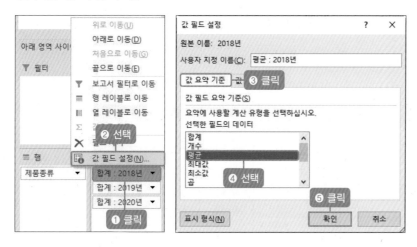

❽ 동일한 방법으로 '합계 : 2019년'과 '합계 : 2020년'도 계산 유형을 '평균'으로 변경합니다.

※ 계산 유형은 '평균, 합계, 최대값, 최소값'이 자주 출제되고 있습니다.

❾ '열'의 Σ 값 ▼ 를 드래그하여 '행'의 제품종류 ▼ 아래쪽으로 이동시킨 후 피벗 테이블을 확인합니다.

행 레이블	백화점	통신판매	편의점	할인점	총합계
과일음료					
평균 : 2018년			20740		20740
평균 : 2019년			14224		14224
평균 : 2020년			18939		18939
생수					
평균 : 2018년			16987.5	17619	17303.25
평균 : 2019년			17178.5	17731.5	17455
평균 : 2020년			16810	19480	18145
커피음료					
평균 : 2018년		19313			19313
평균 : 2019년		15532			15532
평균 : 2020년		14065.5			14065.5
탄산음료					
평균 : 2018년	20038		13774	21670	18494
평균 : 2019년	22725		25788	22197	23570
평균 : 2020년	15911		24957	11554	17474
전체 평균 : 2018년	20038	19313	17122.25	18969.33333	18406.1
전체 평균 : 2019년	22725	15532	18592.25	19220	18581.8
전체 평균 : 2020년	15911	14065.5	19379	16838	17207.2

[문제 2] "부분합" 시트를 참조하여 다음 ≪처리조건≫에 맞도록 작업하시오. (30점)

≪출력형태≫

	A	B	C	D	E	F	G
2	상품명	구분	제조사	6월	7월	8월	평균
3	쌍쌍바	바류	해태	2,960	3,560	3,870	3,463
4	브라보콘	콘류	해태	2,630	3,750	5,130	3,837
5			해태 최대값				3,837
6			해태 평균	2,795	3,655	4,500	
7	메로나	바류	빙그레	3,930	4,380	5,310	4,540
8	붕어싸만코	샌드류	빙그레	3,690	4,032	5,190	4,304
9	슈퍼콘	콘류	빙그레	2,690	3,150	3,380	3,073
10			빙그레 최대값				4,540
11			빙그레 평균	3,437	3,854	4,627	
12	국화빵	샌드류	롯데	4,250	5,960	6,030	5,413
13	월드콘	콘류	롯데	2,980	3,350	5,520	3,950
14	보석바	바류	롯데	2,360	3,390	4,910	3,553
15	죠스바	바류	롯데	2,630	3,960	5,120	3,903
16	구구콘	콘류	롯데	2,390	3,650	4,850	3,630
17			롯데 최대값				5,413
18			롯데 평균	2,922	4,062	5,286	
19			전체 최대값				5,413
20			전체 평균	3,051	3,918	4,931	
21							

≪처리조건≫

▶ 데이터를 '제조사' 기준으로 내림차순 정렬하시오.

▶ 아래 조건에 맞는 부분합을 작성하시오.
　– '제조사'로 그룹화 하여 '6월', '7월', '8월'의 평균을 구하는 부분합을 만드시오.
　– '제조사'로 그룹화 하여 '평균'의 최대값을 구하는 부분합을 만드시오.
　　(새로운 값으로 대치하지 말 것)
　– [D3:G20] 영역에 셀 서식의 표시 형식–숫자를 이용하여 1000단위 구분 기호를 표시하시오.

▶ D~F열을 선택하여 그룹을 설정하시오.

▶ 평균과 최대값의 부분합 순서는 ≪출력형태≫와 다를 수 있음

▶ 지시사항이 없는 경우는 기본 값을 적용하시오.

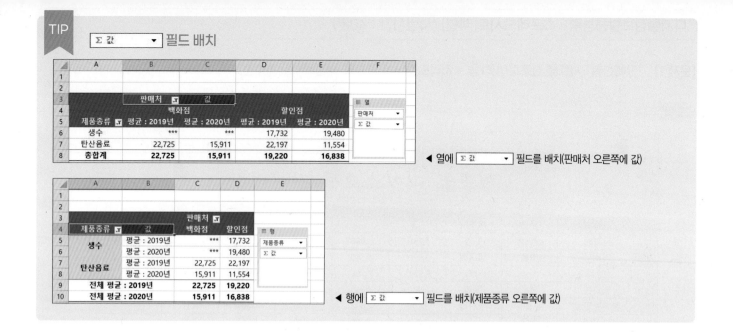

Σ 값 ▼ 필드 배치

◀ 열에 Σ 값 ▼ 필드를 배치(판매처 오른쪽에 값)

◀ 행에 Σ 값 ▼ 필드를 배치(제품종류 오른쪽에 값)

02 피벗 테이블 레이아웃 및 스타일 지정하기

① 작성된 피벗 테이블 안에서 마우스 오른쪽 버튼을 눌러 바로 가기 메뉴가 나오면 [피벗 테이블 옵션]을 선택합니다.

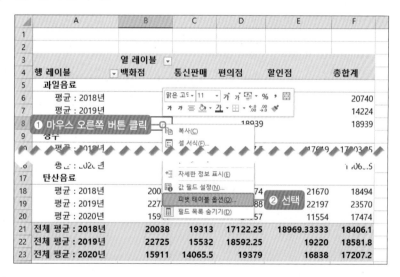

숫자 값이 '###'인 경우

피벗 테이블을 작성한 후 숫자 값이 '###'으로 나올 경우 ≪출력 형태≫를 참고하여 열과 열 사이를 더블클릭하여 숫자 값이 보이도록 변경합니다.

[문제 1] "판매현황" 시트를 참조하여 다음 《처리조건》에 맞도록 작업하시오. (50점)

《출력형태》

상품명	구분	제조사	6월	7월	8월	평균	순위	비고
		여름철 아이스크림 판매현황						
국화빵	샌드류	롯데	4,250	5,960	6,030	5,413	1위	인기상품
메로나	바류	빙그레	3,930	4,380	5,310	4,540	3위	인기상품
쌍쌍바	바류	해태	2,960	3,560	3,870	3,463	9위	
월드콘	콘류	롯데	2,980	3,350	5,520	3,950	2위	
붕어싸만코	샌드류	빙그레	3,690	4,032	5,190	4,304	4위	인기상품
보석바	바류	롯데	2,360	3,390	4,910	3,553	7위	
죠스바	바류	롯데	2,630	3,960	5,120	3,903	6위	
구구콘	콘류	롯데	2,390	3,650	4,850	3,630	8위	
슈퍼콘	콘류	빙그레	2,690	3,150	3,380	3,073	10위	
브라보콘	콘류	해태	2,630	3,750	5,130	3,837	5위	
'평균'의 최대값-최소값 차이				2,340				
'제조사'가 "롯데"인 '8월'의 합계				26,430				
'제조사'가 "빙그레"인 개수				3				

《처리조건》

▶ 1행의 행 높이를 '80'으로 설정하고, 2행~15행의 행 높이를 '18'로 설정하시오.

▶ 제목("여름철 아이스크림 판매현황") : 기본 도형의 '빗면'을 이용하여 입력하시오.
　– 도형 : 위치([B1:H1]), 도형 스타일(테마 스타일 – 미세 효과 – '주황, 강조 2')
　– 글꼴 : 궁서체, 24pt, 기울임꼴
　– 도형 서식 : 도형 옵션 – 크기 및 속성(텍스트 상자(세로 맞춤 : 정가운데, 텍스트 방향 : 가로))

▶ 셀 서식을 아래 조건에 맞게 작성하시오.
　– [A2:I15] : 테두리(안쪽, 윤곽선 모두 실선, '검정, 텍스트 1'), 전체 가운데 맞춤
　– [A13:D13], [A14:D14], [A15:D15] : 각각 병합하고 가운데 맞춤
　– [A2:I2], [A13:D15] : 채우기 색('주황, 강조 2', 40% 더 밝게), 글꼴(굵게)
　– [B3:B12] : 셀 서식의 표시 형식–사용자 지정을 이용하여 @"류"자를 추가
　– [D3:G12],[E13:G14] : 셀 서식의 표시 형식–숫자를 이용하여 1000단위 구분 기호 표시
　– [H3:H12] : 셀 서식의 표시 형식–사용자 지정을 이용하여 #"위"자를 추가
　– 조건부 서식[A3:I12] : '8월'이 4000 이하인 경우 레코드 전체에 글꼴('주황, 강조 2', 굵은 기울임꼴) 적용
　– 지시사항이 없는 경우는 주어진 문제파일의 서식을 그대로 사용하시오.

▶ ① 순위[H3:H12] : '8월'을 기준으로 큰 순으로 순위를 구하시오. **(RANK 함수)**
▶ ② 비고[I3:I12] : '평균'이 4000 이상이면 "인기상품", 그렇지 않으면 공백으로 구하시오. **(IF 함수)**
▶ ③ 최대값–최소값[E13:G13] : '평균'의 최대값과 최소값의 차이를 구하시오. **(MAX, MIN 함수)**
▶ ④ 합계[E14:G14] : '제조사'가 "롯데"인 '8월'의 합계를 구하시오. **(DSUM 함수)**
▶ ⑤ 빙그레 개수[E15:G15] : '제조사'가 "빙그레"인 개수를 구하시오. **(COUNTIF 함수)**

❷ [피벗 테이블 옵션] 대화상자가 나오면 [레이아웃 및 서식] 탭을 선택한 후 '레이블이 있는 셀 병합 및 가운데 맞춤' 항목에 체크 표시(✓)를 지정하고, '빈 셀 표시' 입력 칸에 '***'를 입력합니다.

※ 피벗 테이블 옵션 및 스타일 지정은 《처리조건》을 참고하여 작업합니다.

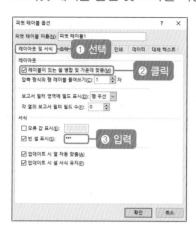

❸ 이어서, [요약 및 필터] 탭을 선택한 후 '행 총합계 표시' 항목의 체크 표시(✓)를 해제하고 〈확인〉 단추를 클릭합니다.

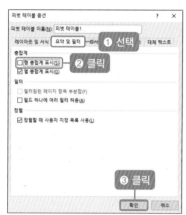
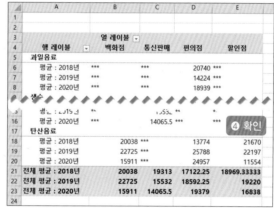

❹ 피벗 테이블 옵션 지정이 끝나면 [피벗 테이블 도구]-[디자인] 탭의 [레이아웃] 그룹에서 [보고서 레이아웃]-'테이블 형식으로 표시(▦)'를 클릭합니다.

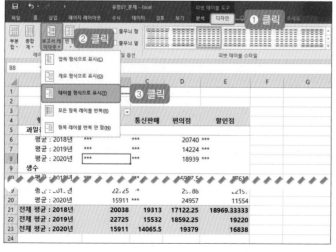

제05회 디지털정보활용능력 출제예상 모의고사

☑ 시험과목 : 스프레드시트(엑셀)
☑ 시험일자 : 20XX. XX. XX (X)
☑ 응시자 기재사항 및 감독위원 확인

MS Office 2016 버전용

수검번호	DIS - XXXX -	감독위원 확인
성 명		

응시자 유의사항

1. 응시자는 신분증을 지참하여야 시험에 응시할 수 있으며, 시험이 종료될 때까지 신분증을 제시하지 못 할 경우 해당 시험은 0점 처리됩니다.

2. 시스템(PC작동여부, 네트워크 상태 등)의 이상여부를 반드시 확인하여야 하며, 시스템 이상이 있을시 감독위원에게 조치를 받으셔야 합니다.

3. 시험 중 부주의 또는 고의로 시스템을 파손한 경우는 응시자 부담으로 합니다.

4. 답안 전송 프로그램을 통해 다운로드 받은 파일을 이용하여 답안파일을 작성하시기 바랍니다.

5. 작성한 답안 파일은 답안 전송 프로그램을 통하여 전송됩니다. 감독위원의 지시에 따라 주시기 바랍니다.

6. 다음사항의 경우 실격(0점) 혹은 부정행위 처리됩니다.

   1) 답안파일을 저장하지 않았거나, 저장한 파일이 손상되었을 경우

   2) 답안파일을 지정된 폴더(바탕화면 – "KAIT" 폴더)에 저장하지 않았을 경우

      ※ 답안 전송 프로그램 로그인 시 바탕화면에 자동 생성됨

   3) 답안파일을 다른 보조 기억장치(USB) 혹은 네트워크(메신저, 게시판 등)로 전송할 경우

   4) 휴대용 전화기 등 통신기기를 사용할 경우

7. 시험지에 제시된 글꼴이 응시 프로그램에 없는 경우, 반드시 감독위원에게 해당 내용을 통보한 뒤 조치를 받아야 합니다.

8. 시험의 완료는 작성이 완료된 답안을 저장하고, 답안 전송이 완료된 상태를 확인한 것으로 합니다. 답안 전송 확인 후 문제지는 감독위원에게 제출한 후 퇴실하여야 합니다.

9. 답안전송이 완료된 경우에는 수정 또는 정정이 불가능합니다.

10. 시험시행 후 결과는 홈페이지(www.ihd.or.kr)에서 확인하시기 바랍니다.

    1) 문제 및 모법답안 공개 : 20XX. XX. XX.(X)

    2) 합격자 발표 : 20XX. XX. XX.(X)

Korea Association for ICT promotion
한국정보통신진흥협회 KAIT

❺ 이어서, [피벗 테이블 도구]-[디자인] 탭의 [피벗 테이블 스타일] 그룹에서 자세히(⏷) 단추를 클릭합니다.

❻ 피벗 테이블 스타일 목록이 펼쳐지면 '보통'에서 '피벗 스타일 보통 13(▥)'을 선택합니다.

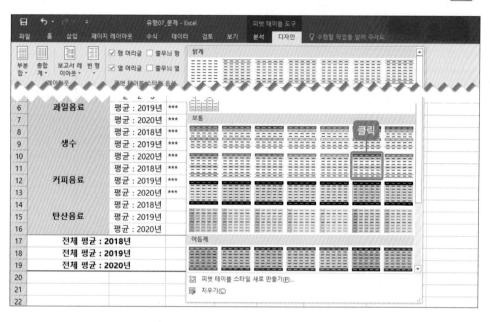

03 서식 지정 및 워크시트 이름 변경하기

❶ [A4] 셀의 '제품종류' 행에서 목록 단추(⏷)를 클릭합니다. 이어서, 목록이 펼쳐지면 '과일음료'의 체크 박스(☑)를 클릭하여 체크 표시(✓)를 해제한 후 〈확인〉 단추를 클릭합니다.

※ 피벗 테이블의 행/열 필터 작업 및 서식 지정은 ≪처리조건≫을 참고하여 작업합니다.

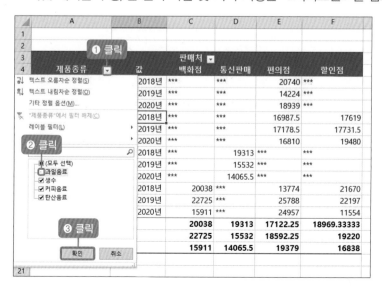

[문제 5] "차트" 시트를 참조하여 다음 ≪처리조건≫에 맞도록 작업하시오. (30점)

≪출력형태≫

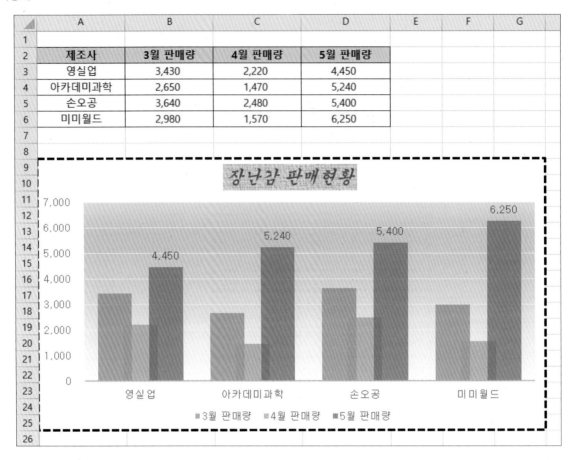

≪처리조건≫

▶ "차트" 시트에 주어진 표를 이용하여 '묶은 세로 막대형' 차트를 작성하시오.
　– 데이터 범위 : 현재 시트 [A2:D6]의 데이터를 이용하여 작성하고, 행/열 전환은 '열'로 지정
　– 차트 제목("장난감 판매현황")
　– 범례 위치 : 아래쪽
　– 차트 스타일 : 색 변경(색상형–색 2, 스타일 13)
　– 차트 위치 : 현재 시트에 [A9:G25] 크기에 정확하게 맞추시오.
　– 차트 영역 서식 : 글꼴(굴림, 11pt), 테두리 색(실선, 색 : '검정, 텍스트 1'), 테두리 스타일 (너비 : 2.5pt,
　　　　　　　　　　 겹선 종류 : 단순형, 대시 종류 : 사각 점선)
　– 차트 제목 서식 : 글꼴(궁서, 18pt, 기울임꼴), 채우기(그림 또는 질감 채우기, 질감 : 캔버스)
　– 그림 영역 서식 : 채우기(그라데이션 채우기, 그라데이션 미리 설정 : 밝은 그라데이션–강조 1, 종류 : 선형,
　　　　　　　　　　 방향 : 선형 위쪽)
　– 데이터 레이블 추가 : '5월 판매량' 계열에 "값" 표시

▶ 지시사항이 없는 경우는 ≪출력형태≫와 동일하게 작성하시오.

❷ [C5:F16] 영역을 드래그한 후 영역으로 지정된 셀 범위 위에서 마우스 오른쪽 버튼을 눌러 [셀 서식]을 클릭합니다.

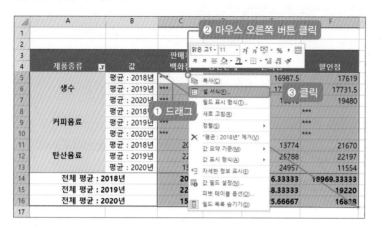

❸ [셀 서식] 대화상자가 나오면 [표시 형식] 탭의 '범주'에서 '숫자'를 선택합니다. 이어서, '1000 단위 구분 기호(,) 사용'에 체크 표시(✓)를 지정한 후 〈확인〉 단추를 클릭합니다.

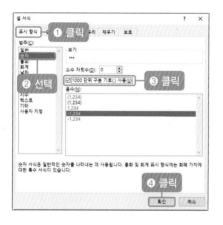

❹ [홈] 탭의 [맞춤] 그룹에서 '텍스트 오른쪽 맞춤(☰)'을 클릭합니다. 이어서, 워크시트 하단의 [Sheet1] 시트 탭을 더블 클릭한 후 '피벗테이블 정답'으로 시트 이름을 변경합니다.

※ [Sheet1] 시트 탭 위에서 마우스 오른쪽 버튼을 눌러 바로 가기 메뉴가 나오면 [이름 바꾸기]를 선택해도 됩니다.

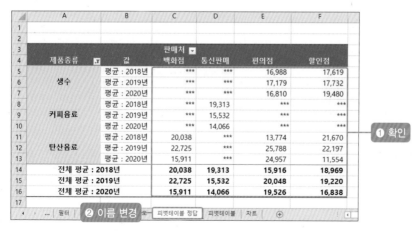

❺ [파일]-[저장](Ctrl+S) 또는 [빠른 실행 도구 모음]에서 '저장(🖫)'을 클릭합니다.

※ 실제 시험을 볼 때 작업 도중에 수시로(10분에 한 번 정도) 저장을 하는 것이 좋습니다.

[문제 4] "피벗테이블" 시트를 참조하여 다음 ≪처리조건≫에 맞도록 작업하시오. (30점)

≪출력형태≫

	A	B	C	D	E	F	G	H
1								
2								
3			제품명 ▼					
4	제조사 ▼	값	공룡메카드	베이블레이드	시크릿 쥬쥬	콩순이	터닝메카드	헬로카봇
5	손오공	평균 : 3월 판매량	3,980	***	***	***	3,317	3,640
6		평균 : 5월 판매량	6,930	***	***	***	5,410	5,400
7	영실업	평균 : 3월 판매량	***	3,430	3,450	3,468	***	***
8		평균 : 5월 판매량	***	4,450	5,250	6,060	***	***
9	전체 평균 : 3월 판매량		3,980	3,430	3,450	3,468	3,317	3,640
10	전체 평균 : 5월 판매량		6,930	4,450	5,250	6,060	5,410	5,400
11								

≪처리조건≫

▶ "피벗테이블" 시트의 [A2:G12]를 이용하여 새로운 시트에 ≪출력형태≫와 같이 피벗테이블을 작성 후 시트명을 "피벗테이블 정답"으로 수정하시오.

▶ 제조사(행)와 제품명(열)을 기준으로 하여 출력형태와 같이 구하시오.
　- '3월 판매량', '5월 판매량'의 평균을 구하시오.
　- 피벗테이블 옵션을 이용하여 레이블이 있는 셀 병합 및 가운데 맞춤하고, 빈 셀을 "***"로 표시한 후, 행의 총합계를 감추기 하시오.
　- 피벗테이블 디자인에서 보고서 레이아웃은 '테이블 형식으로 표시', 피벗테이블 스타일은 '피벗 스타일 보통 9'로 표시하시오.
　- 제조사(행)는 "손오공", "영실업"만 출력되도록 표시하시오.
　- [C5:H10] 데이터는 셀 서식의 표시 형식-숫자를 이용하여 1000단위 구분 기호를 표시하고, 오른쪽 맞춤하시오.

▶ 제조사 항목의 순서는 ≪출력형태≫와 다를 수 있음

▶ 지시사항이 없는 경우는 ≪출력형태≫와 동일하게 작성하시오.

피벗 테이블

01 "피벗테이블" 시트를 참조하여 다음 ≪처리조건≫에 맞도록 작업하시오. (30점)

＊ 소스파일 : 정복07_문제01.xlsx　＊ 정답파일 : 정복07_완성01.xlsx

● 출력 형태

▲	A	B	C	D
1				
2	행		열	
3			작가 ▼	
4	장르 ▼	값	국내작가	해외작가
5	예술	최대값 : 10월	40,401	***
6		최대값 : 11월	41,951	***
7		최대값 : 12월	23,185	***
8	자기계발	최대값 : 10월	72,400	37,899
9		최대값 : 11월	76,520	24,153
10		최대값 : 12월	63,905	6,742
11	전체 최대값 : 10월		72,400	37,899
12	전체 최대값 : 11월		76,520	24,153
13	전체 최대값 : 12월		63,905	6,742
14		Σ 값		

● 처리 조건

┌─ [삽입]-[표]-[피벗 테이블]

▶ "피벗테이블" 시트의 [A2:G12]를 이용하여 새로운 시트에 ≪출력형태≫와 같이 피벗 테이블을 작성 후 시트명을 "피벗테이블 정답"으로 수정하시오.

▶ 장르(행)와 작가(열)를 기준으로 하여 출력형태와 같이 구하시오.
- '10월', '11월', '12월'의 최대값을 구하시오. ┌─● 피벗 테이블 위에서 마우스 오른쪽 버튼-[피벗 테이블 옵션]
- 피벗 테이블 옵션을 이용하여 레이블이 있는 셀 병합 및 가운데 맞춤하고, 빈 셀을 "***"로 표시한 후, 행의 총 합계를 감추기 하시오. ┌─ [피벗 테이블 도구]-[디자인]-[레이아웃]-[보고서 레이아웃]
- 피벗 테이블 디자인에서 보고서 레이아웃은 '테이블 형식으로 표시', 피벗 테이블 스타일은 '피벗 스타일 보통 9'로 표시하시오. ↓ [피벗 테이블 도구]-[디자인]-[피벗 테이블 스타일]
- 장르(행)는 "예술", "자기계발"만 출력되도록 표시하시오.
- [C5:D13] 데이터는 셀 서식의 표시 형식-숫자를 이용하여 1000단위 구분 기호를 표시하고, 가운 데 맞춤하시오.
▶ 장르의 순서는 ≪출력형태≫와 다를 수 있음
▶ 지시사항이 없는 경우는 ≪출력형태≫와 동일하게 작성하시오.

└─ 장르(행) 옆에 있는 필터 단추 클릭-원하는 항목만 체크 표시

(2) 시나리오

≪출력형태 – 시나리오≫

시나리오 요약				
		현재 값:	5월 판매량 1000 증가	5월 판매량 1000 감소
변경 셀:				
	$F$3	4,450	5,450	3,450
	$F$9	6,060	7,060	5,060
	$F$12	5,250	6,250	4,250
결과 셀:				
	$G$3	10,100	11,100	9,100
	$G$9	11,388	12,388	10,388
	$G$12	11,060	12,060	10,060

참고: 현재 값 열은 시나리오 요약 보고서가 작성될 때의
변경 셀 값을 나타냅니다. 각 시나리오의 변경 셀들은
회색으로 표시됩니다.

≪처리조건≫

▶ "시나리오" 시트의 [A2:G12]를 이용하여 '제조사'가 "영실업"인 경우, '5월 판매량'이 변동할 때 '합계'가 변동하는
　가상분석 (시나리오)을 작성하시오.
　– 시나리오1 : 시나리오 이름은 "5월 판매량 1000 증가", '5월 판매량'에 1000을 증가시킨 값 설정.
　– 시나리오2 : 시나리오 이름은 "5월 판매량 1000 감소", '5월 판매량'에 1000을 감소시킨 값 설정.
　– "시나리오 요약" 시트를 작성하시오.

▶ 지시사항이 없는 경우는 ≪출력형태 – 시나리오≫와 동일하게 작성하시오.

02 "피벗테이블" 시트를 참조하여 다음 《처리조건》에 맞도록 작업하시오. (30점)

* 소스파일 : 정복07_문제02.xlsx * 정답파일 : 정복07_완성02.xlsx

● 출력 형태

	A	B	C	D	E	F	G
1							
2							
3			지점 ▼				
4	광역시 ⊾	값	광산구	남구	동래구	북구	사상구
5	광주광역시	평균 : 판매액	2,840,600	***	***	1,227,500	***
6		평균 : 수금액	2,840,600	***	***	1,060,830	***
7	부산광역시	평균 : 판매액	***	1,602,300	3,795,800	***	956,010
8		평균 : 수금액	***	1,243,400	3,043,090	***	956,010
9	전체 평균 : 판매액		2,840,600	1,602,300	3,795,800	1,227,500	956,010
10	전체 평균 : 수금액		2,840,600	1,243,400	3,043,090	1,060,830	956,010
11							

● 처리 조건

▶ "피벗테이블" 시트의 [A2:G12]를 이용하여 새로운 시트에 《출력형태》와 같이 피벗 테이블을 작성
후 시트명을 "피벗테이블 정답"으로 수정하시오.

▶ 광역시(행)와 지점(열)을 기준으로 하여 출력형태와 같이 구하시오.
　– '판매액', '수금액'의 평균을 구하시오.
　– 피벗 테이블 옵션을 이용하여 레이블이 있는 셀 병합 및 가운데 맞춤하고, 빈 셀을 "***"로 표시한
　　후, 행의 총 합계를 감추기 하시오.
　– 피벗 테이블 디자인에서 보고서 레이아웃은 '테이블 형식으로 표시', 피벗 테이블 스타일은 '피벗
　　스타일 어둡게 3'으로 표시하시오.
　– 광역시(행)는 "광주광역시", "부산광역시"만 출력되도록 표시하시오.
　– [C5:G10] 데이터는 셀 서식의 표시 형식–숫자를 이용하여 1000단위 구분 기호를 표시하고,
　　가운데 맞춤하시오.

▶ 광역시의 순서는 《출력형태》와 다를 수 있음

▶ 지시사항이 없는 경우는 《출력형태》와 동일하게 작성하시오.

[문제 3] "필터"와 "시나리오" 시트를 참조하여 다음 ≪처리조건≫에 맞도록 작업하시오. (60점)

(1) 필터

≪출력형태 – 필터≫

	A	B	C	D	E	F	G
1							
2	제품코드	제품명	제조사	3월 판매량	4월 판매량	5월 판매량	합계
3	YV-001	베이블레이드	영실업	3,430	2,220	4,450	10,100
4	AM-001	로보카폴리	아카데미과학	2,650	1,470	5,240	9,360
5	SC-003	헬로카봇	손오공	3,640	2,480	5,400	11,520
6	MC-002	꼬마버스 타요	미미월드	2,980	1,570	6,250	10,800
7	SV-003	공룡메카드	손오공	3,980	2,160	6,930	13,070
8	AM-002	포켓몬	아카데미과학	3,450	1,960	5,650	11,060
9	YC-001	콩순이	영실업	3,468	1,860	6,060	11,388
10	SV-002	터닝메카드	손오공	3,317	2,080	5,410	10,807
11	MC-004	엔젤이 스티커	미미월드	2,780	1,750	5,740	10,270
12	YM-003	시크릿 쥬쥬	영실업	3,450	2,360	5,250	11,060
13							
14	조건						
15	FALSE						
16							
17	제품명	3월 판매량	4월 판매량	5월 판매량			
18	콩순이	3,468	1,860	6,060			
19	시크릿 쥬쥬	3,450	2,360	5,250			
20							

≪처리조건≫

▶ "필터" 시트의 [A2:G12]를 아래 조건에 맞게 고급필터를 사용하여 작성하시오.
　－ '제조사'가 "영실업"이고 '합계'가 11000 이상인 데이터를 '제품명', '3월 판매량', '4월 판매량', '5월 판매량'의 데이터만 필터링 하시오.
　－ 조건 위치 : 조건 함수는 [A15] 한 셀에 작성(AND 함수 이용)
　－ 결과 위치 : [A17]부터 출력

▶ 지시사항이 없는 경우는 ≪출력형태 – 필터≫와 동일하게 작성하시오.

피벗 테이블

03 "피벗테이블" 시트를 참조하여 다음 ≪처리조건≫에 맞도록 작업하시오.　　　(30점)

　　　　　※ 소스파일 : 정복07_문제03.xlsx　　※ 정답파일 : 정복07_완성03.xlsx

● 출력 형태

	A	B	C	D
1				
2				
3			고객등급 🔽	
4	회사 🔽	값	A등급	B등급
5	대한상사	평균 : 상반기	***	1,419,755원
6		평균 : 하반기	***	1,643,030원
7	민국상사	평균 : 상반기	2,078,300원	***
8		평균 : 하반기	1,590,800원	***
9	아소유통	평균 : 상반기	2,528,430원	1,320,500원
10		평균 : 하반기	2,550,600원	1,505,600원
11	전체 평균 : 상반기		2,303,365원	1,386,670원
12	전체 평균 : 하반기		2,070,700원	1,597,220원
13				

● 처리 조건

▶ "피벗테이블" 시트의 [A2:G12]를 이용하여 새로운 시트에 ≪출력형태≫와 같이 피벗 테이블을 작성 후 시트명을 "피벗테이블 정답"으로 수정하시오.

▶ 회사(행)와 고객등급(열)을 기준으로 하여 출력형태와 같이 구하시오.
 – '상반기', '하반기'의 평균을 구하시오.
 – 피벗 테이블 옵션을 이용하여 레이블이 있는 셀 병합 및 가운데 맞춤하고, 빈 셀을 "***"로 표시한 후, 행의 총합계를 감추기 하시오.
 – 피벗 테이블 디자인에서 보고서 레이아웃은 '테이블 형식으로 표시', 피벗 테이블 스타일은 '피벗 스타일 보통 14'로 표시하시오. ┌─ 고객등급(열) 옆에 있는 필터 단추 클릭–원하는 항목만 체크 표시
 – 고객등급(열)은 "A등급", "B등급"만 출력되도록 표시하시오.
 – [C5:D12] 데이터는 셀 서식의 표시 형식–사용자 지정을 이용하여 #,##0"원" 자를 추가하고, 가운데 맞춤하시오. └─ 범위 지정 후 Ctrl+1–[셀 서식] 대화상자–[사용자 지정]–형식 입력 칸에 서식 입력

▶ 회사의 순서는 ≪출력형태≫와 다를 수 있음
▶ 지시사항이 없는 경우는 ≪출력형태≫와 동일하게 작성하시오.

[문제 2] "부분합" 시트를 참조하여 다음 ≪처리조건≫에 맞도록 작업하시오. (30점)

≪출력형태≫

제품코드	제품명	제조사	3월 판매량	4월 판매량	5월 판매량	합계
MC-002	꼬마버스 타요	미미월드	2,980	1,570	6,250	10,800
MC-004	엔젤이 스티커	미미월드	2,780	1,750	5,740	10,270
		미미월드 최대값				10,800
		미미월드 평균	2,880		5,995	
SC-003	헬로카봇	손오공	3,640	2,480	5,400	11,520
SV-003	공룡메카드	손오공	3,980	2,160	6,930	13,070
SV-002	터닝메카드	손오공	3,317	2,080	5,410	10,807
		손오공 최대값				13,070
		손오공 평균	3,646		5,913	
AM-001	로보카폴리	아카데미과학	2,650	1,470	5,240	9,360
AM-002	포켓몬	아카데미과학	3,450	1,960	5,650	11,060
		아카데미과학 최대값				11,060
		아카데미과학 평균	3,050		5,445	
YV-001	베이블레이드	영실업	3,430	2,220	4,450	10,100
YC-001	콩순이	영실업	3,468	1,860	6,060	11,388
YM-003	시크릿 쥬쥬	영실업	3,450	2,360	5,250	11,060
		영실업 최대값				11,388
		영실업 평균	3,449		5,253	
		전체 최대값				13,070
		전체 평균	3,315		5,638	

≪처리조건≫

▶ 데이터를 '제조사' 기준으로 오름차순 정렬하시오.

▶ 아래 조건에 맞는 부분합을 작성하시오.
  – '제조사'로 그룹화 하여 '3월 판매량', '5월 판매량'의 평균을 구하는 부분합을 만드시오.
  – '제조사'로 그룹화 하여 '합계'의 최대값을 구하는 부분합을 만드시오.
    (새로운 값으로 대치하지 말 것)
  – [D3:G22] 영역에 셀 서식의 표시 형식–숫자를 이용하여 1000단위 구분 기호를 표시하시오.

▶ D~F열을 선택하여 그룹을 설정하시오.

▶ 평균과 최대값의 부분합 순서는 ≪출력형태≫와 다를 수 있음

▶ 지시사항이 없는 경우는 기본 값을 적용하시오.

04 "피벗테이블" 시트를 참조하여 다음 ≪처리조건≫에 맞도록 작업하시오. (30점)

＊ 소스파일 : 정복07_문제04.xlsx ＊ 정답파일 : 정복07_완성04.xlsx

● 출력 형태

	A	B	C	D
1				
2				
3			분류 ▼	
4	수입국가 ⫬	값	항공EDI	해상EDI
5		최대값 : 2018년	***	1026315.0
6	인도	최대값 : 2019년	***	563096.0
7		최대값 : 2020년	***	1154280.0
8		최대값 : 2018년	4753634.0	***
9	캐나다	최대값 : 2019년	5754896.0	***
10		최대값 : 2020년	5211345.0	***
11		최대값 : 2018년	***	115602.0
12	필리핀	최대값 : 2019년	***	301098.0
13		최대값 : 2020년	***	531721.0
14	전체 최대값 : 2018년		4753634.0	1026315.0
15	전체 최대값 : 2019년		5754896.0	563096.0
16	전체 최대값 : 2020년		5211345.0	1154280.0
17				

● 처리 조건

▶ "피벗테이블" 시트의 [A2:G12]를 이용하여 새로운 시트에 ≪출력형태≫와 같이 피벗 테이블을 작성 후 시트명을 "피벗테이블 정답"으로 수정하시오.

▶ 수입국가(행)와 분류(열)를 기준으로 하여 출력형태와 같이 구하시오.
  – '2018년', '2019년', '2020년'의 최대값을 구하시오.
  – 피벗 테이블 옵션을 이용하여 레이블이 있는 셀 병합 및 가운데 맞춤하고, 빈 셀을 "***"로 표시한 후, 행의 총 합계를 감추기 하시오.
  – 피벗 테이블 디자인에서 보고서 레이아웃은 '테이블 형식으로 표시', 피벗 테이블 스타일은 '피벗 스타일 밝게 19'로 표시하시오.
  – 수입국가(행)는 "인도", "캐나다", "필리핀"만 출력되도록 표시하시오.
  – [C5:D16] 데이터는 셀 서식의 표시 형식–숫자를 이용하여 소수 자릿수 1로 표시하고, 가운데 맞춤하시오. └→ 범위 지정 후 Ctrl+1–[셀 서식] 대화상자–[표시 형식]–[숫자]–소수 자릿수(1)

▶ 수입국가의 순서는 ≪출력형태≫와 다를 수 있음

▶ 지시사항이 없는 경우는 ≪출력형태≫와 동일하게 작성하시오.

[문제 1] "판매현황" 시트를 참조하여 다음 ≪처리조건≫에 맞도록 작업하시오. (50점)

≪출력형태≫

제품코드	제품명	제조사	3월 판매량	4월 판매량	5월 판매량	합계	순위	비고
YV-001	베이블레이드	영실업	3,430	2,220	4,450	10,100	9위	
AM-001	로보카폴리	아카데미과학	2,650	1,470	5,240	9,360	10위	
SC-003	헬로카봇	손오공	3,640	2,480	5,400	11,520	2위	
MC-002	꼬마버스 타요	미미월드	2,980	1,570	6,250	10,800	7위	인기상품
SV-003	공룡메카드	손오공	3,980	2,160	6,930	13,070	1위	인기상품
AM-002	포켓몬	아카데미과학	3,450	1,960	5,650	11,060	4위	
YC-001	콩순이	영실업	3,468	1,860	6,060	11,388	3위	인기상품
SV-002	터닝메카드	손오공	3,317	2,080	5,410	10,807	6위	
MC-004	엔젤이 스티커	미미월드	2,780	1,750	5,740	10,270	8위	
YM-003	시크릿 쥬쥬	영실업	3,450	2,360	5,250	11,060	4위	
'합계'의 최대값-최소값 차이				3,710				
'제조사'가 "영실업"인 '제품코드'의 개수				3개				
'5월 판매량' 중 두 번째로 큰 값				6,250				

≪처리조건≫

▶ 1행의 행 높이를 '70'으로 설정하고, 2행~15행의 행 높이를 '17'로 설정하시오.
▶ 제목("어린이 장난감 판매현황") : WordArt를 이용하여 입력하시오.
　- WordArt 스타일(무늬 채우기 – 파랑, 강조 1, 연한 하향 대각선, 윤곽선 – 강조 1),
　　위치([B1:G1]), 글꼴 : HY견고딕, 40pt, 굵게, 기울임꼴

▶ 셀 서식을 아래 조건에 맞게 작성하시오.
　- [A2:I15] : 테두리(안쪽, 윤곽선 모두 실선, '검정, 텍스트 1'), 전체 가운데 맞춤
　- [A13:D13], [A14:D14], [A15:D15] : 각각 병합하고 가운데 맞춤
　- [A2:I2], [A13:D15] : 채우기 색('파랑, 강조 1, 60% 더 밝게'), 글꼴(굵게)
　- [H3:H12] : 셀 서식의 표시 형식-사용자 지정을 이용하여 #"위"자를 추가
　- [D3:G12], [E13:G13], [E15:G15] : 셀 서식의 표시 형식-숫자를 이용하여 1000단위 구분 기호 표시
　- [E14:G14] : 셀 서식의 표시 형식-사용자 지정을 이용하여 #"개"자를 추가
　- 조건부 서식[A3:I12] : '5월 판매량'이 5000 이하인 경우 레코드 전체에 글꼴(진한 빨강, 굵은 기울임꼴) 적용
　- 지시사항이 없는 경우는 주어진 문제파일의 서식을 그대로 사용하시오.

▶ ① 순위[H3:H12] : '합계'를 기준으로 큰 순으로 순위를 구하시오. **(RANK 함수)**
▶ ② 비고[I3:I12] : '5월 판매량'이 6000 이상이면 "인기상품", 그렇지 않으면 공백으로 구하시오. **(IF 함수)**
▶ ③ 최대값-최소값[E13:G13] : '합계'의 최대값과 최소값의 차이를 구하시오. **(MAX, MIN 함수)**
▶ ④ 개수[E14:G14] : '제조사'가 "영실업"인 '제품코드'의 개수를 구하시오. **(DCOUNTA 함수)**
▶ ⑤ 순위[E15:G15] : '5월 판매량' 중 두 번째로 큰 값을 구하시오. **(LARGE 함수)**

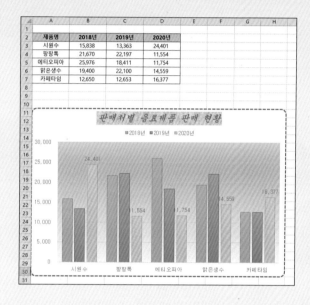

● 차트 작성

【문제 5】"차트" 시트를 참조하여 다음 ≪처리조건≫에 맞도록 작업하시오. (30점)

● 출력 형태

제품명	2018년	2019년	2020년
시원수	15,838	13,363	24,401
팡팡톡	21,670	22,197	11,554
에티오피아	25,976	18,411	11,754
맑은생수	19,400	22,100	14,559
카페타임	12,650	12,653	16,377

● 처리 조건

▶ "차트" 시트에 주어진 표를 이용하여 '묶은 세로 막대형' 차트를 작성하시오.

- 데이터 범위 : 현재 시트 [A2:D7]의 데이터를 이용하여 작성하고, 행/열 전환은 '열'로 지정

- 차트 제목("판매처별 음료제품 판매 현황")

- 범례 위치 : 위쪽

- 차트 스타일 : 색 변경(색상형 – 색 4, 스타일 5)

- 차트 위치 : 현재 시트에 [A11:H30] 크기에 정확하게 맞추시오.

- 차트 영역 서식 : 글꼴(돋움체, 11pt), 테두리 색(실선, 색 : 파랑, 강조 5), 테두리 스타일(너비 : 2pt, 겹선 종류 : 단순형, 대시 종류 : 사각 점선, 둥근 모서리)

- 차트 제목 서식 : 글꼴(궁서체, 18pt, 기울임꼴), 채우기(그림 또는 질감 채우기, 질감 : 꽃다발)

- 그림 영역 서식 : 채우기(그라데이션 채우기, 그라데이션 미리 설정 : 밝은 그라데이션 – 강조 5, 종류 : 선형, 방향 : 선형 위쪽)

- 데이터 레이블 추가 : '2020년' 계열에 "값" 표시

▶ 지시사항이 없는 경우는 ≪출력형태≫와 동일하게 작성하시오.

제 04 회 디지털정보활용능력 출제예상 모의고사

☑ 시험과목 : 스프레드시트(엑셀)
☑ 시험일자 : 20XX. XX. XX (X)
☑ 응시자 기재사항 및 감독위원 확인

MS Office 2016 버전용

수 검 번 호	DIS - XXXX -	감독위원 확인
성 명		

응시자 유의사항

1. 응시자는 신분증을 지참하여야 시험에 응시할 수 있으며, 시험이 종료될 때까지 신분증을 제시하지 못 할 경우 해당 시험은 0점 처리됩니다.

2. 시스템(PC작동여부, 네트워크 상태 등)의 이상여부를 반드시 확인하여야 하며, 시스템 이상이 있을시 감독위원에게 조치를 받으셔야 합니다.

3. 시험 중 부주의 또는 고의로 시스템을 파손한 경우는 응시자 부담으로 합니다.

4. 답안 전송 프로그램을 통해 다운로드 받은 파일을 이용하여 답안파일을 작성하시기 바랍니다.

5. 작성한 답안 파일은 답안 전송 프로그램을 통하여 전송됩니다. 감독위원의 지시에 따라 주시기 바랍니다.

6. 다음사항의 경우 실격(0점) 혹은 부정행위 처리됩니다.

   1) 답안파일을 저장하지 않았거나, 저장한 파일이 손상되었을 경우

   2) 답안파일을 지정된 폴더(바탕화면 – "KAIT" 폴더)에 저장하지 않았을 경우

      ※ 답안 전송 프로그램 로그인 시 바탕화면에 자동 생성됨

   3) 답안파일을 다른 보조 기억장치(USB) 혹은 네트워크(메신저, 게시판 등)로 전송할 경우

   4) 휴대용 전화기 등 통신기기를 사용할 경우

7. 시험지에 제시된 글꼴이 응시 프로그램에 없는 경우, 반드시 감독위원에게 해당 내용을 통보한 뒤 조치를 받아야 합니다.

8. 시험의 완료는 작성이 완료된 답안을 저장하고, 답안 전송이 완료된 상태를 확인한 것으로 합니다. 답안 전송 확인 후 문제지는 감독위원에게 제출한 후 퇴실하여야 합니다.

9. 답안전송이 완료된 경우에는 수정 또는 정정이 불가능합니다.

10. 시험시행 후 결과는 홈페이지(www.ihd.or.kr)에서 확인하시기 바랍니다.

    1) 문제 및 모범답안 공개 : 20XX. XX. XX.(X)

    2) 합격자 발표 : 20XX. XX. XX.(X)

Korea Association for ICT promotion
한국정보통신진흥협회 KAIT

01 차트 만들기

❶ [파일]-[열기]([Ctrl]+[O])를 클릭한 후, [찾아보기]를 클릭합니다. [열기] 대화상자가 나오면 '유형 08_문제.xlsx' 파일을 불러와 [차트] 시트를 선택합니다.

❷ [A2:D7] 영역을 드래그한 후 [삽입] 탭의 [차트] 그룹에서 [세로 또는 가로 막대형 차트 삽입]-'묶은 세로 막대형(▥)'을 클릭합니다.

※ '묶은 가로 막대형' 차트를 삽입할 때는 [삽입]-[세로 또는 가로 막대형 차트 삽입]-'묶은 가로 막대형(▤)'을 선택하여 차트를 만듭니다.

※ 차트를 삽입한 후 차트 모양이 ≪출력형태≫와 다를 경우 [차트 도구]-[디자인] 탭의 [데이터] 그룹에서 '행/열 전환(▦)'을 클릭하여 변경합니다.

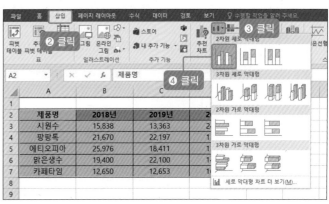

TIP

차트의 구성

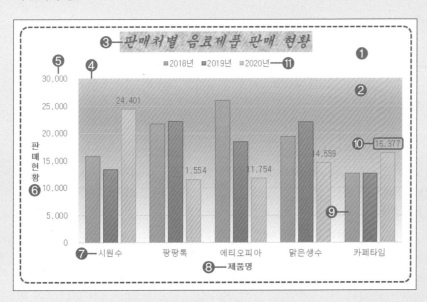

❶ 차트 영역 ❷ 그림 영역 ❸ 차트 제목 ❹ 주 눈금선 ❺ 세로(값) 축 ❻ 세로(값) 축 제목
❼ 가로(항목) 축 ❽ 가로(항목) 축 제목 ❾ 데이터 계열 ❿ 데이터 레이블 ⓫ 범례

[문제 5] "차트" 시트를 참조하여 다음 ≪처리조건≫에 맞도록 작업하시오. (30점)

≪출력형태≫

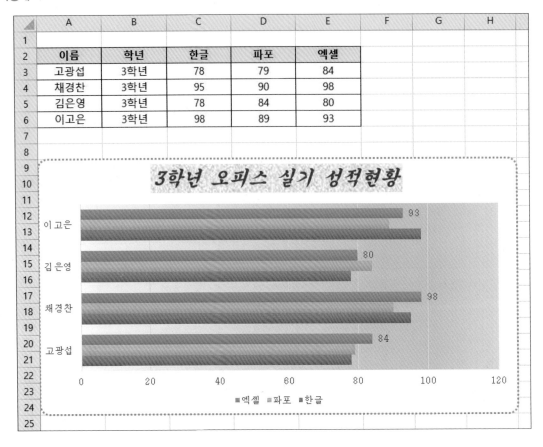

≪처리조건≫

▶ "차트" 시트에 주어진 표를 이용하여 '묶은 가로 막대형' 차트를 작성하시오.
  – 데이터 범위 : 현재 시트 [A2:A6], [C2:E6]의 데이터를 이용하여 작성하고, 행/열 전환은 '열'로 지정
  – 차트 제목("3학년 오피스 실기 성적현황")
  – 범례 위치 : 아래쪽
  – 차트 스타일 : 색 변경(색상형 – 색 3, 스타일 5)
  – 차트 위치 : 현재 시트에 [A9:H24] 크기에 정확하게 맞추시오.
  – 차트 영역 서식 : 글꼴(바탕, 10pt), 테두리 색(실선, 색 : '녹색, 강조 6'), 테두리 스타일 (너비 : 2pt,
                    겹선 종류 : 단순형, 대시 종류 : 둥근 점선, 둥근 모서리)
  – 차트 제목 서식 : 글꼴(궁서체, 20pt, 기울임꼴), 채우기(그림 또는 질감 채우기, 질감 : 신문 용지)
  – 그림 영역 서식 : 채우기(그라데이션 채우기, 그라데이션 미리 설정 : 밝은 그라데이션 – 강조 6, 종류 : 선형,
                    방향 : 선형 오른쪽)
  – 데이터 레이블 추가 : '엑셀' 계열에 "값" 표시

▶ 지시사항이 없는 경우는 ≪출력형태≫와 동일하게 작성하시오.

❸ 워크시트에 차트가 삽입되면 마우스 포인터를 '차트 영역'에 위치시킨 후 Alt 키를 누른 상태에서 차트의 왼쪽 모서리가 [A11] 셀에 위치하도록 드래그 합니다.

※ 차트의 위치는 《처리조건》을 참고(위치 : [A11:H30])하여 크기와 위치를 맞춥니다.

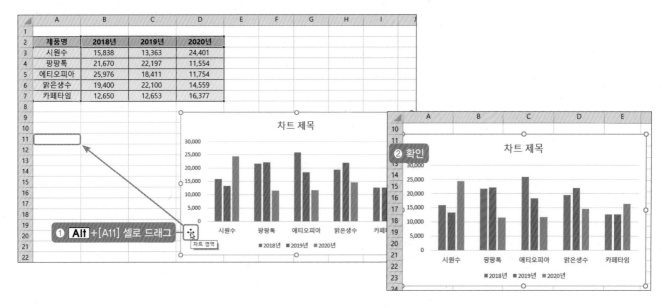

TIP 차트의 이동

Alt 키를 누른 상태에서 차트 영역을 드래그할 경우 셀 단위로 차트를 이동시킬 수 있습니다.

❹ 차트가 [A11] 셀을 기준으로 이동되면 Alt 키를 누른 상태에서 차트의 테두리(대각선 모서리 ▭)를 드래그하여 [H30] 영역에 맞게 크기를 조절합니다.

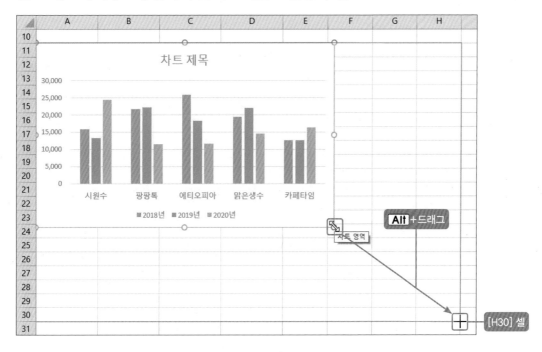

[문제 4] "피벗테이블" 시트를 참조하여 다음 ≪처리조건≫에 맞도록 작업하시오. (30점)

≪출력형태≫

	A	B	C	D	E	F
1						
2						
3			이름 🏳			
4	학년 ▾	값	김영미	나동록	최민지	한고은
5		평균 : 한글	**	**	76점	**
6	1학년	평균 : 파포	**	**	78점	**
7		평균 : 엑셀	**	**	84점	**
8		평균 : 한글	79점	81점	**	80점
9	2학년	평균 : 파포	82점	71점	**	82점
10		평균 : 엑셀	68점	78점	**	68점
11	전체 평균 : 한글		79점	81점	76점	80점
12	전체 평균 : 파포		82점	71점	78점	82점
13	전체 평균 : 엑셀		68점	78점	84점	68점
14						

≪처리조건≫

▶ "피벗테이블" 시트의 [A2:G12]를 이용하여 새로운 시트에 ≪출력형태≫와 같이 피벗테이블을 작성 후 시트명을 "피벗테이블 정답"으로 수정하시오.

▶ 학년(행)과 이름(열)을 기준으로 하여 출력형태와 같이 구하시오.
  – '한글', '파포', '엑셀'의 평균을 구하시오.
  – 피벗테이블 옵션을 이용하여 레이블이 있는 셀 병합 및 가운데 맞춤하고, 빈 셀을 "**"로 표시한 후, 행의 총합계를 감추기 하시오.
  – 피벗테이블 디자인에서 보고서 레이아웃은 '테이블 형식으로 표시', 피벗테이블 스타일은 '피벗 스타일 보통 12'로 표시하시오.
  – 이름(열)은 "김영미", "나동록", "최민지", "한고은"만 출력되도록 표시하시오.
  – [C5:F13] 데이터는 셀 서식의 표시 형식–사용자 지정을 이용하여 #"점"자를 추가하고, 오른쪽 맞춤하시오.

▶ 학년의 순서는 ≪출력형태≫와 다를 수 있음

▶ 지시사항이 없는 경우는 ≪출력형태≫와 동일하게 작성하시오.

❺ 차트 크기가 변경되면 [차트 도구]-[디자인] 탭의 [차트 스타일] 그룹에서 [색 변경]-색상형-색 4를 선택하여 차트의 색상을 변경합니다.

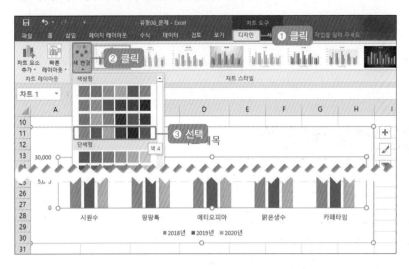

❻ 차트 색상이 변경되면 [차트 도구]-[디자인] 탭의 [차트 스타일] 그룹에서 '스타일 5'를 선택하여 차트 스타일을 변경합니다.

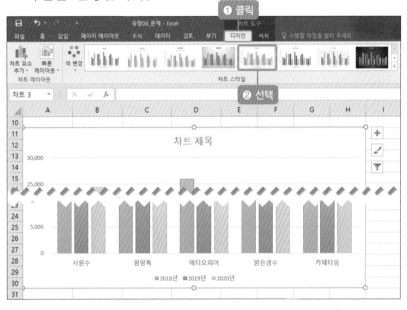

❼ '차트 체목'의 안쪽을 클릭하여 테두리가 점선으로 변경되면 Delete 또는 Back space 키를 눌러 '차트 제목'을 삭제한 후 '판매처별 음료제품 판매 현황'을 입력합니다.

※ 차트 제목을 드래그한 후 Delete 키를 한 번 눌러 삭제할 수도 있습니다.

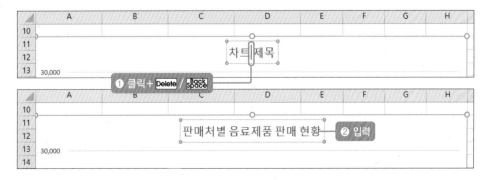

(2) 시나리오

≪출력형태 – 시나리오≫

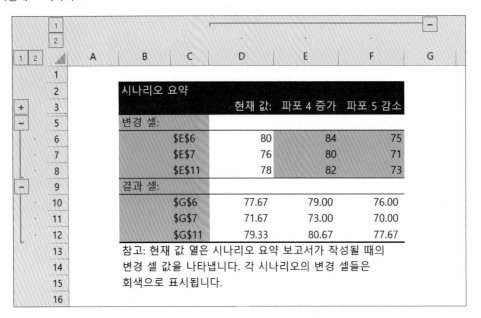

≪처리조건≫

▶ "시나리오" 시트의 [A2:G12]를 이용하여 '학년'이 "1학년"인 경우, '파포'가 변동할 때 '평균'이 변동하는 가상분석(시나리오)을 작성하시오.
   - 시나리오1 : 시나리오 이름은 "파포 4 증가", '파포'에 4를 증가시킨 값 설정.
   - 시나리오2 : 시나리오 이름은 "파포 5 감소", '파포'에 5를 감소시킨 값 설정.
   - "시나리오 요약" 시트를 작성하시오.

▶ 지시사항이 없는 경우는 ≪출력형태 – 시나리오≫와 동일하게 작성하시오.

❽ 차트 제목이 완성되면 [차트 도구]-[디자인] 탭의 [차트 레이아웃] 그룹에서 [차트 요소 추가]-[범례]-[위쪽](📊)'를 클릭하여 차트 위쪽으로 범례를 이동시킵니다.

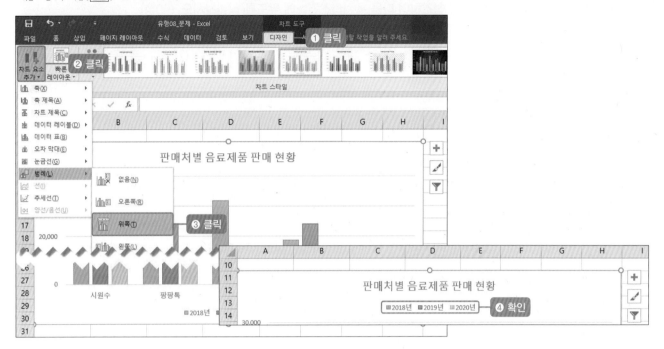

❾ 기본적으로 완성된 차트 결과를 확인합니다.

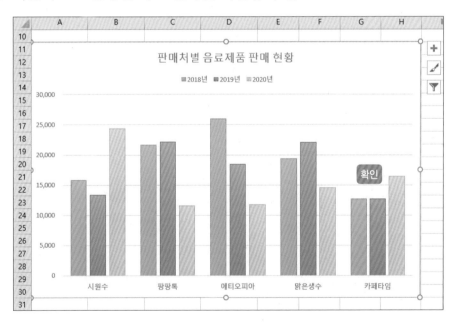

[문제 3] "필터"와 "시나리오" 시트를 참조하여 다음 ≪처리조건≫에 맞도록 작업하시오. (60점)

(1) 필터

≪출력형태 – 필터≫

	A	B	C	D	E	F	G
1							
2	순번	이름	학년	한글	파포	엑셀	평균
3	1	고광섭	3학년	78	79	84	80.33333
4	2	김영미	2학년	79	82	68	76.33333
5	3	채경찬	3학년	95	90	98	94.33333
6	4	권찬영	1학년	84	80	69	77.66666
7	5	임종례	1학년	65	76	74	71.66666
8	6	김은영	3학년	78	84	80	80.66666
9	7	한고은	2학년	80	82	68	76.66666
10	8	이고은	3학년	98	89	93	93.33333
11	9	최민지	1학년	76	78	84	79.33333
12	10	나동록	2학년	81	71	78	76.66666
13							
14	조건						
15	FALSE						
16							
17	이름	한글	파포	엑셀			
18	채경찬	95	90	98			
19	이고은	98	89	93			
20							

≪처리조건≫

▶ "필터" 시트의 [A2:G12]를 아래 조건에 맞게 고급필터를 사용하여 작성하시오.
  – '학년'이 "3학년"이고 '평균'이 90 이상인 데이터를 '이름', '한글', '파포', '엑셀'의 데이터만 필터링 하시오.
  – 조건 위치 : 조건 함수는 [A15] 한 셀에 작성(AND 함수 이용)
  – 결과 위치 : [A17]부터 출력

▶ 지시사항이 없는 경우는 ≪출력형태 – 필터≫와 동일하게 작성하시오.

02 차트 영역 서식 지정하기

① '차트 영역'을 클릭한 후 [홈] 탭의 [글꼴] 그룹에서 '글꼴(돋움체)'과 '글꼴 크기(11)'를 지정합니다.

※ 차트에 글꼴 서식을 적용할 때는 반드시 '차트 영역'을 먼저 작업한 후 '제목'이나 '범례' 등에 글꼴 서식을 지정합니다.

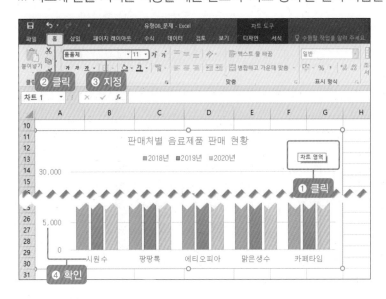

② 테두리 서식을 지정하기 위해 '차트 영역' 위에서 마우스 오른쪽 버튼을 눌러 바로 가기 메뉴가 나오면 [차트 영역 서식]을 클릭합니다.

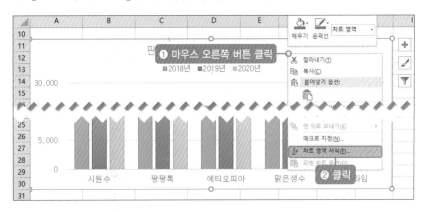

TIP

차트 서식 변경

• [차트 도구]–[서식] 탭의 [현재 선택 영역] 그룹에서 서식을 지정할 차트의 구성 요소를 선택합니다.

• 서식을 변경할 구성 요소(예 : 차트 영역)를 선택하였으면 바로 아래쪽에 있는 '선택 영역 서식'을 클릭하여 필요한 서식을 변경합니다.

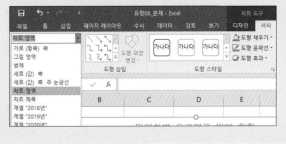 

[문제 2] "부분합" 시트를 참조하여 다음 ≪처리조건≫에 맞도록 작업하시오. (30점)

≪출력형태≫

순번	이름	학년	한글	파포	엑셀	평균
4	권찬영	1학년	84.0	80.0	69.0	77.7
5	임종례	1학년	65.0	76.0	74.0	71.7
9	최민지	1학년	76.0	78.0	84.0	79.3
		1학년 최대값				79.3
		1학년 평균	75.0	78.0	75.7	
2	김영미	2학년	79.0	82.0	68.0	76.3
7	한고은	2학년	80.0	82.0	68.0	76.7
10	나동록	2학년	81.0	71.0	78.0	76.7
		2학년 최대값				76.7
		2학년 평균	80.0	78.3	71.3	
1	고광섭	3학년	78.0	79.0	84.0	80.3
3	채경찬	3학년	95.0	90.0	98.0	94.3
6	김은영	3학년	78.0	84.0	80.0	80.7
8	이고은	3학년	98.0	89.0	93.0	93.3
		3학년 최대값				94.3
		3학년 평균	87.3	85.5	88.8	
		전체 최대값				94.3
		전체 평균	81.4	81.1	79.6	

≪처리조건≫

▶ 데이터를 '학년' 기준으로 오름차순 정렬하시오.

▶ 아래 조건에 맞는 부분합을 작성하시오.
 – '학년'으로 그룹화 하여 '한글', '파포', '엑셀'의 평균을 구하는 부분합을 만드시오.
 – '학년'으로 그룹화 하여 '평균'의 최대값을 구하는 부분합을 만드시오.
 　(새로운 값으로 대치하지 말 것)
 – [D3:G20] 영역에 셀 서식의 표시 형식–숫자를 이용하여 소수 자릿수 1로 표시하시오.

▶ D~F열을 선택하여 그룹을 설정하시오.

▶ 평균과 최대값의 부분합 순서는 ≪출력형태≫와 다를 수 있음

▶ 지시사항이 없는 경우는 기본 값을 적용하시오.

❸ 화면 오른쪽에 [차트 영역 서식] 작업창이 나오면 [테두리]를 클릭하여 '실선'을 선택합니다. 이어서, '색()'을 클릭한 후 '파랑, 강조 5(■)'를 선택합니다.

❹ '너비(2), 겹선 종류(단순형 ▬▬▬), 대시 종류(사각 점선 ┉┉┉┉)'를 지정합니다. 이어서, '둥근 모서리'를 클릭하여 체크 표시(✓)를 지정합니다.

❺ 서식이 적용된 차트 영역의 테두리를 확인합니다.

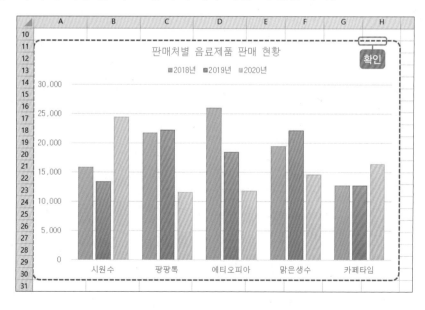

[문제 1] "성적현황" 시트를 참조하여 다음 ≪처리조건≫에 맞도록 작업하시오. (50점)

≪출력형태≫

순번	이름	학년	한글	파포	엑셀	평균	순위	비고
\	\	\	\	\	\	\	\	\
\	\	\	\	\	\	\	\	\
			오피스 실기 성적현황					
1	고광섭	3학년	78점	79점	84점	80.3	4위	우수
2	김영미	2학년	79점	82점	68점	76.3	9위	노력
3	채경찬	3학년	95점	90점	98점	94.3	1위	우수
4	권찬영	1학년	84점	80점	69점	77.7	6위	노력
5	임종례	1학년	65점	76점	74점	71.7	10위	노력
6	김은영	3학년	78점	84점	80점	80.7	3위	우수
7	한고은	2학년	80점	82점	68점	76.7	7위	노력
8	이고은	3학년	98점	89점	93점	93.3	2위	우수
9	최민지	1학년	76점	78점	84점	79.3	5위	노력
10	나동록	2학년	81점	71점	78점	76.7	7위	노력
'학년'이 "3학년"인 '엑셀'의 합계				355점				
'파포'의 최대값-최소값				19점				
'한글' 중 두 번째로 큰 값				95점				

≪처리조건≫

▶ 1행의 행 높이를 '75'로 설정하고, 2행~15행의 행 높이를 '18'로 설정하시오.
▶ 제목("오피스 실기 성적현황") : 기본 도형의 '배지'를 이용하여 입력하시오.
　　– 도형 : 위치([B1:H1]), 도형 채우기(테마 스타일 – 밝은 색 1 윤곽선, 색 채우기 – '녹색, 강조 6')
　　– 글꼴 : 굴림체, 32pt, 굵게, 기울임꼴
　　– 도형 서식 : 도형 옵션 – 크기 및 속성(텍스트 상자(세로 맞춤 : 정가운데, 텍스트 방향 : 가로))

▶ 셀 서식을 아래 조건에 맞게 작성하시오.
　　– [A2:I15] : 테두리(안쪽, 윤곽선 모두 실선, '검정, 텍스트 1'), 전체 가운데 맞춤
　　– [A13:D13], [A14:D14], [A15:D15] : 각각 병합하고 가운데 맞춤
　　– [A2:I2], [A13:D15] : 채우기 색('황금색, 강조 4, 60% 더 밝게'), 글꼴(굵게)
　　– [D3:F12], [E13:G15] : 셀 서식의 표시 형식–사용자 지정을 이용하여 #"점"자를 추가
　　– [G3:G12] : 셀 서식의 표시 형식–숫자를 이용하여 소수 자릿수 1로 표시
　　– [H3:H12] : 셀 서식의 표시 형식–사용자 지정을 이용하여 #"위"자를 추가
　　– 조건부 서식[A3:I12] : '학년'이 "1학년"인 경우 레코드 전체에 글꼴(파랑, 굵게) 적용
　　– 지시사항이 없는 경우는 주어진 문제파일의 서식을 그대로 사용하시오.

▶ ① 순위[H3:H12] : '평균'을 기준으로 큰 순으로 순위를 구하시오. **(RANK 함수)**
▶ ② 비고[I3:I12] : '평균'이 80 이상이면 "우수", 그렇지 않으면 "노력"으로 구하시오. **(IF 함수)**
▶ ③ 합계[E13:G13] : '학년'이 "3학년"인 '엑셀'의 합계를 구하시오. **(DSUM 함수)**
▶ ④ 최대값-최소값[E14:G14] : '파포'의 최대값과 최소값의 차이를 구하시오. **(MAX, MIN 함수)**
▶ ⑤ 순위 [E15:G15] : '한글' 중 두 번째로 큰 값을 구하시오. **(LARGE 함수)**

① 차트 제목('판매처별 음료제품 판매 현황')을 클릭한 후 [홈] 탭의 [글꼴] 그룹에서 '글꼴(궁서체), 글꼴 크기(18), 기울임꼴([*가*])'을 각각 지정합니다.

> ※ 차트 제목이 '굵게([*가*])'로 지정되어 있는지 확인합니다. 만약, ≪처리조건≫에서 차트 제목 서식을 '굵게'로 지정하라는 지시가 없을 경우 '굵게'로 지정된 서식을 해제합니다.

② 차트 제목 위에서 마우스 오른쪽 버튼을 눌러 바로 가기 메뉴가 나오면 [차트 제목 서식]을 클릭합니다.

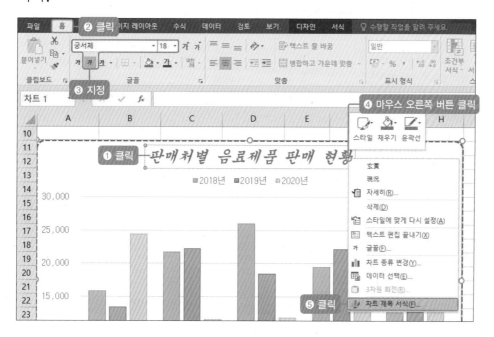

③ 화면 오른쪽에 [차트 제목 서식] 작업창이 나오면 [채우기]에서 '그림 또는 질감 채우기'를 클릭합니다. 이어서, '질감([▦▾])'을 클릭하여 '꽃다발([ ])'을 선택합니다.

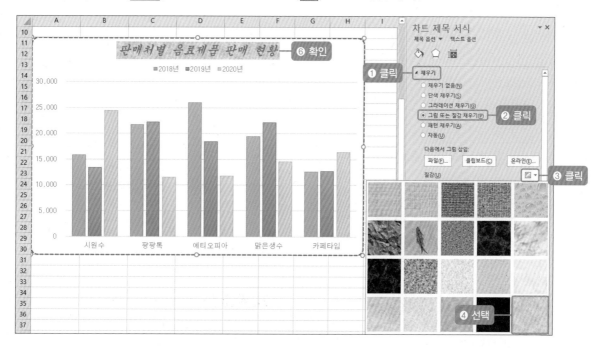

☑ 시험과목 : 스프레드시트(엑셀)

☑ 시험일자 : 20XX. XX. XX (X)

☑ 응시자 기재사항 및 감독위원 확인

MS Office 2016 버전용

수검번호	DIS - XXXX -	감독위원 확인
성 명		

응시자 유의사항

1. 응시자는 신분증을 지참하여야 시험에 응시할 수 있으며, 시험이 종료될 때까지 신분증을 제시하지 못 할 경우 해당 시험은 0점 처리됩니다.

2. 시스템(PC작동여부, 네트워크 상태 등)의 이상여부를 반드시 확인하여야 하며, 시스템 이상이 있을시 감독위원에게 조치를 받으셔야 합니다.

3. 시험 중 부주의 또는 고의로 시스템을 파손한 경우는 응시자 부담으로 합니다.

4. 답안 전송 프로그램을 통해 다운로드 받은 파일을 이용하여 답안파일을 작성하시기 바랍니다.

5. 작성한 답안 파일은 답안 전송 프로그램을 통하여 전송됩니다. 감독위원의 지시에 따라 주시기 바랍니다.

6. 다음사항의 경우 실격(0점) 혹은 부정행위 처리됩니다.

    1) 답안파일을 저장하지 않았거나, 저장한 파일이 손상되었을 경우

    2) 답안파일을 지정된 폴더(바탕화면 – "KAIT" 폴더)에 저장하지 않았을 경우

        ※ 답안 전송 프로그램 로그인 시 바탕화면에 자동 생성됨

    3) 답안파일을 다른 보조 기억장치(USB) 혹은 네트워크(메신저, 게시판 등)로 전송할 경우

    4) 휴대용 전화기 등 통신기기를 사용할 경우

7. 시험지에 제시된 글꼴이 응시 프로그램에 없는 경우, 반드시 감독위원에게 해당 내용을 통보한 뒤 조치를 받아야 합니다.

8. 시험의 완료는 작성이 완료된 답안을 저장하고, 답안 전송이 완료된 상태를 확인한 것으로 합니다. 답안 전송 확인 후 문제지는 감독위원에게 제출한 후 퇴실하여야 합니다.

9. 답안전송이 완료된 경우에는 수정 또는 정정이 불가능합니다.

10. 시험시행 후 결과는 홈페이지(www.ihd.or.kr)에서 확인하시기 바랍니다.

    1) 문제 및 모범답안 공개 : 20XX. XX. XX.(X)

    2) 합격자 발표 : 20XX. XX. XX.(X)

04 그림 영역 서식 지정하기

❶ '그림 영역' 위에서 마우스 오른쪽 버튼을 눌러 바로 가기 메뉴가 나오면 [그림 영역 서식]을 클릭합니다.

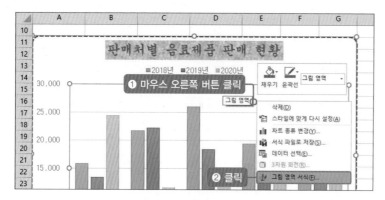

❷ 화면 오른쪽에 [그림 영역 서식] 작업창이 나오면 나오면 [채우기] 탭의 '그라데이션 채우기'를 클릭합니다. 이어서, '그라데이션 미리 설정(▢▾)'을 클릭하여 '밝은 그라데이션 – 강조 5(▨)'을 선택합니다.

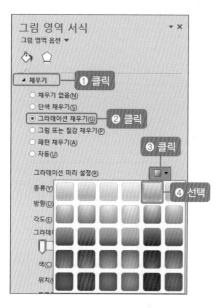

❸ 그라데이션 채우기 색 지정이 끝나면 '종류(선형)'를 지정한 후 '방향(▢▾)'을 클릭하여 '선형 위쪽(▨)'을 선택합니다.

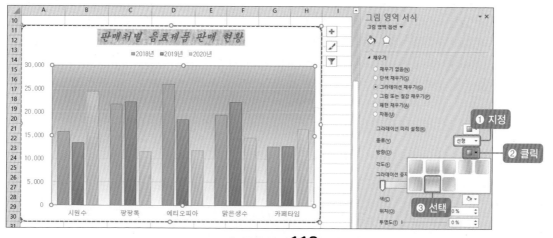

[문제 5] "차트" 시트를 참조하여 다음 ≪처리조건≫에 맞도록 작업하시오. (30점)

≪출력형태≫

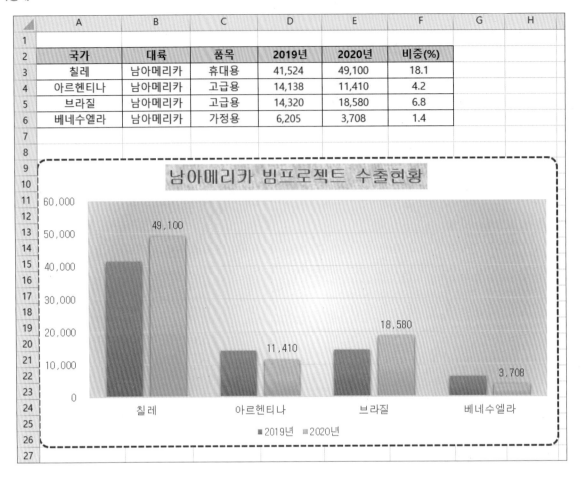

	국가	대륙	품목	2019년	2020년	비중(%)
	칠레	남아메리카	휴대용	41,524	49,100	18.1
	아르헨티나	남아메리카	고급용	14,138	11,410	4.2
	브라질	남아메리카	고급용	14,320	18,580	6.8
	베네수엘라	남아메리카	가정용	6,205	3,708	1.4

≪처리조건≫

▶ "차트" 시트에 주어진 표를 이용하여 '묶은 세로 막대형' 차트를 작성하시오.
　　– 데이터 범위 : 현재 시트 [A2:A6], [D2:E6]의 데이터를 이용하여 작성하고, 행/열 전환은 '열'로 지정
　　– 차트 제목("남아메리카 빔프로젝트 수출현황")
　　– 범례 위치 : 아래쪽
　　– 차트 스타일 : 색 변경(색상형 – 색 3, 스타일 14)
　　– 차트 위치 : 현재 시트에 [A9:H26] 크기에 정확하게 맞추시오.
　　– 차트 영역 서식 : 글꼴(돋움체, 11pt), 테두리 색(실선, 색 : 진한 빨강), 테두리 스타일(너비 : 2pt,
　　　　　　　　　　　겹선 종류 : 단순형, 대시 종류 : 사각 점선, 둥근 모서리)
　　– 차트 제목 서식 : 글꼴(굴림체, 18pt, 굵게), 채우기(그림 또는 질감 채우기, 질감 : 꽃다발)
　　– 그림 영역 서식 : 채우기(그라데이션 채우기, 그라데이션 미리 설정 : 밝은 그라데이션 – 강조 2, 종류 : 방사형,
　　　　　　　　　　　방향 : 가운데에서)
　　– 데이터 레이블 추가 : '2020년' 계열에 "값" 표시

▶ 지시사항이 없는 경우는 ≪출력형태≫와 동일하게 작성하시오.

05 데이터 레이블 추가하기

❶ '2020년' 계열을 클릭한 후 [차트 도구]–[디자인]탭의 [차트 레이아웃] 그룹에서 [차트 요소 추가] 클릭하여, [데이터 레이블]–'바깥쪽 끝에( )'를 선택합니다.

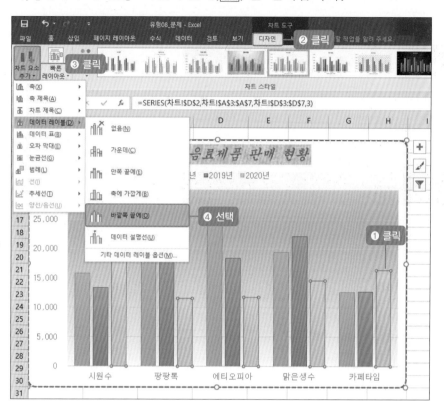

❷ '2020년' 계열 끝에 '값'이 표시된 것을 확인한 후 [파일]–[저장](Ctrl + S) 또는 [빠른 실행 도구 모음]에서 '저장( )'을 클릭하여 최종 작업을 저장합니다.

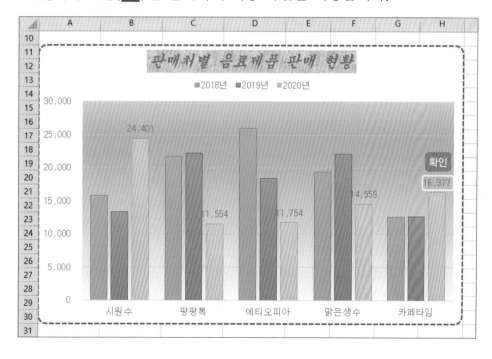

[문제 4] "피벗테이블" 시트를 참조하여 다음 ≪처리조건≫에 맞도록 작업하시오. (30점)

≪출력형태≫

	A	B	C	D	E
1					
2					
3			품목 ▼		
4	대륙 ▼	값	가정	고급	휴대
5	남아메리카	평균 : 2019년	6,205	14,229	41,524
6		평균 : 2020년	3,708	14,995	49,100
7	북아메리카	평균 : 2019년	10,004	***	69,000
8		평균 : 2020년	6,632	***	75,310
9	유럽	평균 : 2019년	35,815	***	8,590
10		평균 : 2020년	39,104	***	10,275
11	전체 평균 : 2019년		17,341	14,229	39,705
12	전체 평균 : 2020년		16,481	14,995	44,895
13					

≪처리조건≫

▶ "피벗테이블" 시트의 [A2:G12]를 이용하여 새로운 시트에 ≪출력형태≫와 같이 피벗테이블을 작성 후 시트명을 "피벗테이블 정답"으로 수정하시오.

▶ 대륙(행)과 품목(열)을 기준으로 하여 출력형태와 같이 구하시오.
 − '2019년', '2020년'의 평균을 구하시오.
 − 피벗테이블 옵션을 이용하여 레이블이 있는 셀 병합 및 가운데 맞춤하고, 빈 셀을 "***"로 표시한 후, 행의 총합계를 감추기 하시오.
 − 피벗테이블 디자인에서 보고서 레이아웃은 '테이블 형식으로 표시', 피벗테이블 스타일은 '피벗 스타일 보통 21'로 표시하시오.
 − 대륙(행)은 "남아메리카", "북아메리카", "유럽"만 출력되도록 표시하시오.
 − [C5:E12] 데이터는 셀 서식의 표시 형식−숫자를 이용하여 1000단위 구분 기호를 표시하고, 가운데 맞춤하시오.

▶ 대륙의 순서는 ≪출력형태≫와 다를 수 있음

▶ 지시사항이 없는 경우는 ≪출력형태≫와 동일하게 작성하시오.

차트 작성

01 "차트" 시트를 참조하여 다음 ≪처리조건≫에 맞도록 작업하시오. (30점)

* 소스파일 : 정복08_문제01.xlsx　　* 정답파일 : 정복08_완성01.xlsx

● 출력 형태

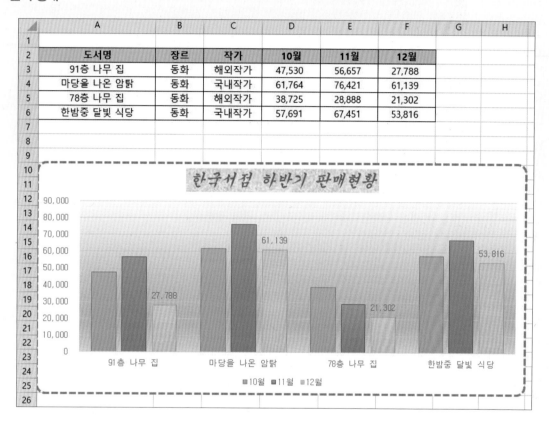

● 처리 조건

　▶ "차트" 시트에 주어진 표를 이용하여 '묶은 세로 막대형' 차트를 작성하시오. ┌── [삽입]-[차트]-[세로 또는 가로 막대형 차트 삽입]

　　– 데이터 범위 : 현재 시트 [A2:A6], [D2:F6]의 데이터를 이용하여 작성하고, 행/열 전환은 '열'로 지정

　　– 차트 제목("한국서점 하반기 판매현황") ── [A2:A6]까지 범위를 지정한 후 Ctrl 키를 누른 채 [D2:F6]까지 범위 지정

　　– 범례 위치 : 아래쪽 ── [차트 도구]-[디자인]-[차트 레이아웃]-[차트 요소 추가]

　　– 차트 스타일 : 색 변경(색상형 – 색 4, 스타일 5) ── [차트 도구]-[디자인]-[차트 스타일]

　　– 차트 위치 : 현재 시트에 [A10:H25] 크기에 정확하게 맞추시오. ── [차트 영역 서식] 작업창-[테두리]

　　– 차트 영역 서식 : 글꼴(돋움체, 10pt), 테두리 색(실선, 색 : '파랑, 강조 1'), 테두리 스타일

　　　　　　　　(너비 : 2.5pt, 겹선 종류 : 단순형, 대시 종류 : 사각 점선, 둥근 모서리)

　　– 차트 제목 서식 : 글꼴(궁서체, 18pt, 기울임꼴), 채우기(그림 또는 질감 채우기, 질감 : 파랑 박엽지)

　　– 그림 영역 서식 : 채우기(그라데이션 채우기, 그라데이션 미리 설정 : 밝은 그라데이션 – 강조 1,

　　　종류 : 선형, 방향 : 선형 아래쪽) ── [그림 영역 서식] 작업창-[채우기]-[그라데이션 채우기]

　　– 데이터 레이블 추가 : '12월' 계열에 "값" 표시

　▶ 지시사항이 없는 경우는 ≪출력형태≫와 동일하게 작성하시오.

　└── [차트 도구]-[디자인]-[차트 레이아웃]-[차트 요소 추가]

(2) 시나리오

≪출력형태 – 시나리오≫

시나리오 요약				
		현재 값:	2020년 4500 증가	2020년 3300 감소
변경 셀:				
	$E$4	49,621	54,121	46,321
	$E$7	39,104	43,604	35,804
	$E$8	6,632	11,132	3,332
	$E$12	3,708	8,208	408
결과 셀:				
	$F$4	18.3	18.7	17.9
	$F$7	14.4	15.1	13.9
	$F$8	2.4	3.8	1.3
	$F$12	1.4	2.8	0.2

참고: 현재 값 열은 시나리오 요약 보고서가 작성될 때의
변경 셀 값을 나타냅니다. 각 시나리오의 변경 셀들은
회색으로 표시됩니다.

≪처리조건≫

▶ "시나리오" 시트의 [A2:G12]를 이용하여 '품목'이 "가정용"인 경우, '2020년'이 변동할 때 '비중(%)'이 변동하는 가상분석 (시나리오)을 작성하시오.
  - 시나리오1 : 시나리오 이름은 "2020년 4500 증가", '2020년'에 4500을 증가시킨 값 설정.
  - 시나리오2 : 시나리오 이름은 "2020년 3300 감소", '2020년'에 3300을 감소시킨 값 설정.
  - "시나리오 요약" 시트를 작성하시오.

▶ 지시사항이 없는 경우는 ≪출력형태 – 시나리오≫와 동일하게 작성하시오.

02 "차트" 시트를 참조하여 다음 ≪처리조건≫에 맞도록 작업하시오. (30점)

＊소스파일 : 정복08_문제02.xlsx ＊정답파일 : 정복08_완성02.xlsx

● 출력 형태

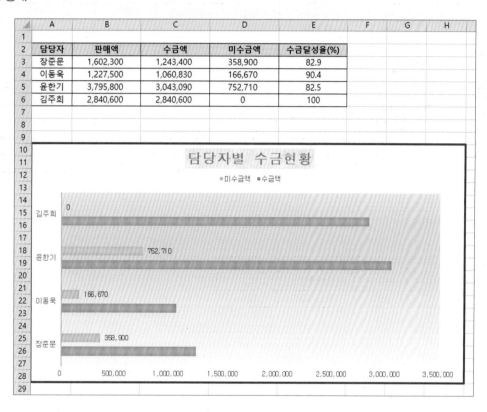

● 처리 조건

▶ "차트" 시트에 주어진 표를 이용하여 '묶은 가로 막대형' 차트를 작성하시오.
   - 데이터 범위 : 현재 시트 [A2:A6], [C2:D6]의 데이터를 이용하여 작성하고, 행/열 전환은 '열'로 지정
   - 차트 제목("담당자별 수금현황")
   - 범례 위치 : 위쪽
   - 차트 스타일 : 색 변경(색상형 – 색 3, 스타일 2)
   - 차트 위치 : 현재 시트에 [A10:H28] 크기에 정확하게 맞추시오.
   - 차트 영역 서식 : 글꼴(굴림체, 9pt), 테두리 색(실선, 색 : 진한 빨강), 테두리 스타일(너비 : 2.5pt,
     겹선 종류 : 단순형, 대시 종류 : 실선)
   - 차트 제목 서식 : 글꼴(돋움체, 18pt, 굵게), 채우기(그림 또는 질감 채우기, 질감 : 양피지)
   - 그림 영역 서식 : 채우기(그라데이션 채우기, 그라데이션 미리 설정 : 밝은 그라데이션 – 강조 4,
     종류 : 선형, 방향 : 선형 위쪽)
   - 데이터 레이블 추가 : '미수금액' 계열에 "값" 표시
▶ 지시사항이 없는 경우는 ≪출력형태≫와 동일하게 작성하시오.

[문제 3] "필터"와 "시나리오" 시트를 참조하여 다음 ≪처리조건≫에 맞도록 작업하시오. (60점)

(1) 필터

≪출력형태 – 필터≫

	A	B	C	D	E	F	G
1							
2	국가	대륙	품목	2019년	2020년	비중(%)	전년대비 증감률(%)
3	칠레	남아메리카	휴대용	41,524	49,100	18.1	14.7
4	인도	아시아	가정용	58,731	49,621	18.3	-13.3
5	아르헨티나	남아메리카	고급용	14,138	11,410	4.2	-11.3
6	미국	북아메리카	휴대용	69,000	75,310	27.7	8.0
7	영국	유럽	가정용	35,815	39,104	14.4	7.2
8	캐나다	북아메리카	가정용	10,004	6,632	2.4	-16.9
9	프랑스	유럽	휴대용	8,590	10,275	3.8	9.1
10	일본	아시아	휴대용	7,813	7,920	2.9	1.4
11	브라질	남아메리카	고급용	14,320	18,580	6.8	16.9
12	베네수엘라	남아메리카	가정용	6,205	3,708	1.4	-40.2
13							
14	조건						
15	FALSE						
16							
17							
18	국가	2019년	2020년	비중(%)			
19	아르헨티나	14,138	11,410	4.2			
20	브라질	14,320	18,580	6.8			
21							

≪처리조건≫

▶ "필터" 시트의 [A2:G12]를 아래 조건에 맞게 고급필터를 사용하여 작성하시오.
 – '대륙'이 "남아메리카"이고 '품목'이 "고급용"인 데이터를 '국가', '2019년', '2020년', '비중(%)'의 데이터만 필터링하시오.
 – 조건 위치 : 조건 함수는 [A15] 한 셀에 작성(AND 함수 이용)
 – 결과 위치 : [A18]부터 출력

▶ 지시사항이 없는 경우는 ≪출력형태 – 필터≫와 동일하게 작성하시오.

차트 작성

03 "차트" 시트를 참조하여 다음 ≪처리조건≫에 맞도록 작업하시오.　　　　　(30점)

* 소스파일 : 정복08_문제03.xlsx　　* 정답파일 : 정복08_완성03.xlsx

● 출력 형태

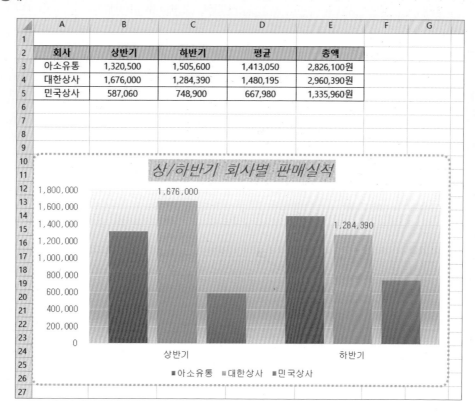

● 처리 조건

▶ "차트" 시트에 주어진 표를 이용하여 '묶은 세로 막대형' 차트를 작성하시오.

　– 데이터 범위 : 현재 시트 [A2:C5]의 데이터를 이용하여 작성하고, 행/열 전환은 '행'으로 지정

　– 차트 제목("상/하반기 회사별 판매실적")

　– 범례 위치 : 아래쪽　　　　　　[차트 도구]–[디자인]–[데이터]–[행/열 전환]

　– 차트 스타일 : 색 변경(색상형 – 색 3, 스타일 6)

　– 차트 위치 : 현재 시트에 [A10:G26] 크기에 정확하게 맞추시오.

　– 차트 영역 서식 : 글꼴(굴림체, 11pt), 테두리 색(실선, 색 : 주황), 테두리 스타일(너비 : 2.5pt,
　　　　　　　　　　　겹선 종류 : 단순형, 대시 종류 : 둥근 점선, 둥근 모서리)

　– 차트 제목 서식 : 글꼴(돋움체, 18pt, 기울임꼴), 채우기(그림 또는 질감 채우기, 질감 : 재생지)

　– 그림 영역 서식 : 채우기(그라데이션 채우기, 그라데이션 미리 설정 : 밝은 그라데이션 – 강조 2,
　　종류 : 선형, 방향 : 선형 아래쪽)

　– 데이터 레이블 추가 : '대한상사' 계열에 "값" 표시

▶ 지시사항이 없는 경우는 ≪출력형태≫와 동일하게 작성하시오.

[문제 2] "부분합" 시트를 참조하여 다음 ≪처리조건≫에 맞도록 작업하시오. (30점)

≪출력형태≫

국가	대륙	품목	2019년	2020년	비중(%)	전년대비 증감률(%)
칠레	남아메리카	휴대용	41,524	49,100	18.1	14.7
미국	북아메리카	휴대용	69,000	75,310	27.7	8.0
프랑스	유럽	휴대용	8,590	10,275	3.8	9.1
일본	아시아	휴대용	7,813	7,920	2.9	1.4
		휴대용 최대값	69,000	75,310		
		휴대용 요약	126,927	142,605		
아르헨티나	남아메리카	고급용	14,138	11,410	4.2	-11.3
브라질	남아메리카	고급용	14,320	18,580	6.8	16.9
		고급용 최대값	14,320	18,580		
		고급용 요약	28,458	29,990		
인도	아시아	가정용	58,731	49,621	18.3	-13.3
영국	유럽	가정용	35,815	39,104	14.4	7.2
캐나다	북아메리카	가정용	10,004	6,632	2.4	-16.9
베네수엘라	남아메리카	가정용	6,205	3,708	1.4	-40.2
		가정용 최대값	58,731	49,621		
		가정용 요약	110,755	99,065		
		전체 최대값	69,000	75,310		
		총합계	266,140	271,660		

≪처리조건≫

▶ 데이터를 '품목' 기준으로 내림차순 정렬하시오.

▶ 아래 조건에 맞는 부분합을 작성하시오.
  – '품목'으로 그룹화 하여 '2019년', '2020년'의 합계(요약)를 구하는 부분합을 만드시오.
  – '품목'으로 그룹화 하여 '2019년', '2020년'의 최대값을 구하는 부분합을 만드시오.
  　(새로운 값으로 대치하지 말 것)
  – [D3:E20] 영역에 셀 서식의 표시 형식–숫자를 이용하여 1000단위 구분 기호를 표시하시오.

▶ D~F열을 선택하여 그룹을 설정하시오.

▶ 합계(요약)과 최대값의 부분합 순서는 ≪출력형태≫와 다를 수 있음

▶ 지시사항이 없는 경우는 기본 값을 적용하시오.

차트 작성

04 "차트" 시트를 참조하여 다음 ≪처리조건≫에 맞도록 작업하시오. (30점)

* 소스파일 : 정복08_문제04.xlsx * 정답파일 : 정복08_완성04.xlsx

● 출력 형태

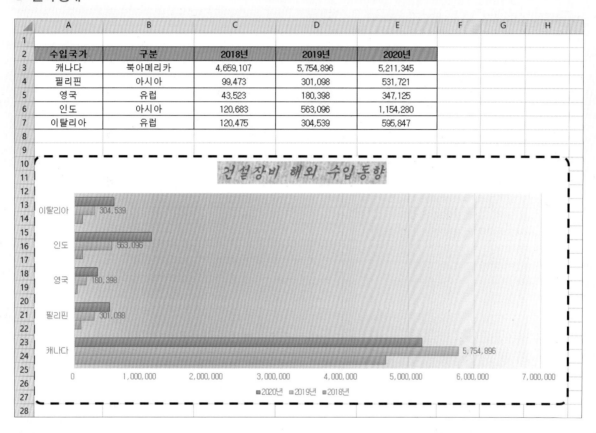

	A	B	C	D	E	F	G	H
1								
2	수입국가	구분	2018년	2019년	2020년			
3	캐나다	북아메리카	4,659,107	5,754,896	5,211,345			
4	필리핀	아시아	99,473	301,098	531,721			
5	영국	유럽	43,523	180,398	347,125			
6	인도	아시아	120,683	563,096	1,154,280			
7	이탈리아	유럽	120,475	304,539	595,847			

● 처리 조건

▶ "차트" 시트에 주어진 표를 이용하여 '묶은 가로 막대형' 차트를 작성하시오.
   – 데이터 범위 : 현재 시트 [A2:A7], [C2:E7]의 데이터를 이용하여 작성하고, 행/열 전환은 '열'로 지정
   – 차트 제목("건설장비 해외 수입동향")
   – 범례 위치 : 아래쪽
   – 차트 스타일 : 색 변경(색상형 – 색 2, 스타일 4)
   – 차트 위치 : 현재 시트에 [A10:H27] 크기에 정확하게 맞추시오.
   – 차트 영역 서식 : 글꼴(굴림체, 9pt), 테두리 색(실선, 색 : 진한 파랑),
                    테두리 스타일(너비 : 2.75pt, 겹선 종류 : 단순형, 대시 종류 : 파선, 둥근 모서리)
   – 차트 제목 서식 : 글꼴(궁서체, 18pt, 기울임꼴), 채우기(그림 또는 질감 채우기, 질감 : 꽃다발)
   – 그림 영역 서식 : 채우기(그라데이션 채우기, 그라데이션 미리 설정 : 밝은 그라데이션 – 강조 1,
     종류 : 선형, 방향 : 선형 왼쪽)
   – 데이터 레이블 추가 : '2019년' 계열에 "값" 표시
▶ 지시사항이 없는 경우는 ≪출력형태≫와 동일하게 작성하시오.

[문제 1] "수출현황" 시트를 참조하여 다음 ≪처리조건≫에 맞도록 작업하시오. (50점)

≪출력형태≫

	국가	대륙	품목	2019년	2020년	비중(%)	전년대비 증감률(%)	순위	비고
				빔프로젝트 해외 수출현황					
3	칠레	남아메리카	휴대용	41,524	49,100	18.1	14.7	3등	우수 국가
4	인도	아시아	가정용	58,731	49,621	18.3	-13.3	2등	
5	아르헨티나	남아메리카	고급용	14,138	11,410	4.2	-11.3	6등	
6	미국	북아메리카	휴대용	69,000	75,310	27.7	8.0	1등	
7	영국	유럽	가정용	35,815	39,104	14.4	7.2	4등	
8	캐나다	북아메리카	가정용	10,004	6,632	2.4	-16.9	7등	
9	프랑스	유럽	휴대용	8,590	10,275	3.8	9.1	8등	
10	일본	아시아	휴대용	7,813	7,920	2.9	1.4	9등	
11	브라질	남아메리카	고급용	14,320	18,580	6.8	16.9	5등	우수 국가
12	베네수엘라	남아메리카	가정용	6,205	3,708	1.4	-40.2	10등	
13	'대륙'이 "남아메리카"인 '2020년'의 평균				20,700				
14	'2019년' 중 세 번째로 큰 값				41,524				
15	'대륙'이 "아시아"인 '2019년'의 합계				66,544				

≪처리조건≫

▶ 1행의 행 높이를 '80'으로 설정하고, 2행~15행의 행 높이를 '18'로 설정하시오.
▶ 제목("빔프로젝트 해외 수출현황") : 순서도의 '순서도 : 문서'를 이용하여 입력하시오.
　－ 도형 : 위치([B1:H1]), 도형 스타일(테마 스타일 － 색 채우기 － '황금색 강조 4')
　－ 글꼴 : 굴림체, 24pt, 굵게, 기울임꼴
　－ 도형 서식 : 도형 옵션 － 크기 및 속성(텍스트 상자(세로 맞춤 : 정가운데, 텍스트 방향 : 가로))

▶ 셀 서식을 아래 조건에 맞게 작성하시오.
　－ [A2:I15] : 테두리(안쪽, 윤곽선 모두 실선, '검정, 텍스트 1'), 전체 가운데 맞춤
　－ [A13:D13], [A14:D14], [A15:D15] : 각각 병합하고 가운데 맞춤
　－ [A2:I2], [A13:D15] : 채우기 색('주황, 강조 2, 60% 더 밝게'), 글꼴(굵게)
　－ [D3:E12], [E13:G15] : 셀 서식의 표시 형식－숫자를 이용하여 1000단위 구분 기호 표시
　－ [C3:C12] : 셀 서식의 표시 형식－사용자 지정을 이용하여 @"용"자를 추가
　－ [H3:H12] : 셀 서식의 표시 형식－사용자 지정을 이용하여 #"등"자를 추가
　－ 조건부 서식[A3:I12] : '2019년'이 50000 이상인 경우 레코드 전체에 글꼴('주황, 강조 2', 굵은 기울임꼴) 적용
　－ 지시사항이 없는 경우는 주어진 문제파일의 서식을 그대로 사용하시오.

▶ ① 순위[H3:H12] : '2019년'을 기준으로 큰 순으로 순위를 구하시오. **(RANK 함수)**
▶ ② 비고[I3:I12] : '전년대비 증감률(%)'이 10 이상이면 "우수 국가", 그렇지 않으면 공백으로 구하시오. **(IF 함수)**
▶ ③ 평균[E13:G13] : '대륙'이 "남아메리카"인 "2020년"의 평균을 구하시오. **(DAVERAGE 함수)**
▶ ④ 순위[E14:G14] : '2019년' 중 세 번째로 큰 값을 구하시오. **(LARGE 함수)**
▶ ⑤ 2019년의 합계[E15:G15] : '대륙'이 "아시아"인 '2019년'의 합계를 구하시오. **(SUMIF 함수)**

MEMO

DIAT

디지털정보활용능력 출제예상 모의고사

☑ 시험과목 : 스프레드시트(엑셀)

☑ 시험일자 : 20XX. XX. XX (X)

☑ 응시자 기재사항 및 감독위원 확인

MS Office 2016 버전용

수검번호	DIS － XXXX －	감독위원 확인
성 명		

응시자 유의사항

1. 응시자는 신분증을 지참하여야 시험에 응시할 수 있으며, 시험이 종료될 때까지 신분증을 제시하지 못 할 경우 해당 시험은 0점 처리됩니다.

2. 시스템(PC작동여부, 네트워크 상태 등)의 이상여부를 반드시 확인하여야 하며, 시스템 이상이 있을시 감독위원에게 조치를 받으셔야 합니다.

3. 시험 중 부주의 또는 고의로 시스템을 파손한 경우는 응시자 부담으로 합니다.

4. 답안 전송 프로그램을 통해 다운로드 받은 파일을 이용하여 답안파일을 작성하시기 바랍니다.

5. 작성한 답안 파일은 답안 전송 프로그램을 통하여 전송됩니다. 감독위원의 지시에 따라 주시기 바랍니다.

6. 다음사항의 경우 실격(0점) 혹은 부정행위 처리됩니다.

    1) 답안파일을 저장하지 않았거나, 저장한 파일이 손상되었을 경우

    2) 답안파일을 지정된 폴더(바탕화면 – "KAIT" 폴더)에 저장하지 않았을 경우

        ※ 답안 전송 프로그램 로그인 시 바탕화면에 자동 생성됨

    3) 답안파일을 다른 보조 기억장치(USB) 혹은 네트워크(메신저, 게시판 등)로 전송할 경우

    4) 휴대용 전화기 등 통신기기를 사용할 경우

7. 시험지에 제시된 글꼴이 응시 프로그램에 없는 경우, 반드시 감독위원에게 해당 내용을 통보한 뒤 조치를 받아야 합니다.

8. 시험의 완료는 작성이 완료된 답안을 저장하고, 답안 전송이 완료된 상태를 확인한 것으로 합니다. 답안 전송 확인 후 문제지는 감독위원에게 제출한 후 퇴실하여야 합니다.

9. 답안전송이 완료된 경우에는 수정 또는 정정이 불가능합니다.

10. 시험시행 후 결과는 홈페이지(www.ihd.or.kr)에서 확인하시기 바랍니다.

    1) 문제 및 모법답안 공개 : 20XX. XX. XX.(X)

    2) 합격자 발표 : 20XX. XX. XX.(X)

Korea Association for ICT promotion

한국정보통신진흥협회 **KAIT**

PART 03
. . . .

출제예상
모의고사

[문제 5] "차트" 시트를 참조하여 다음 ≪처리조건≫에 맞도록 작업하시오. (30점)

≪출력형태≫

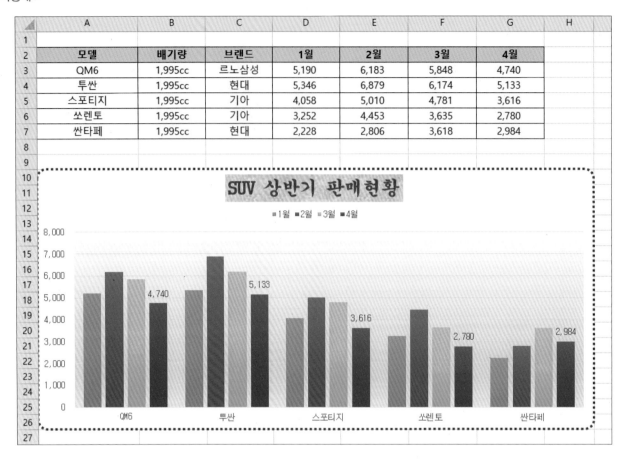

	모델	배기량	브랜드	1월	2월	3월	4월
3	QM6	1,995cc	르노삼성	5,190	6,183	5,848	4,740
4	투싼	1,995cc	현대	5,346	6,879	6,174	5,133
5	스포티지	1,995cc	기아	4,058	5,010	4,781	3,616
6	쏘렌토	1,995cc	기아	3,252	4,453	3,635	2,780
7	싼타페	1,995cc	현대	2,228	2,806	3,618	2,984

≪처리조건≫

▶ "차트" 시트에 주어진 표를 이용하여 '묶은 세로 막대형' 차트를 작성하시오.
- 데이터 범위 : 현재 시트 [A2:A7], [D2:G7]의 데이터를 이용하여 작성하고, 행/열 전환은 '열'로 지정
- 차트 제목("SUV 상반기 판매현황")
- 범례 위치 : 위쪽
- 차트 스타일 : 색 변경(색상형 – 색 4, 스타일 6)
- 차트 위치 : 현재 시트에 [A10:H26] 크기에 정확하게 맞추시오.
- 차트 영역 서식 : 글꼴(돋움체, 9pt), 테두리 색(실선, 색 : 자주), 테두리 스타일(너비 : 2.5pt, 겹선 종류 : 단순형, 대시 종류 : 둥근 점선, 둥근 모서리)
- 차트 제목 서식 : 글꼴(궁서체, 20pt, 굵게), 채우기(그림 또는 질감 채우기, 질감 : 편지지)
- 그림 영역 서식 : 채우기(그라데이션 채우기, 그라데이션 미리 설정 : 밝은 그라데이션 – 강조 4, 종류 : 선형, 방향 : 선형 아래쪽)
- 데이터 레이블 추가 : '4월' 계열에 "값" 표시

▶ 지시사항이 없는 경우는 ≪출력형태≫와 동일하게 작성하시오.

디지털정보활용능력 출제예상 모의고사

☑ 시험과목 : 스프레드시트(엑셀)
☑ 시험일자 : 20XX. XX. XX (X)
☑ 응시자 기재사항 및 감독위원 확인

MS Office 2016 버전용

수 검 번 호	DIS - XXXX -	감독위원 확인
성 명		

응시자 유의사항

1. 응시자는 신분증을 지참하여야 시험에 응시할 수 있으며, 시험이 종료될 때까지 신분증을 제시하지 못 할 경우 해당 시험은 0점 처리됩니다.

2. 시스템(PC작동여부, 네트워크 상태 등)의 이상여부를 반드시 확인하여야 하며, 시스템 이상이 있을시 감독위원에게 조치를 받으셔야 합니다.

3. 시험 중 부주의 또는 고의로 시스템을 파손한 경우는 응시자 부담으로 합니다.

4. 답안 전송 프로그램을 통해 다운로드 받은 파일을 이용하여 답안파일을 작성하시기 바랍니다.

5. 작성한 답안 파일은 답안 전송 프로그램을 통하여 전송됩니다. 감독위원의 지시에 따라 주시기 바랍니다.

6. 다음사항의 경우 실격(0점) 혹은 부정행위 처리됩니다.

    1) 답안파일을 저장하지 않았거나, 저장한 파일이 손상되었을 경우

    2) 답안파일을 지정된 폴더(바탕화면 – "KAIT" 폴더)에 저장하지 않았을 경우

        ※ 답안 전송 프로그램 로그인 시 바탕화면에 자동 생성됨

    3) 답안파일을 다른 보조 기억장치(USB) 혹은 네트워크(메신저, 게시판 등)로 전송할 경우

    4) 휴대용 전화기 등 통신기기를 사용할 경우

7. 시험지에 제시된 글꼴이 응시 프로그램에 없는 경우, 반드시 감독위원에게 해당 내용을 통보한 뒤 조치를 받아야 합니다.

8. 시험의 완료는 작성이 완료된 답안을 저장하고, 답안 전송이 완료된 상태를 확인한 것으로 합니다. 답안 전송 확인 후 문제지는 감독위원에게 제출한 후 퇴실하여야 합니다.

9. 답안전송이 완료된 경우에는 수정 또는 정정이 불가능합니다.

10. 시험시행 후 결과는 홈페이지(www.ihd.or.kr)에서 확인하시기 바랍니다.

    1) 문제 및 모법답안 공개 : 20XX. XX. XX.(X)

    2) 합격자 발표 : 20XX. XX. XX.(X)

Korea Association for ICT promotion
한국정보통신진흥협회 **KAIT**

[문제 4] "피벗테이블" 시트를 참조하여 다음 ≪처리조건≫에 맞도록 작업하시오. (30점)

≪출력형태≫

	A	B	C	D	E	F
1						
2						
3			모델 🔽			
4	브랜드 🔽	값	스토닉	스포티지	코나	투싼
5		평균 : 1월	6,746	4,058	***	***
6	기아	평균 : 2월	8,601	5,010	***	***
7		평균 : 3월	6,152	4,781	***	***
8		평균 : 4월	5,166	3,616	***	***
9		평균 : 1월	***	***	5,200	5,346
10	현대	평균 : 2월	***	***	7,107	6,879
11		평균 : 3월	***	***	5,750	6,174
12		평균 : 4월	***	***	5,019	5,133
13	전체 평균 : 1월		6,746	4,058	5,200	5,346
14	전체 평균 : 2월		8,601	5,010	7,107	6,879
15	전체 평균 : 3월		6,152	4,781	5,750	6,174
16	전체 평균 : 4월		5,166	3,616	5,019	5,133
17						

≪처리조건≫

▶ "피벗테이블" 시트의 [A2:G12]를 이용하여 새로운 시트에 ≪출력형태≫와 같이 피벗테이블을 작성 후 시트명을 "피벗테이블 정답"으로 수정하시오.

▶ 브랜드(행)와 모델(열)을 기준으로 하여 출력형태와 같이 구하시오.
　– '1월', '2월', '3월', '4월'의 평균을 구하시오.
　– 피벗테이블 옵션을 이용하여 레이블이 있는 셀 병합 및 가운데 맞춤하고, 빈 셀을 "***"로 표시한 후, 행의
　　총 합계를 감추기 하시오.
　– 피벗테이블 디자인에서 보고서 레이아웃은 '테이블 형식으로 표시', 피벗테이블 스타일은 '피벗 스타일 보통 11'로
　　표시하시오.
　– 모델(열)은 "스토닉", "스포티지", "코나", "투싼"만 출력되도록 표시하시오.
　– [C5:F16] 데이터는 셀 서식의 표시 형식–숫자를 이용하여 1000단위 구분 기호를 표시하고, 가운데 맞춤하시오.

▶ 브랜드의 순서는 ≪출력형태≫와 다를 수 있음

▶ 지시사항이 없는 경우는 ≪출력형태≫와 동일하게 작성하시오

[문제 1] "판매현황" 시트를 참조하여 다음 ≪처리조건≫에 맞도록 작업하시오. (50점)

≪출력형태≫

모델	배기량	브랜드	1월	2월	3월	4월	평균	순위	비고
코나	1,591cc	현대	5,200	7,107	5,750	5,019	5,769	3위	
스토닉	1,582cc	기아	6,746	8,601	6,152	5,166	6,666	1위	
QM6	1,995cc	르노삼성	5,190	6,183	5,848	4,740	5,490	4위	
투싼	1,995cc	현대	5,346	6,879	6,174	5,133	5,883	2위	
스포티지	1,995cc	기아	4,058	5,010	4,781	3,616	4,366	6위	
렉스턴스포츠	2,157cc	쌍용	6,039	5,807	4,708	4,518	5,268	5위	
티볼리	1,597cc	쌍용	3,221	4,655	4,039	2,971	3,722	7위	
니로	1,580cc	기아	2,710	3,298	3,885	2,297	3,048	9위	판매 저조
쏘렌토	1,995cc	기아	3,252	4,453	3,635	2,780	3,530	8위	
싼타페	1,995cc	현대	2,228	2,806	3,618	2,984	2,909	10위	판매 저조
'평균'의 최대값-최소값 차이					3,757				
'브랜드'가 "현대"인 '3월'의 평균					5,181				
'2월' 중 세 번째로 작은 값					4,453				

≪처리조건≫

▶ 1행의 행 높이를 '80'으로 설정하고, 2행~15행의 행 높이를 '18'로 설정하시오.

▶ 제목("SUV 상반기 판매현황") : 기본 도형의 '팔각형'을 이용하여 입력하시오.
　– 도형 : 위치([B1:I1]), 도형 스타일(테마 스타일 – 강한 효과 – '파랑, 강조 1')
　– 글꼴 : 궁서체, 28pt, 기울임꼴
　– 도형 서식 : 도형 옵션 – 크기 및 속성(텍스트 상자(세로 맞춤 : 정가운데, 텍스트 방향 : 가로))

▶ 셀 서식을 아래 조건에 맞게 작성하시오.
　– [A2:J15] : 테두리(안쪽, 윤곽선 모두 실선, '검정, 텍스트 1'), 전체 가운데 맞춤
　– [A13:E13], [A14:E14], [A15:E15] : 각각 병합하고 가운데 맞춤
　– [A2:J2], [A13:E15] : 채우기 색('녹색, 강조 6, 60% 더 밝게'), 글꼴(굵게)
　– [D3:H12], [F13:H15] : 셀 서식의 표시 형식–숫자를 이용하여 1000단위 구분 기호 표시
　– [B3:B12] : 셀 서식의 표시 형식–사용자 지정을 이용하여 #,##0"cc"자를 추가
　– [I3:I12] : 셀 서식의 표시 형식–사용자 지정을 이용하여 #"위"자를 추가
　– 조건부 서식[A3:J12] : '4월'이 3000미만인 경우 레코드 전체에 글꼴(파랑, 굵게) 적용
　– 지시사항이 없는 경우는 주어진 문제파일의 서식을 그대로 사용하시오.

▶ ① 순위[I3:I12] : '평균'을 기준으로 큰 순으로 순위를 구하시오. **(RANK 함수)**
▶ ② 비고[J3:J12] : '평균'이 3500 이하이면 "판매 저조", 그렇지 않으면 공백으로 구하시오. **(IF 함수)**
▶ ③ 최대값–최소값[F13:H13] : '평균'의 최대값과 최소값의 차이를 구하시오. **(MAX, MIN 함수)**
▶ ④ 평균[F14:H14] : '브랜드'가 "현대"인 '3월'의 평균을 구하시오. **(DAVERAGE 함수)**
▶ ⑤ 순위[F15:H15] : '2월' 중 세 번째로 작은 값을 구하시오. **(SMALL 함수)**

(2) 시나리오

≪출력형태 – 시나리오≫

		시나리오 요약			
			현재 값:	4월 936 증가	4월 821 감소
변경 셀:					
	$F$4	5,166	6,102	4,345	
	$F$7	3,616	4,552	2,795	
	$F$10	2,297	3,233	1,476	
	$F$11	2,780	3,716	1,959	
결과 셀:					
	$G$4	6,666	6,900	6,461	
	$G$7	4,366	4,600	4,161	
	$G$10	3,048	3,282	2,842	
	$G$11	3,530	3,764	3,325	

참고: 현재 값 열은 시나리오 요약 보고서가 작성될 때의 변경 셀 값을 나타냅니다. 각 시나리오의 변경 셀들은 회색으로 표시됩니다.

≪처리조건≫

▶ "시나리오" 시트의 [A2:G12]를 이용하여 '브랜드'가 "기아"인 경우, '4월'이 변동할 때 '평균'이 변동하는 가상분석 (시나리오)을 작성하시오.
　– 시나리오1 : 시나리오 이름은 "4월 936 증가", '4월'에 936을 증가시킨 값 설정.
　– 시나리오2 : 시나리오 이름은 "4월 821 감소", '4월'에 821을 감소시킨 값 설정.
　– "시나리오 요약" 시트를 작성하시오.

▶ 지시사항이 없는 경우는 ≪출력형태 – 시나리오≫와 동일하게 작성하시오.

[문제 2] "부분합" 시트를 참조하여 다음 ≪처리조건≫에 맞도록 작업하시오. (30점)

≪출력형태≫

모델	배기량	브랜드	1월	2월	3월	4월	평균
코나	1,591cc	현대	5,200	7,107	5,750	5,019	5,769
투싼	1,995cc	현대	5,346	6,879	6,174	5,133	5,883
싼타페	1,995cc	현대	2,228	2,806	3,618	2,984	2,909
		현대 최대값					5,883
		현대 평균	4,258	5,597	5,181	4,379	
렉스턴스포츠	2,157cc	쌍용	6,039	5,807	4,708	4,518	5,268
티볼리	1,597cc	쌍용	3,221	4,655	4,039	2,971	3,722
		쌍용 최대값					5,268
		쌍용 평균	4,630	5,231	4,374	3,745	
QM6	1,995cc	르노삼성	5,190	6,183	5,848	4,740	5,490
		르노삼성 최대값					5,490
		르노삼성 평균	5,190	6,183	5,848	4,740	
스토닉	1,582cc	기아	6,746	8,601	6,152	5,166	6,666
스포티지	1,995cc	기아	4,058	5,010	4,781	3,616	4,366
니로	1,580cc	기아	2,710	3,298	3,885	2,297	3,048
쏘렌토	1,995cc	기아	3,252	4,453	3,635	2,780	3,530
		기아 최대값					6,666
		기아 평균	4,192	5,341	4,613	3,465	
		전체 최대값					6,666
		전체 평균	4,399	5,480	4,859	3,922	

≪처리조건≫

▶ 데이터를 '브랜드' 기준으로 내림차순 정렬하시오.

▶ 아래 조건에 맞는 부분합을 작성하시오.
  – '브랜드'로 그룹화 하여 '1월', '2월', '3월', '4월'의 평균을 구하는 부분합을 만드시오.
  – '브랜드'로 그룹화 하여 '평균'의 최대값을 구하는 부분합을 만드시오.
    (새로운 값으로 대치하지 말 것)
  – [D3:H22] 영역에 셀 서식의 표시 형식–숫자를 이용하여 1000단위 구분 기호를 표시하시오.

▶ D~F열을 선택하여 그룹을 설정하시오.

▶ 평균과 최대값의 부분합 순서는 ≪출력형태≫와 다를 수 있음

▶ 지시사항이 없는 경우는 기본 값을 적용하시오.

[문제 3] "필터"와 "시나리오" 시트를 참조하여 다음 ≪처리조건≫에 맞도록 작업하시오. (60점)

(1) 필터

≪출력형태 – 필터≫

	A	B	C	D	E	F	G
1							
2	모델	배기량	브랜드	1월	2월	3월	4월
3	코나	1,591cc	현대	5,200	7,107	5,750	5,019
4	스토닉	1,582cc	기아	6,746	8,601	6,152	5,166
5	QM6	1,995cc	르노삼성	5,190	6,183	5,848	4,740
6	투싼	1,995cc	현대	5,346	6,879	6,174	5,133
7	스포티지	1,995cc	기아	4,058	5,010	4,781	3,616
8	렉스턴스포츠	2,157cc	쌍용	6,039	5,807	4,708	4,518
9	티볼리	1,597cc	쌍용	3,221	4,655	4,039	2,971
10	니로	1,580cc	기아	2,710	3,298	3,885	2,297
11	쏘렌토	1,995cc	기아	3,252	4,453	3,635	2,780
12	싼타페	1,995cc	현대	2,228	2,806	3,618	2,984
13							
14	조건						
15	FALSE						
16							
17							
18	모델	브랜드	3월	4월			
19	QM6	르노삼성	5,848	4,740			
20	투싼	현대	6,174	5,133			
21	스포티지	기아	4,781	3,616			
22							

≪처리조건≫

▶ "필터" 시트의 [A2:G12]를 아래 조건에 맞게 고급필터를 사용하여 작성하시오.
　– '배기량'이 1995이고 '4월'이 3000 이상인 데이터를 '모델', '브랜드', '3월', '4월'의 데이터만 필터링 하시오.
　– 조건 위치 : 조건 함수는 [A15] 한 셀에 작성(AND 함수 이용)
　– 결과 위치 : [A18]부터 출력

▶ 지시사항이 없는 경우는 ≪출력형태 – 필터≫와 동일하게 작성하시오.